U0622378

"神话学文库"编委会

主 编

叶舒宪

编 委

（以姓氏笔画为序）

马昌仪　　王孝廉　　王明珂　　王宪昭

户晓辉　　邓　微　　田兆元　　冯晓立

吕　微　　刘东风　　齐　红　　纪　盛

苏永前　　李永平　　李继凯　　杨庆存

杨利慧　　陈岗龙　　陈建宪　　顾　锋

徐新建　　高有鹏　　高莉芬　　唐启翠

萧　兵　　彭兆荣　　朝戈金　　谭　佳

"神话学文库" 学术支持

上海交通大学文学人类学研究中心

上海交通大学神话学研究院

中国社会科学院比较文学研究中心

陕西师范大学人文社会科学高等研究院

上海市社会科学创新研究基地——中华创世神话研究

"十二五""十三五"国家重点图书出版规划项目
第五届、第八届中华优秀出版物奖获奖作品

神话学文库
叶舒宪主编

神圣的创造

神话的生物学踪迹

CREATION OF THE SACRED

[德]瓦尔特·伯克特(Walter Burkert)◎著

赵周宽 田 园◎译 纪 盛◎校译

陕西师范大学出版总社

图书代号　SK23N1136

Creation of the Sacred：Tracks of Biology in Early Religions
By Walter Burkert
Copyright © 1996 by the President and Fellows of Harvard College
Published by arrangement with Harvard University Press
through Bardon-Chinese Media Agency
Simplified Chinese translation copyright© 2019
by ShaanXi Normal University General Publishing House Co.，Ltd.
ALL RIGHTS RESERVED

陕版出图字:25－2019－101

图书在版编目(CIP)数据

　　神圣的创造:神话的生物学踪迹／(德)瓦尔特·伯克特著;
赵周宽，田园译. — 西安：陕西师范大学出版总社有限公司，
2023.8
　　(神话学文库／叶舒宪主编)
　　ISBN 978－7－5695－3682－9

　　Ⅰ.①神…　Ⅱ.①瓦…　②赵…　③田…　Ⅲ.①神话—
研究　Ⅳ.①B932

　　中国国家版本馆 CIP 数据核字(2023)第 113549 号

神圣的创造：神话的生物学踪迹
SHENSHENG DE CHUANGZAO:SHENHUA DE SHENGWUXUE ZONGJI

[德]瓦尔特·伯克特　著　赵周宽　田　园　译　纪　盛　校译

责任编辑	王文翠	
责任校对	刘存龙	
出版发行	陕西师范大学出版总社	
	(西安市长安南路 199 号　邮编 710062)	
网　　址	http://www.snupg.com	
印　　刷	中煤地西安地图制印有限公司	
开　　本	720 mm×1020 mm　1/16	
印　　张	16.5	
插　　页	4	
字　　数	258 千	
版　　次	2023 年 8 月第 1 版	
印　　次	2023 年 8 月第 1 次印刷	
书　　号	ISBN 978－7－5695－3682－9	
定　　价	98.00 元	

读者购书、书店添货或发现印刷装订问题,请与本公司营销部联系、调换。
电话:(029)85307864　85303635　传真:(029)85303879

"神话学文库"总序

叶舒宪

  神话是文学和文化的源头，也是人类群体的梦。

  神话学是研究神话的新兴边缘学科，近一个世纪以来，获得了长足发展，并与哲学、文学、美学、民俗学、文化人类学、宗教学、心理学、精神分析、文化创意产业等领域形成了密切的互动关系。当代思想家中精研神话学知识的学者，如詹姆斯·乔治·弗雷泽、爱德华·泰勒、西格蒙德·弗洛伊德、卡尔·古斯塔夫·荣格、恩斯特·卡西尔、克劳德·列维－斯特劳斯、罗兰·巴特、约瑟夫·坎贝尔等，都对20世纪以来的世界人文学术产生了巨大影响，其研究著述给现代读者带来了深刻的启迪。

  进入21世纪，自然资源逐渐枯竭，环境危机日益加剧，人类生活和思想正面临前所未有的大转型。在全球知识精英寻求转变发展方式的探索中，对文化资本的认识和开发正在形成一种国际新潮流。作为文化资本的神话思维和神话题材，成为当今的学术研究和文化产业共同关注的热点。经过《指环王》《哈利·波特》《达·芬奇密码》《纳尼亚传奇》《阿凡达》等一系列新神话作品的"洗礼"，越来越多的当代作家、编剧和导演意识到神话原型的巨大文化号召力和影响力。我们从学术上给这一方兴未艾的创作潮流起名叫"新神话主义"，将其思想背景概括为全球"文化寻根运动"。目前，"新神话主义"和"文化寻根运动"已经成为当代生活中不可缺少的内容，影响到文学艺术、影视、动漫、网络游戏、主题公园、品牌策划、物语营销等各个方面。现代人终于重新发现：在前现代乃至原始时代所产生的神话，原来就是人类生存不可或缺的文化之根和精神本源，是人之所以为人的独特遗产。

可以预期的是，神话在未来社会中还将发挥日益明显的积极作用。大体上讲，在学术价值之外，神话有两大方面的社会作用：

一是让精神紧张、心灵困顿的现代人重新体验灵性的召唤和幻想飞扬的奇妙乐趣；二是为符号经济时代的到来提供深层的文化资本矿藏。

前一方面的作用，可由约瑟夫·坎贝尔一部书的名字精辟概括——"我们赖以生存的神话"（Myths to live by）；后一方面的作用，可以套用布迪厄的一个书名，称为"文化炼金术"。

在 21 世纪迎接神话复兴大潮，首先需要了解世界范围神话学的发展及优秀成果，参悟神话资源在新的知识经济浪潮中所起到的重要符号催化剂作用。在这方面，现行的教育体制和教学内容并没有提供及时的系统知识。本着建设和发展中国神话学的初衷，以及引进神话学著述，拓展中国神话研究视野和领域，传承学术精品，积累丰富的文化成果之目标，上海交通大学文学人类学研究中心、中国社会科学院比较文学研究中心、中国民间文艺家协会神话学专业委员会（简称"中国神话学会"）、中国比较文学学会，与陕西师范大学出版总社达成合作意向，共同编辑出版"神话学文库"。

本文库内容包括：译介国际著名神话学研究成果（包括修订再版者）；推出中国神话学研究的新成果。尤其注重具有跨学科视角的前沿性神话学探索，希望给过去一个世纪中大体局限在民间文学范畴的中国神话研究带来变革和拓展，鼓励将神话作为思想资源和文化的原型编码，促进研究格局的转变，即从寻找和界定"中国神话"，到重新认识和解读"神话中国"的学术范式转变。同时让文献记载之外的材料，如考古文物的图像叙事和民间活态神话传承等，发挥重要作用。

本文库的编辑出版得到编委会同人的鼎力协助，也得到上述机构的大力支持，谨在此鸣谢。

是为序。

致　　谢

　　本书源于我 1989 年 2 月至 3 月在圣安德鲁斯大学所做的系列讲座。我首先要感谢圣安德鲁斯大学和吉福德委员会向我发出邀请,同时感谢古典文学学院在圣安德鲁斯的寒冬时节对我的热情接待和帮助,还要特别感谢伊恩·基德(Ien Kidd),他让我感受到了无尽的友情。我已对讲座内容进行了修订,改变了讲座原来的顺序,并且引入了新的证据,提出新的观点,但主要内容和论证方式仍保持不变。苏黎世大学的托马斯·卡普勒(Thomas Kappeler)、伊芙琳·克鲁门(Eveline Krummen)和克里斯蒂安·厄斯特黑尔德(Christian Osterheld)帮我润饰了正文和注解,在此一并谢过。

序　言

　　"最宽泛意义"上的"自然神学"是在吉福德爵士（Lord Gifford）的提议之下从 1886 年起成为研究对象的。[1] 但一百多年后的今天，仍然没人能够宣称在这项工作中得出任何确定的结论。相反，我们陷入了更大的问题之中。那就是，宗教是在人类世界中自然而然产生的吗？宗教，更不要说神学，在何种意义上竟可以被看作是"自然的"？通常所谓的"自然"是什么意思？在这一语境中指的又是什么？

　　自然的概念很久以前已成为自然科学的研究范畴，这一科学自吉福德爵士时代以来已得到长足的发展。但在此过程中，自然本身却在不断消解着。由于科学已致力于揭示分子生物学层面的细节，并已着手破译遗传密码，生命有机体内的变化过程已经得到认识并被操控。这种认识和操控远远超越了生命进化过程中所建立起来的脆弱和谐，尽管哲学家和诗人们仍满怀敬意地称颂（完美的）自然。如今，自然概念已无法为稳定、秩序和道德提供有效的结构。自然的概念已经消失。人类制造的大量建筑和垃圾已使它淡出我们的视野。

　　尽管如此，宗教并未消失。虽然最近数代以来我们周围的一切都在非宗教的背景中实实在在地发展着，但宗教的力量仍然出人意料地顽强而猛烈。不仅如此，这种力量还很危险，有时甚至是灾难性的。新的异教和宗派的强大力量使人感到困惑，当今许多争端中宗教冲突的狂热令人恐惧，不同宗教阵营

---

　　[1] 见 S. L. Jaki，*Lord Gifford and His Lectures：A Centenary Retrospect*（Edinburgh，1986）。"自然神学"（*theologia naturalis*）这个术语可以追溯到 Augustine（*Civ. D.* 6，5-8）对 Varro 的"三界神学"（tripartite theology）的讨论；后来 Marsilio Ficino 取其积极意义，试图调和柏拉图主义和基督教之间的矛盾，见 B. Glasgow，"Religio docta bei Marsilio Ficino，" in S. Haug and D. Mieth，eds.，*Religiöse Erfahrung*（Munich，1992），227-285，esp. 279 f；至启蒙运动时期，"自然神学"的概念才开始正视"超自然"的启示。

中基要主义运动的日益高涨让人担忧。经过七十多年精心组织的无神论教育和宣传并没能在苏联消除宗教,宗教的苏醒正重新引发古老的冲突。宗教在应对环境污染和人口控制等当今棘手问题时束手无策,这令我们感到苦恼。宗教虽然仍享有很高的道德声誉,但它同时也问题重重。从理论和实践上对此进行解释自古以来就是一个挑战——正因为这样,人类学需要对这一现象加以考查。我们至少需要对非理性的事物做出解释,这样才有望在经验的边缘获得一些启示和新的观点,不管这些经验是人类理解范围之外的还是人类理解范围之内的。

现代化的进程和科学日新月异的成就,使我们比以往任何时候都更加认识到,我们本是自然的一部分。自然已经不再作为永恒的本体或母体而存在,而是表现为一种不可逆转的自我组织过程,它来自混沌且变化无穷。即便如此,我们仍不可避免地卷入这一过程,被古老的生命进化塑造成现在的样子。在此意义上,生物学上的自然正作用于我们的行动和思想中,如同自然的变化和威胁自然的因素正在影响着我们自身的存在方式一样。因此对自然的研究和对人类自身的研究就不应该被分割开来,尽管很久以前苏格拉底曾坚持认为分割两者是正确的。进而言之,如果宗教是处于自然中的人类世界之必不可少的组成部分,那么理解宗教就应该是在自然(生物的)人类学框架下研究人的相同理论尝试的一部分。

这样,对"最宽泛意义"上的"自然神学"及其历史维度的研究就变成下面的问题:宗教在迄今为止的人类生命和文化的进化中存在的原因是什么?人性形成于伟大而普遍的生命进化过程中,并仍然受其支配,在这一背景中,宗教的形成和发展有没有一个不受偶然因素、个人气质和社会条件制约的自然的根基?

由于在自然观和神学中都相信循环,我们就更有理由去回顾更早的历史,以公认的最早宗教为基础,进一步深入研究。[1] 与这一传统有关的最早的文

---

①关于"本体神学"(ontotheology)的"解构"见 Ruf 1989。

献来自近东和地中海文明,包括美索不达米亚、埃及、小亚细亚、以色列和希腊。早期文字记载的研究具有更深远的视野,这在很大程度上可消除由现存宗教引发的紧张和焦虑感。远古的神——除耶和华外——已不再具有威力,也不再能作为现存信仰的代表;它们不需要狂热的崇拜,也不再传达敬畏。另外还须指出,在前佛教、前基督教和前伊斯兰教那里,并没有特定形式的系统反思、组织机构和自我辩护机制,而正是这三种因素使以上所谓的世界性宗教取得了巨大成功。古老的宗教更加形式多样,更有试验性且更富于变化,因此或许它们明显的"原始状态"仍能为我们提供其最初发展和建构的线索。[①] 当代宗教经过进化或改革,已不再具有上述特征了;但另一方面,古今宗教的相同因素仍然大量存在。因此,在何种意义上可以把这些共同因素看作自然的,这一问题仍有待审视。

把历史和文献学的研究同生物人类学的研究相结合,需要研究者探索彼此相去甚远的学术领域,而在每一个领域都有着数不胜数的出版物,各种相关研究借助于更精细、更专业甚至经常相互冲突的方法而展开,并取得了不同的结论,形成了诸多争议,因此,单个研究者根本无法掌握所有相关的讨论。然而,正因为历史学家们已经意识到他们的工作不仅仅是资料编纂性的(这种恢复和积累在很大程度上受限于他们自己文明的特殊形式、原则和潮流),他们才必须超越以往狭隘的历史眼光,打开当今世界越来越开阔的科学视野。可以预言,人类学最终将与生物学融合。

历史学研究抱持对既有事实做出正确解释的乐观态度。与现代或后现代趋势相比,这种态度或许显得有些天真。后者试图通过分解每一个研究对象来对其进行解读,通过分析以考查其中隐含的先入之见和故意的歪曲。[②] 固守绝对现实的人可能仍然会声称自己是以科学为伴的,而科学最终是与经验

---

①相似形式仍见于对印度、印度尼西亚、中国和日本的民间宗教的研究中。研究者虽然一方面坚守自己的专业领域,另一方面,也不时地给予其他相关领域一定的关注。

②关于这些问题的详细讨论见 Versnel 1990。

材料不可分的。生物学在探索生命有机体的"现实"方面——从能够自我复制的分子到人类意识——取得了越来越大的成功。即使在人文学科中，解释也不仅仅是建构，而是对我们时时感觉得到的现实的假设。比方说，关于牺牲的文字记录及其象征意义，在一定的文化背景中可能会有多种不同解读，但那些留在现场的骨头则可以证明，那里确曾发生过杀戮。宗教具有关乎生死的现实意义——正是这一点使它接近于自然。

目　　录

第一章 风土中的文化：定位宗教

文 化 之 外

"历史学和人类学对社会的认识都不可能完全脱离宗教。"① 自希罗多德 1
（Herodotus）以来，人们不断发现，几乎所有的部落、国家和城市都存在过
某种形式的宗教。古代哲学家将这种宗教形成的"民族共识"（consensus of
nations）视为神存在的证据。② 问题并不在于人种学学者是否仍然可以找到
例外，而在于必须对这种合一性的普遍存在做出解释。毫无疑问，不同的
宗教信仰及其实践千差万别，宗教确实是阻碍不同群体之间交流的最大障
碍，由宗教产生的各种"伪族群"（pseudo-species），相互排斥甚至试图消
灭对方；但，即使是这种分裂趋势，其本身也是人类共有的特征之一。

　　宗教的普遍性与其持续性相伴，已跨越了千年历史。宗教经历了由新
石器时代革命、城镇化革命甚至工业革命引发的剧烈社会经济变革，至今
仍屹立不倒。如果将宗教视为一项发明创造，它显然已经成功渗透到人类
文化的方方面面，但纵观人类历史，宗教却未曾被刻意地再造过，只是自
然而然地从不立文字的混沌时期直至现在代代相传。作为新宗教的奠基者，
查拉图斯特拉（Zarathustra）、耶稣（Jesus）或穆罕默德（Mohammed）的
创造性贡献在于转变、颠覆和重构已有的宗教模式和构成要素，但不可否 2

---

①Rappaport 1971, 23.

②*Cic.* , *Nat. Deor.* 2, 5; cf. A. S. Pease, *Marci Tulli Ciceronis De Natura Deorum Libri Tres* (Cambridge, Mass. , 1955) *ad loc.* Artemidor, 1, 8, 17: "没有部落是没有宗教的" [No tribe is without religion (*atheon*)]; Strabo 3, 4, 16 中提到，据"某些人"认为，有一个部落是"没有宗教的"（*atheon*），但是这样的看法是错误的；见 J. M. Blásquez, *Imágen y Mito* (Madrid, 1977) 451 f.

认的是，这些新宗教又与其古老的形式具有家族相似性。

本书中探讨的文明主要是美索不达米亚文明、犹太文明、希腊文明以及罗马文明，这些文明交相毗邻，相互之间的关联由来已久。虽然影响上述文明发展的自然、经济以及社会环境因素具有可比性，但从君主制到民主制，从宗庙经济到货币体系，从缺乏语言到书写出现，这些文明间还是存在着巨大的差异，并随历史的发展而产生革命性的变化。尽管如此，这些不同文明对宗教的理解及其神灵崇拜，它们的神话、仪式、庙宇以及祭祀，却具有惊人的相似性。这些不同的文化曾对许多相同的宗教元素予以了关注。

文化被定义为一种"现实化的表意系统"（realized signifying system），即一种以标准化沟通形式为特征的社会系统。① 对于人类学家而言，即使在各种文化趋于融合的今天，这样的体系也并不是单一的，相反地呈现出多样性。因此，"每一种文化的研究都必须遵循其自身的多样性和相对独立性"，这是当代社会科学主流学派的基本原则。但是这一原则挑战了人类天性的概念。在所谓的"新二元论"看来，文化研究应将天性排除在外。② 对人的定义应基于文化而非自然构成："离开了文化，人类天性无从谈起。"并且，"人性与其外在表现一样复杂多样"。③

这种仅仅着眼于文化因素的研究方法，在对于像宗教这样的现象的自然因素和基础的研究上，一开始就不及对异教的研究。宗教在今天通常被

---

①Williams 1981, 207, cf. 13："文化作为一个指示系统，通过它……必定能传达和再现社会秩序，并对此进行体验和考察。"

②Reynolds（1981, 13-18）曾使用该术语，认为柏拉图（plato）在反驳智者派认为自然和习俗是对立的观点时指出，人类通过两种方式使有限的个体生命得以永生：一是生物学上的生产，二是有意识的教育；前者使生命得以继续，后者使文化传统得以保存，*Symp.* 206c-209e。他也详细论述了智者学派所声称的自然与习俗的对立。

③Geertz 1973, 35 f; cf. D. Freeman in Montagu 1980, 211：文化是由"一系列历史选择"累积而成的。历史研究通过"精神性"（mentalities）这一概念奉行文化相对主义的观点。见 V. Sellin, "Mentalität und Mentalitätsgeschichte," *Historische Zeitschrift* 241（1985）555-598；G. E. R. Lloyd, *Demystifying Mentalities*（Cambridge, 1990）。

归入文化范畴，研究者主要探究其与特定族群和时代之间的关系。这样，宗教与人类自然属性便处于对立位置，也就无法被看作源自人类自然属性的普遍现象。

20 世纪以来在文明与宗教方面最具影响力的人类学研究也证实了上述观点。对努尔人（Nuer）、阿赞德人（Azande）、安达曼人（Andaman）以及西太平洋上的航海土著（Argonauts）的研究就是这方面的例证。[1] 克利福德·格尔茨（Clifford Geertz）的一部名作标题即为《作为文化系统的宗教》（*Religious as a Culture System*）。[2] 从埃米尔·涂尔干（Émile Durkheim）时代起，宗教就被视为一种社会现象。涂尔干用"集体表象"（collective representations）[3] 替代了宗教观念的概念。近几十年来，研究的目标则更集中于社会群体内部交流的形式及其功能。[4] 后来的学者遵循这一研究主线成功地发展了符号学、结构主义以及后结构主义。

遵循这一主线的重要研究集中在希腊宗教方面，这尤其表现在以让－皮埃尔·韦尔南（Jean-Pierre Vernant）为代表的巴黎学派。[5] 巴黎学派的研究表明，希腊宗教是在公元前 8 世纪以来获得巨大发展的希腊城邦（*polis*）中产生的。神话与宗教仪式中的细节，特别是祭祀的细节，被视为观念的物态化，在特定环境下分别标志着某个古代社会结构内部的区分与关联、正常与偏离。这种方法所提供的学术研究推动力要比古典语文学专业学术圈所能提供的更为强劲。

但是如果每一种文化都被局限于其表意系统之内，各文化间的交织与影响以及同一文化的古今赓续等现象，又该如何解释呢？我们又是否有可

---

[1] B. Malinowski, *Argonauts in the Western Pacific* (1922); E. E. Evans-Pritchard, *Witchraft, Oracles and Magic among the Azande* (Oxford, 1937); id., *Nuer Religion* (Oxford, 1956); A. R. Radcliffe-Brown, *The Andaman Islanders* (Glencoe, III., 3rd ed. 1948[3]).

[2] Geertz 1973, 35 ff; cf. Boon 1982. 评论见 Fleming 1988, 37-43。

[3] 见 Durkheim 1912。

[4] 见 Van Baal 1971; Leach 1976。

[5] 见 Vernant 1974; 1991; Vernant and Vidal-Naquet 1972-1986; cf. Versnel 1990。

能跨文化地理解古今不同文明呢？我们又该如何解释宗教这类现象的普遍性和持续性呢？

　　另一种理论可以为解决这些问题提供基础。这种理论认为，所有的人类文明具有一个共同的现象，即人类学的普遍性（universalia）；这些普遍性或许是但又不必将之称为人类的自然特点。宗教正属于这种普遍性。不同文化相互作用，其间虽然存在着交换、矛盾以及断裂，但即使在巨大的变化过程中却依然具有连续性，最重要的是，具有人类文化的基本相似点，因为无论在什么地方，人都会吃、喝、排泄、工作、睡觉、享受性、经历生育、生病以及死亡。不能否定这些过程的普遍性和生物性特征。文化人类学家也许会认为这些过于琐碎，认为只是由于文化上的精致繁复和相似性基础上的细小区别才使得这些现象变得有趣。但不能否认，这些相似性始终存在。

　　令人吃惊的是一些并非琐碎的普遍现象，这些现象完全是由文化决定的，它们绝不可能在孤立的情况下产生，也不能用单一的因素来解释。它们似乎总是能融入特定的文化中，并具有与之相应的多种表现形式，然而这些现象之间明确无误的相似性，却又使它们超越单一文化系统成为一种普遍的范畴。人们认为这些现象必然具有其基本功能，即它们以多样化的形式来满足人类社会生活之需，虽然用其他方式理解这一现象或许更简单。这些普遍性还包括一些完全不相干的现象，比如核心家庭中父亲的重要地位及特殊的父子关系；技术，尤其是火的使用；包括经济贸易和战争等在内的文化间交流；还有最重要的，如语言、艺术与宗教的普遍存在。[1] 尤其是最后两项可能会令人吃惊：艺术和宗教的功能到底是什么？与上述事物相比，它们在人类生活中似乎没有那么必要，但却从晚期智人（homo sapiens sapiens）时代起就与我们相伴始终。

　　世界范围内宗教现象所具有的相似性很容易被归纳为以下几点：敬畏

---

①Cf. Taub 1984；Hewlett 1992.

神明的正式仪式；供奉、祭祀、誓约和祈祷的行为；宗教歌谣、故事、教义以及对神的存在的解释和对神明的敬畏。宗教通常会被人们不加置疑地接受。即便有人持质疑态度，也会明智地选择沉默。"愚顽之人在口中默念，没有神"① ——多数人决不会愚蠢到讲出来。即使最雄辩的演说家也懂得："人不得不崇敬神：没人会抗拒这一劝诫，除非他疯了。"②

虽然如此，以笼统的跨文化方法定义宗教显然是一件极其困难的事情。学者对于宗教的定义多围绕着观念与象征这两个特点展开。比如，杨·范·巴尔 <u>5</u>（Jan van Baal）将宗教定义为"被人们视为真理且不能通过实践来证明的或清晰或模糊的观念与思想的总和"③。这一观点与旧的宗教定义中对超自然力量的信仰具有相似性，但它忽视了宗教行为不一定完全基于所谓的真理般的信仰。克利福德·格尔茨对宗教的定义则更为谨慎，他认为宗教是："（1）一个象征性系统，它（2）通过明确表达存在的整体秩序的概念，并（3）为这一概念营造真实性的氛围，（4）以便在人们心中树立起具有说服力的持久权威，（5）并使其具有看似唯一的真实性。"④（注意此处典型的吊诡：象征应看似具有"唯一的真实性"）这里所谓的真实性，也就是实用性，应该放在格尔茨的语境中加以理解，那就是：仅凭象征不能产生明显的真实性；正是在人们借用象征展开互动、交换符号并投身到他们的"真实性"的不断展开的活动建构了宗教。

围绕宗教这一主题，另外还有许多其他的定义和相关的方法论反思可供参考。⑤ 这里可以举出的一个例子是，本森·塞勒（Benson Saler）认为，

---

①Psalm 52（53）2.

②Ps.-Liban. *Characteres*, *epist*. 1, ed. V. Weickert（Leipzig, 1910）, 15, 11; cf. Eurip. *Heracl*. 904 f："他着了魔似的，否认人们必须敬仰诸神。"

③Van Baal 1971, 3. "经验的"（empirical）这个术语易引起误解。譬如，在古代，相反事物的存在并不能通过经验的方式加以证明。不过，该术语在这儿并非宗教概念，而是科学上的假设。

④Geertz 1973, 90.

⑤见 L. Richter and C. H. Ratschow, *Die Religion in Geschichte und Gegenwart* V（3rd ed., Tübingen, 1961）968-984; W. L. King *ER*XII（1986）282-292; K.-H. Kohl *Hrw*GI 217-262; *Hisrorisches Wörterbuch der Philosophie* VIII（Basel, 1982）, 632-713。

要对宗教做出准确定义，只需把几乎所有情境中能够表现出宗教之特点的各种因素汇集起来就行了。① 抓住宗教最显著特点的这种尝试只停留在可观察的行为层面上；另外，这种研究方法在面对往昔的宗教时，并不把对真实真理的确认或诸神的真实性存在作为首要考虑的问题。

宗教首要的和基本的特征是否定性，也就是说，它处理的是不明显的、不可见的，即"无法用经验证明的"事物。智术师普罗泰戈拉（Protagoras）提出"不确定性"（*adelótes*）的概念，即诸神的"模糊性"或"无法证明性"。② 宗教是在不具有当下的实用功能的行为与态度中显现出来的。它所指向和处理的，是在日常生活方式中不可见、不可触、不可实施的对象。这正是非宗教信仰者对宗教行为感到困惑的原因所在。与此相反，我试图

6 阐明，任何使人疑惑不解的事物或无法立即显现的事物，都可看作是宗教的——这也是史前考古学家经常遇到的问题；当然这样做会引起极大的误解。虽然要想"得到"关于宗教行为的含义很困难，但人类在移情、阐释和理解他人意图等方面，显然存在某些共同的基础。以不确定性作为判断宗教的标准或许还不够，但却是最基础的。

事实上，宗教信仰者常常断然否定上述所谓不确定性。圣保罗在《罗马书》中写道，"神的全知，人类有目共睹"，"因为是神让这一点明确可见的。因为人是用他心灵的眼睛，借着它所造之物，在它创造的世界中……明确看见的"。圣徒保罗从人的心灵与世界（宇宙）这两方面做出的表述，依照的是希腊流行的哲学观。③ 保罗对神的可见性的强调、详尽的论述以及对他的观点的辩护，实际上承认了直接通达神是很困难的。即使是在圣保罗对宗教最为乐观的表述中，也未能避免使用"不可见的"这样的词汇。

---

①Saler 1993 提出"家族相似性"这个概念，认为这之间的关系是"或多或少"的关系而非"非此即彼"的关系，"或多或少共同存在于同一类型典型事例中的一系列因素"。225；cf. 213.

②Diels-Kranz 80 B 6. 同样的，Ptolemy 在其著作 *Syntaxis*（1,1）的序言中说：神学的特征在于其所研究事物的绝对不可见和难以理解。

③Rom. 1,19f. cf. Cic. *Nat. Deor.* 2, 4 f; Min. Felix 17. In I Cor. 1, 21，然而保罗承认人类无法认出上帝。

不确定性既无法被革除也不能被否定，然而，可以通过称其为秘密而实现对不确定性的积极转换。

要想逾越不确定性的障碍，需要诉诸多种特殊形式的体验，如冥想、想象、狂喜等；超自然的内在感情随之被激发出来，以便与超自然力量建立起直接关联。然而最值得注意的并非确实存在着的狂喜状态，或是其他随之发生变化的意识状态；重要的是大多数正常人已经接受了它们并试图对其做出解释。狂喜现象构成宗教完整性的一部分并使现存信仰得到强化，这些表现形式本身就是经由文化培养与实践的塑造而形成的，它们最终成为可交流的东西而被他人接受。事实上，这些体验经受过现有宗教中"诸灵考验"① 的评判与甄选。

宗教的第二个基本特征在于，它并非完全难以表达：个体间的相互作用与交流形成了宗教的显现方式。因此，宗教是人类文明系统中的有机要素。即使是孤独的苦行僧，当他成为众人仰慕、传颂、朝圣的对象时，也同样需要交流。事实上，宗教的交流主要集中在两个方向上：一是针对未知事物的，二是针对当前的社会状况的。在个体交流中，某种并非明显可见的实体或对话者会通过各种态度、行为和语言而被人们认识、了解与接受。② 它们既有别于人类，又与人类具有多方面的相似性，因其是不可见的且具有超自然力量，而被置于人类之上。人们赋予它们不同的名字，并将它们类分为灵魂、魔鬼、诸神等，或将它们与长眠的祖先们置于同等位置。③ 宗教因此成为一种"与由文化设定的超越存在物进行的范式交互作用"④。人们与这些实体的交流会影响社会的正常交流。这种交流由于超自然

7

---

①I Epistle of John 4，1，有关"显赫的神灵"（distinguishing spirits）和"神旨"的阐释（"interpretation" of glossolaly），参见 Paul I Cor. 12，10 。在 19 世纪 20 年代，招魂术（spiritism）颇为流行，并因此产生众多能与死者沟通的"灵媒"（mediums）；后来随着人们对之兴趣的减弱，招魂术渐渐消失。参见 E. R. Dodds, *Missing Persons*（Oxford，1977）98-111。

②"所有祭祀皆有祈祷"，Plin，*Nat. Hist.* 28，10。但是不可过分强调语言的角色：从阿拉伯文翻译《古兰经》是被禁止的，因此波斯、土耳其、印度和印度尼西亚的伊斯兰教徒皆无法识读《古兰经》，但这不影响《古兰经》的神圣性，同样的，宗教改革以前的教会觉得并无必要翻译拉丁文的《福音书》。

③佛教（Buddhism）在理论上持无神论的观点，但与其他宗教一样有宗教仪式行为。

④Spiro，引用自 C. Renfrew，*The Archaeology of Cult*（London，1985）12。用此方法，文化是必要的元素，其基本结构是超文化的。

力量的介入，常常会成为一种特殊形式的非直接性交流。这种交流还使得传统交流的效果得以加强。在此意义上甚至可以说，神性存在者是一种可用以掌控交流的社会性工具。[①] 不管怎么说，正是这种互动性实践及其所产生的确定性结果，使得宗教具有"独具一格的实在论"（uniquely realistic）。

宗教的前两个基本特征暗含其第三个基本特征，那就是，宗教强调其核心关切的优先性和严肃性，即保罗·蒂利希（Paul Tillich）提出的"终极关怀"（ultimate concern）。这一点将宗教与游戏和艺术，以及其他形式的象征性交流区别开来。虽然在游戏中，如同在宗教仪式中一样，存在某种超越现实的因素，即存在一种可以创造不可见的互动玩伴的"拟真"的结构，但在游戏中，人们可以随意使其消失。宗教具有优先性和必要性的设定，即认定某些确定的思想和行为是必须的、不可避免的。与这些思想和行为相比，其他所有的计划、目标、偏爱或欲求，都是低等级的，是可由其他因素预先决定的，或者至少是可以暂时推到一边不予考虑的。斯巴达人为了庆祝宗教节日，即使在战争进行的关键时刻也要停战；犹太人宁死也不会在安息日为自己申辩。[②] 甚至古罗马元老院对有名的意大利酒神节进行无情镇压时，也要尊重一部分人依据传统继续其宗教仪式的"必要性"。[③] 宗教具有严肃性，这使得它更容易受到嘲笑和攻击。[④] 然而，不可见者作为人的护伴要求人谦恭与敬拜，在此情况下，个体的自我只能屈居次位了。当超自然力量扩展而成为一种对象性存在时，参与者个体要接近它或求助于

8

---

①关于"社会工具"（social tool）的概念，见 Sommer 1992，85-88；111 f；见本书第 29 页注释③。

②H. Popp, *Die Einwirkung von Vorzeichen, Opfern und Festen auf die Kriegführung der Griechen im 5. und 4. Jh. v. Chr.*（Ph. D. diss., Erlangen, 1957）. I Maccabees 2, 29-41；即便如此，马加比家族（the Maccabees）依然继续抗争，甚至在安息日亦不停止。

③*Senatus consultum de Bacchanalibus*, CIL I² 581, line 4.

④见 Psalm 1, 1 警告人们不要"与轻蔑者为伍"（sit among the scornful）[在七十子希腊文本《圣经》（Septuagint）中该词被误解，因而武加大本（Vulgate）中亦如此]。同样的，蒂亚那的阿波罗尼奥斯（Apollonius of Tyana），或圣彼得，曾为一个因中邪而大笑不止的男孩驱除邪魔；Philostr. *Vit. Apoll.* 4, 20；*Actus Petri cum Simone* 11, *Acta Apostolorum Apocrypha* ed. Lipsius I p. 58 f。这并不排除在宗教系统中粗语俗笑和风尚喜剧亦有一席之地。

它，便会受到限制，无论在禁忌中，还是仅仅涉及神圣性时，都是这样的。宗教以极端严酷的惩罚这种最直接的方式展现其严肃性，从活人献祭到两败俱伤的战争，从焚烧女巫到阿亚图拉的教令——以及与之不分伯仲的骇人的献身和集体自杀事件。[1] 源于对至高无上的不可见神明的崇敬，绝对的严肃性是神的特权，这是宗教的一大特点。

古今宗教都是在特定的文化、社会和历史背景中出现的；宗教作为一种繁复的象征系统，得到极富吸引力的阐释。但这种普遍的史前现象不能够在单一的文化系统中得到阐释，它也并非源于某一个文化系统。探寻宗教起源，需要超越单个文明的更为宏观的视角，并且必须将基于一般生命进化过程的人类进化过程纳入考虑范围。这一进程曾经被认为是自然的，这里将沿用这一看法，但只是在隐喻意义上使用它。在此意义上，对宗教历史的研究实际暗含着"自然的"宗教的问题。文化研究因此必须与普遍意义上的人类学结合，并最终融入生物学的研究。

社会生物学？

能否将生物学引入文化研究，历来争论不休。长久以来，哲学家、历史学家和社会学家面对自然科学的成功，持续建构着抵御生物学主义（biologism）或所谓的生物还原论（biologistic reductionism）的防线。[2] 而另一方面，分子生物学与基因学的研究所取得的巨大进步，则为其他学科的研究者所借用。动物行为学，这门研究动物行为的科学，经由康拉德·劳伦兹（Konrad Lorenz）在 20 世纪中叶的大力推动，如今已在人类行为的研究领域广为人知。与此同时，对灵长类动物特别是黑猩猩的研究，也得到了极

---

①现代人对人类祭祀的证据要求越来越严格；关于腓尼基人（Phoenicians）的祭祀见本书第 64 页注释④；关于阿兹特克人（Aztecs）的祭祀见 P. Hassler, *Menschenopfer bie den Azteken?*（Bern, 1992）；关于古代的祭祀见 D. D. Hughes, *Human Sacrifice in Ancient Greece*（London, 1991）。毫无疑问的是，诸如"黑魔法"和"还魂尸"（voodoo death）的现象确实存在，利用宗教象征达到绝对的真正杀人的效果。

②见 Ehalt 1985。

大的发展，黑猩猩与人类超乎想象的近亲关系也逐渐得到认可。随着进化理论的不断完善，社会生物学被生物学家爱德华·奥斯本·威尔逊（E. O. Wilson）称为"新的综合"。但质疑的声音并未就此停息，这些争论定会一直持续下去。

达尔文（Darwin）的进化理论对 19 世纪的文化研究理论产生了持久的影响。社会达尔文主义将达尔文的适者生存理论应用于群体选择中。其认为某些社会群体比其他群体更易取胜并最终将敌人驱逐出自己的领土，并且，在这一过程中，道德与宗教是增强或降低群体适应性的重要因素。这些理论将群体间的互动简单地理解为斗争或战斗，却忽视了合作的作用。这一理论学派在审视过去的问题上显得幼稚和令人反感。

康拉德·劳伦兹在《论攻击》（On Aggression）一书中提出了一种更为独特的新方法。该书 1963 年首次出版时使用的是较温和的题目——《所谓的恶》（Das sogenannte Böse），该著作因其对动物的特殊理解而引人注目。[①]通过建立起不同物种行为的同源关系，对不同信号的功能做出解读，劳伦兹指出，所谓的恶行或者说种群内的攻击对于保护生命的平衡具有积极作用。他还展示了动物与人类在表达愤怒、战斗和战争中的相似性、可类比性甚至一致性。劳伦兹特别描述了平常的攻击对建立友谊和实现团结的作用，攻击性的炫耀是这一作用的象征。以此推之，这种理论也可以说解释了宗教凝聚力形成的基础是狩猎和祭祀这些具有侵略性的行为。[②]

劳伦兹认为动物学有助于清楚阐述人情世故的状况（condition humaine），但此观点立刻受到了社会学家和社会人类学家的抨击；这一攻击论的观点遭到了反攻击论者的挑战。[③] 批评者认为，这一观点是危险的，因为这

---

①Lorenz 1963；他的典型例子是两只欧洲大灰鹅的攻击性表现。亦见 Eibl-Eibesfeldt 1984。

②Burkert 1972，1983.

③见 F. M. A. Montagu, *Man and Aggression* (New York, 1968)；J. Rattner, *Aggression und menschliche Natur* (Frankfurt, 1970)；A. Plack, ed., *Der Mythos vom Aggressionstrieb* (Munich, 1973)；*Sevilla Statement on Violence* (Middletown, 1986) (cf. de Waal 1989, 9)；亦见于其他著作。

可能会使人们从动物本性中寻找人类价值之源，会认为生物遗传决定了人类行为，并且使攻击性通过遗传而成为人类不变的天性。这将人类的进化与文明的进程置于危险的境地。

爱德华·奥斯本·威尔逊在 1975 年提出的社会生物学概念再次激发了 10 这一争论。① 批评者认为任何有关基因决定文化行为、标准或价值的观点都会摧毁人性进步的希望。② 因为自我决定论、自由意志以及在多种可能性之间做出自由选择等似乎是文化的标志，所以任何宣扬生物自动作用机制的观点都被烙上了反动的标志。文化自治观点是抵御生物主义的屏障。

社会生物学的基本假设是"基因与文化的共同进化"以及两者之间的不断反馈。社会生物学家在其达尔文主义的特性中保留了与生殖机会相关的适者生存的概念，并试图将某些习俗和理念与这种适应性联系在一起。"文化的成功在于成就那些实现生物之成功的东西（即具有极大包容性的适应性）。"③ 不适应性将会减小并逐渐消失。文化的进步与基因的修正同步进行。

社会生物学也可以被称为计算机化的社会达尔文主义。尽管劳伦兹在很大程度上依然依赖观察和移情作用，但进化理论目前主要沿着博弈论路径在发展，进化模型可经由电脑程序进行测试。在这种情况下，只要能证明群体团结自然会赢得生存竞争的观点是错误的，那么，社会达尔文主义的基本观点，即群体选择理论，就会被驳倒。在物种进化中，延续下来的是基因而非个体；这就导致了，群体中的骗子享有最大优势，它还能借助其适应能力，实现自身基因的繁衍。"自私的基因"（The selfish gene）已经

---

①Wilson 1975；cf. Wilson 1978；Lumsden and Wilson 1981.

②Cf. Sahlins 1976；Caplan 1978；Gregory, Silvers, and Sutch 1978；Montagu 1980；Baldwin and Baldwin 1981；见"社会学论争"（The Sociobiology Controversy），Lumsden and Wilson 1983，23-50。亦见 Reynolds 1981；Fischer 1988；Fleming 1988；Slobodkin 1992，36-39。

③W. Irons in Chagnon 1979，258；Fleming 1988，110-113，112 参考 E. O. Wilson："文化是由生物决定的（shaped by biology）。"关于概念"广义适合度"（inclusive fitness）见 Hamilton 1964。

成为这种新研究方法的常用标题。① 然而，以下说法依然是正确的，即的确可以证明，在群体内的某种特定行为策略比别的行为策略更能取得竞争中的胜利，而这会对基因选择产生重大影响。

这里还不能对进化论和社会生物学的技术问题做深入探讨。这些问题包括以非循环论证的方式对"适应性"概念做出表述和定义②，以及在面对**11** 突变、不可预知的灾难或文化上的"电光火石"③ 时，连续进化理论能否提供另外的备选模型。

最复杂的问题依然是如何检验文化现象与生物性先天条件之间的联系。即使是生命最原始的功能和简单的生长过程都需要依靠多种基因，需要经过大量的中介环节，需要借助于组成结构的多种物质。在灵长类动物那里，生物行为就已经极端复杂了。为了适应不断改变的环境，人类行为总是表现为先天反应和后天学习的共同作用。④ 即使是对动物的研究，也很难通过实验将两者区别开来；而对于人类来说，实验本身就是不可能的。

另外，在人类社会生活研究中，完全不同于灵长类的生命层级问题和成功的标准问题又会呈现出来。这些问题都不能用电脑游戏中一套简单的数字来体现。人类社会中总是存在着很难消减的多样性。毫无疑问，社会中占据统治地位的人群成功养育子女的概率会更大；但常常会出现的情况则是，握有权力的精英阶层大多较少生育小孩，相反会借助于复杂的文化，控制那些养育更多小孩的下属。针对这种现象，我们可以说这一统治阶级缺乏适应性吗？

社会生物学在解释婚姻规则和性禁忌方面取得了一些进展，这涉及基因关系的可能性以及自私基因的传播。这类研究集中于与生殖直接相关的文化习俗或模式。一项令人担忧的研究显示，男性的征服天性是在原始部

①R. 道金斯（Dawkins, R., R）1976。关于合作的演变，见第六章。
②Cf. Eigen 1987, 59 f.
③有关重大突破"闪光"（fulguration）见 Lorenz 1973, 48-50。
④Cf. Reynolds 1981, 71 f.

落社会时期刻意培养的结果，因此嗜杀者孕育子女的可能性要大于爱好和平者。① 然而，使用中立的测试组做实验来验证这一结论则是不可能的。另外，我们怎能知道，某些规则和习俗的影响力足够大，足以使得个体基因经过足够代际的进化而在相应的基因组排序中产生明显变化呢？要产生明显的不同，需要多少代的进化呢？②

爱德华·奥斯本·威尔逊认为："宗教是人类社会生物学的最大挑战。"③ 不可否认，宗教已成为人类进化进程中的一种新现象。尽管大猩猩所有的基因都与人类非常接近，但是它们却既没有艺术，也没有宗教。④ 同样不可否认的是，宗教行为在人类历史进程中由来已久。可以肯定的是，即使与世隔绝上千年，美洲大陆的基本宗教结构在人们到达那里之前一直都在进化中，美洲土著的宗教在很多方面与旧大陆具有可比性和相似性。事实上，有明确痕迹的宗教行为可以追溯到旧石器时代晚期，并且与已被证明的宗教现象相一致。⑤ 更早的尼安德特人（Neanderthals）会为去世的人举行仪式性的葬礼。多数学者认为，宗教观念必然已与约十万年前的宗教活动相伴而生了。

简单地讲，在社会达尔文主义的基础之上，对宗教进行的文化适应性解释已经取得了进展。奥托·格鲁贝（Otto Gruppe）在发表于 1921 年的著作中写道："那些看似拥有超自然力量的个体必定从这一表现中获益匪浅，由于他们会在所处的社会中行使权力，这一点就更加显而易见了；还有一些好处并不明显但确实存在，那就是通过传说中的力量促进社会共同意志，使本群体的生存斗争处于有利地位。"⑥ 这种说法是否也可以解释为：宗教一旦作为文化现象而存在，它就会为某些个体带来绝对利益，从而可能增加这

---

①Chagnon 1988.

②虽然"盗贼必须处死"被列入欧洲律法已有几百年，然而人类偷盗的行为并未因此减少。文化研究中较为现代的趋势认为，即使在原始社会中，也会出现中断的现象。

③Wilson 1978，175，cf. 169-193；然而他并没有对宗教现象进行详细调查和研究。

④参见 Plato *Prot.* 322a："信仰诸神乃是万物之中的人类的天法。"

⑤参见 Burkert 1979，33f；88-94。

⑥Gruppe 1921，243. Otto Gruppe 以其宏大的著作 *Griechische Mythologie und Religionsgeschichte* （Munich，1906）而闻名。

013

些个体及其附属者繁衍后代和传递基因的机会，并损伤非宗教信仰者的利益？

宗教在生殖与生存价值方面具有适应性的观点，目前尚未获得广泛接受。很多宗教提倡人们放弃世俗财富，从生存性斗争中抽身，比如佛教与基督教尤其强调这一点。基督教赞颂殉道者和无私的自我牺牲者。宗教行为中自我毁灭性的极端例子还包括圣人绝食自尽和宗教组织集体自杀等。不可否认的是，这些殉道行为的宣传效果证明，宣传总的来说也是一种谋求成功的策略。这些人的牺牲可以给宗教换来更多的信众。"宣传"一词，从其字面上理解，就是一种繁衍的方式。"烈士的血是教会的种子"① ——这是借由生物生长话语进行表达的骇人隐喻。自我的弃绝是为了教会的发展传播，正如麦粒的死亡是为了丰硕的收成。② 甚至在生物进化的较低层次，自我牺牲的案例同样存在：一些雄性蜘蛛会在交尾过程中死去，工蜂会为了喂养蜂王后代而竭尽全力。事实上，个体为了同基因亲缘获得益处而做出的牺牲可以被看作是增加家族基因的一种策略，威廉·汉密尔顿（William Hamilton）称其为"广义适合度"（inclusive fitness）。③ 与之相似，宣称自我牺牲的宗教也基本上具有其适应性。④ 因为宗教的历史总体上说是一段成功的历史，着眼于长远生存目标的策略必然在这一历史中发挥作用。换言之，宗教必须具备某种生存适应性。

与上述观点相反，另一派学者将宗教置于生存适应性的对立面，这种理论我们可以称其为鸦片理论。⑤ 这一派对宗教予以谴责，称其借助理念和行为，通过奇异而不切实际的并且可能是有害的方式来满足人类愿望，就

① 精确的文本是："你们愈压迫，我们愈昌盛，因为我们的根乃是由基督徒的血而成"，*plures efficimur quotiens metimur a vobis*；*semen est sanguis Christianorum*，Tert. *Apol.* 50，13. Iustinus *Dial.* 110，4 有葡萄藤（vine）的比喻，修剪过后，更加茂盛。

② John 12，24.

③ 见 Hamilton 1964。

④ 参见 Hamilton 1964，1："得以进化的任何因素皆不会低于拥有此因素的个体事物的平均水平。"

⑤ K. Marx，"Einleitung zur Kritik der Hegelschen Rechtsphilosophie，" *Deutsch-französische Jahrbücher 1884*，*Marx-Engels-Werke* I 378，参见 K. Marx and F. Engels，*On Religion*（New York，1964）；见 *Historisches Wörterbuch der Philosophie* VIII 687。

如同毒品带给人们快感幻觉的同时，误用并损害了大脑的正常功能。① 这并不是说宗教与生物学完全无关：因为甚至这种恶性功能的扩散本身也是一种生物现象。但问题在于，幻觉就是功能失常吗？可以调节脑内痛苦的物质——内啡肽（endorphin）的发现，证明了产生幸福感的幻觉具有积极功能，有助于对抗压力与痛苦引起的巨大危机。宗教幻想的社会生物学优势甚至可以通过案例来证实。

古代的宗教对统治阶级往往更具吸引力，并且代表着权力。自基督教取得统治地位以来，欧洲大陆数世纪的历史，同时也是基督教得以确立的历史。伊斯兰教（Islam）也明确强调了其在法律导向、社会秩序与政治权威中的地位。取得统治地位的宗教倾向于在其统治范围之内和之外使用权力甚至暴力，以镇压持不同意见者或异教徒。基督教和伊斯兰教都是通过清除更为古老的宗教多神论形式才成为世界性宗教的，它们至今依然在与无神论做着坚决的斗争。这种斗争在个体之间同样存在：在严格的宗教社会中，一个不信仰宗教而具有叛逆精神和行为的儿童，几乎不具有生存的可能。② 但即使大多数人信仰某一种宗教，依然会有少数人坚持自己的信仰，其中有些人通过保持宗教少数派地位而发挥其特殊的影响。这些处于不利地位的少数人群通过各自的宗教联系在一起，在壁龛般的状态下生存了千年。当然，占统治地位的宗教会给予拥护者好处，对反对者则恰恰相反。因此选择哪种宗教的后果截然不同。即便如此，少数群体依然在基督教与伊斯兰教的统治下生存了数百年。

值得一提的是，许多宗教在族群内热切鼓吹繁衍后代的重要性。隔离与生育是帮助犹太人在巴比伦（Balylon）之囚这样的历史性灾难中死里逃

¹⁴

---

①不断有人提出宗教和药物使用之间紧密而直接的联系。在"吠陀教苏摩"祭祀（vedic soma cult）这一案例中，文本毫无疑问地显示苏摩曾是一种药物。但自从三千多年前雅利安部落迁移到印度后，苏摩这一药物已被其他无毒植物代替——但宗教的形式保持不变；1964 年曾有一部纪念此种宗教形式的电影，见 F. Staal, *Agni*（Berkeley, 1983）。这种仪式使得信仰这一宗教的婆罗门人保持了显著优势，并通过其家族使优势不断延续。在这种体制内，"鸦片效应"被"保持健康"代替。

②参见 Burkert 1983, 26 f。

生的策略；为了强化这一观点，摩西律法禁止一切阻碍生育的行为，比如同性恋、卖淫、堕胎和弃婴。实际上，犹太人口在希腊化时期得到迅猛的增长。同样的性道德使得罗马帝国时期基督教信徒的比例激增。天主教和伊斯兰教至今依然极力反对节育。隐藏在摩西（Moses）和真主安拉戒律下的，是一种生物本能吗？是自私基因的推动力吗？

相互对立的宗教对生育控制的不同态度确实会使多数－少数群体之间的关系发生戏剧性的变化——比如在黎巴嫩地区，穆斯林多于基督徒；然而纵使多灾多难，这些居少数的基督徒也没有灭绝。[1] 即使社会达尔文主义的理论前提会导致极端情况的出现，比如，一些宗教群体受迫害以至灭绝，或遭遇历史性的灾难，或存活时间不长且人数稀少等，并不会对多样化社会的基因库产生太大的影响。

宗教成功的另一假设可以追溯到生态学。罗伊·拉帕波特（Roy Rappa-port）对于新几内亚地区有关猪的节日的研究就是一个例子，他用生态学的方式解释了这一节日的周期性。放任猪的数量不断增长直至无法控制时，就会实施宰杀和祭祀。这样，仪式性的屠杀起着防止环境过度开发的作用。[2] 通过这种方式，环境平衡大系统中的社会系统，通过宗教约束刺激的规范而保持其稳定性。我们是否可以做出这样的假设：从长期看，只有对世俗规范系统之上的超越性控制力保持敏感的信徒，才能在人类社会中稳定地生存下来？生态警示在宗教中并不具有普遍性。在马耳他岛（Malta），现代游客所欣赏的庞大寺庙，其繁荣的景象似乎是随着生态系统的崩溃和早期青铜时代文明的最终衰落而一去不返。[3]

_____

[1]一个基督教派别提供最好的条件来供养许多孩子，在二十年之内可能使派系人员加倍，但是由于同样的原因，一百年之内派系人员只能增加四十人，参见 R. W. Brednich, *Mennonite Folklife and Folklore*（Ottawa, 1977），论加拿大哈特派教徒（Hutterers）。

[2]Rappaport 1984, 233.

[3]见 C. Malone, A. Bonamo, and T. Gonder, "The Death Cults of Prehistoric Malta," *Scientific American* 269, 6（December 1993）76-83, esp. 83；概述见 J. Diamond, "Ecological Collapses of Past Civilizations," *Proc. Amer. Phil. Society* 138（1994）363-370。

也有学者认为，宗教的优势正在于它可以稳定社会，保障文化的延续性。当文明的"软件"过于珍贵和复杂，社会个体不能自主决定是否保护以及何时保护它的时候，就必须建立起新的制度以保证社会凝聚力的持存。在对其他灵长类动物的观察中所发现的原始文化形式，比如用水清洗谷物，用石头砸坚果等，可能会在其被掌握之后再次消失，但这不会威胁物种生存。智人为了保护火种，必然曾不间断地看护它。但是这些现象或许只是文化之必然萌生的例证：如果没有灾难，文化就不会消失；但另一方面也不能冒险试着毁灭文化以看后效。祖先和永生之神的永久权威能够为社会稳定提供必需保障。

即便宗教提供了种群延续的可能，但从社会生物学的角度看，这里依然疑云重重。长期来看，生存适应性意味着对不断变化的环境的适应能力；在文化体系中，成功的要素依赖于在不断变化的世界中快速和持续学习的能力。然而，宗教却一直强调不变的"永恒真理"的教义，以确保信仰和态度恒久不变。宗教所包含的究竟是何种适应性，竟能使得人们无法适应变化，我们能认为这种适应性是成功的吗？ 16

关于宗教的最终猜测在于，它的成功应归功于它使人们应对灾难的忍耐力得到增强，即使在绝望的环境下它也鼓励人们生育。这与"内啡肽"的假设比较接近。人类能承受所谓的"现实的失落"（loss of reality）状态——但猩猩明显不能——其表现形式多种多样，如极端的爱国主义，对游戏和运动的迷恋，经常为科学家或艺术家分心，或更准确地说是过度关注，以及最典型的宗教狂热行为。在这些情况下，精神系统推翻了现实，不可见的比可见的更占上风。虽然对宗教的痴迷可以称为某种形式的妄想症，它却给人们提供了在极端处境和无助之时生存下来的可能，而相比之下，非宗教信仰者在同样情况下更容易崩溃并放弃。人类在漫长的历史进程中，依靠其后来获得的宗教的人（homines religiosi）品质的不断突破，渡过了各种绝望的险境。

宗教的这些积极或自我稳定的功能看似多少有些道理，各种功能并不相互排斥，但要找到具体的证据来证明却非常困难，主要的困难在于，由于宗教的普遍性，我们不可能找到不信仰宗教的族群作为对照组进行研究。因此，即使承认有这些功能，我们也无法证明宗教与基因选择之间的任何相关性。宗教是通过学习建立起来的，它的传播是通过模仿和明确的语言教育展开的。这种延续传统证明，宗教中存在着一种与基因无关的维护其文化生存的适应性。在明确放弃生育的精英的领导之下，罗马天主教取得了六十代人的长足发展。虽然没有犹太教基因，犹太人却在相对隔离的环境和特殊的婚姻制度下发展了近一百代。某些宗教的成功似乎是取决于组织、宣传、权力、流行趋势等，并伴以决定个体选择和态度的多种动机，而非生理生殖活动。

有一种宗教习俗确实集中于性，那就是割礼。虽然这种仪式已经被严格实行了数千年，但它与生殖的关系，并不比吃不吃猪肉与生殖的关系更紧密；割礼或禁食猪肉，都不能作为犹太教、基督教或伊斯兰教得以成功的基因依据。[1] 割礼的功能在于塑造某一族群的不可磨灭的特征[2]，其方式可以是制造心理创伤，给个体以难忘的体验[3]，也就是说，它作用于社会和心理层面，而非基因层面。

与割礼相比，人类的性行为具有更明确的生物功能和世系功能。处于青春期的人随时随地都会有自发的性冲动和性行为，而文化与教育对他们的抑制效果通常是失败的。后现代学者指出，性行为在不同文明中也具有不同的形式，因此可以称其为一种文化的构建甚至是"发明"。[4] 性行为中

---

①或者说，更少，如果我们承认有些疾病，譬如旋毛虫病，由于相关饮食规定，危害有所减轻。

②见本书第 190 页注释②。

③见本书第 32 页注释①—②至第 33 页注释①—②。

④基本著作是 M. Foucault, *Historie de la sexualité* (Paris, 1976-1984)；参见 D. M. Halperin, J. J. Winkler, and F. F. Zeitlin, *Before Sexuality: The Construction of Erotic Experience in the Ancient Greek World* (Princeton, 1989)。

的变化和异常行为相对于广泛的一致性算不了什么。生物程序依照预先设定的模式自行发展，这种模式可以追溯到人类的童年，并长久铭刻在基因密码里。但从来没有证据证明，宗教狂热的爆发与基因相关，文化教育会对宗教产生塑造性影响。要发现宗教基因，可能性十分渺茫。

这里还需要探讨的是，世界范围内古今各宗教间跨文化的家族相似性。同样，宗教中的情感氛围不容忽视。生物学家认为，人类每一种自发的感觉都应看作是某种生物功能的反应。[1] 拉姆斯登（Lumsden）和威尔逊用"最容易回想起的记忆和最容易激发的感情"来探究人类情感的生物学基础。[2] 康拉德·劳伦兹关注人们由于焦虑甚至高兴而产生的战栗，以及在一定情况下一直延伸到背部和胳膊的颤抖，这些神经反应能够刺激背部和头部，使人毛发竖立，大猩猩和黑猩猩也会有这样的反应。"毛骨悚然"（hair-raising）这种说法对我们来说主要用作比喻而保留下来，但它实际上曾经是侵略性行为中的一部分。[3] 今天，尤其当我们提及表征着宗教之特点的敬畏神明时的颤抖时，我们可能已经遗忘了它的起源。[4] 焦虑与侵略的相关性通过生物遗传体现在我们的情感中，如爱国和宗教狂热这样的情感等。

在这里，对一种更加具有人类普遍性的现象，即语言详加考察或许是有益的。在任何一个社会中，人都是自孩提时起就学习语言，每一种语言中特殊的语音和句法，使不同文化之间的相互理解异常困难。语言与连绵不绝的历史传统链条紧密相关 [5]；在上万年的历史中，语言从未被再造过。[6] 虽然猩猩经过训练可以对语言雏形有惊人的掌握，但语言始终是人类

①Ditfurth 1976，45.

②Lumsden and Wilson 1983，20.

③Lorenz 1963，259-264.

④见本书第 33 页注释④—⑦至第 34 页注释①—③。

⑤再现人类"原始"语言，希望非常渺茫；参见 P. E. Ross, *Spektrum der Wissenschaft 6*（1991）92-101。对已消失语言的最成功的恢复是对印欧语（Indoeuropean）的恢复，可追溯到公元前 5000—前 4000 年，也就是在最早的文字文献出现前两千年，但是人类的语言比这还要早四万年。

⑥"语言是自发形成的"的观点，主要受希罗多德 2，2，Psammetichus 实验的影响。对于这一观点的评论，见 A. Borst, *Der Turmbau von Babel*（Stuttgart, 1957-1963），esp. Ⅰ（1957）99-101。

独有的技能。① 同样确定的是，语言的产生具有生物学基础，对此最有力的证据就是发声器官的进化，猩猩没有声音器官，而尼安德特人是否有这样的器官也值得怀疑。基因的改变在语言的发展中起着决定性的作用。语言因此也就具有明确的社会生物学功能。语言实际上已成为我们社会系统中最重要的生存条件：无法使用语言的个体难以生存。因此，在文化进化中，基因选择与社会功能紧密相关。尽管语言是一种文化现象，而文化决定并且持续控制着基因变化，但语言仍需要一代代人不断重新习得。因此，人类的语言可以被称为文化和生物的混合物。

<u>19</u>　　至今我们仍不清楚对这一阶段的进化能有多大程度的准确认识。大约四万年前，人类社会发生了一场文化的变革，这一变革的结果主要体现为新的象征体系和具象思维的形成。这场变革导致了艺术从更简单的辨识及标记差异的行为中脱颖而出。② 其他的灵长类动物还不知道艺术为何物，但在尼安德特人的遗址中，艺术已经初具雏形了。艺术意味着使特定的观察对象变得"特殊化"，并在熟悉之物和崇敬对象之间制造特有的紧张感，从而展现出平常世界的多个潜在新面向。③ 但令人吃惊的是，在艺术被创造出来的短短几千年间，尼安德特人却逐渐灭绝了。有人推测，缺乏文化适应性是尼安德特人灭绝的原因。从基因的角度来看，是由于没有新的人类开创新的发展阶段；现在看来，尼安德特人似乎与现代人类共存了五万年之久。④ 因而，就目前来说，"生物学无法解释四万年前的那场文化变革"⑤。

---

　　①黑猩猩能学会一些形式相对复杂的语言，以符号语言为最多；见 Fouts-Budd 1979。无论这是否是一种真正的语言或别的什么，我们应该承认，它们的表现比我们预期的更加接近人类的行为。不过，与人类相比，黑猩猩较少真正地运用语言，更不会传播它们的"语言"。亦见本书第 75 页注释①。

　　②Bat-Yosef and Vandermeersch 1993；R. White, "Bidhaftes Denken in der Eiszeit," *Spektrum der Wissenschaft* 3（1994），62-69.

　　③见 Dissanayake 1988。

　　④见 P. Mellars, "Archaeology and Modern Human Origin," *Proc. Brit. Acad.* 82（1992）1-35；Bar-Yosef and Vandermeersch 1993。

　　⑤Bar-Yosef and Vandermeersch 1993，64.

但或许社会生物学能够解决这一问题。有人做出这样的假设，竞争求生存的物种在文化上的进步，却给其进化带来不利因素，最终导致它的灭绝。那么人类的语言是在那时形成的吗？尼安德特人是否不具有清楚表达自我的能力？[1] 不管怎样，最后的幸存者是智人，他们是说话的人（*homo loquens*），并从此而成为艺术的人（*homo artifex*），同时也是宗教的人（*homo religiosus*）。

宗教作为同语言一样最重要的有效沟通方式，也可以被假定为是在史前时代的某一特定阶段产生的，它同样可以被视为一种竞争性行为，人类可以借此在那些没有掌握此技能的种群面前取得竞争优势。宗教可能比我们所知的任何一种语言都古老，因为它与仪式联系在一起，伴随着夸张和重复的固定行为模式，并且常以过分严肃为主要特点——这些模式在现代多样化的宗教交流中依然十分重要。[2] 就其根源来说，宗教仪式反映了前语言的交流状态，需要通过模仿来学习，借助于其功能加以理解。它也许比语音的产生还要更原始更古老，并且它显然与动物的行为相类似。虽然宗教仪式不一定留下可供考古的痕迹，但是墓葬习俗可以证明尼安德特人的语言能力确实值得怀疑。[3] 我们可以想象，形式多样的仪式存在于原始人的早期阶段，比如在狩猎、战争、求偶大会中的舞蹈以及对未知事物的尊敬甚至崇拜中。[4] 这种被称为前宗教的复杂体系，很大程度上保存在我们所知的宗教仪式之中。但这现在只是一种猜测。

---

①P. Lieberman，"On the Evolution of Human Language，" *Proc. of the 7th Int. Cong. Of Phonetic Science*（Leiden 1972），258-272；cf. J. N. Spuhler，"Biology，Speed and Language，" *Annual Review of Anthropology 6*（1977）509-561；G. S. Kruntz，"Sapienization and Speech，" *Current Anthropology* 21（1980）772-792；进一步讨论见 *Nature* 338（1989）758-760；*Spektrum der Wissenschaft 7*（1989），34；Bickerton 1990，176 f；*Spektrum der Wissenschaft 6*（1991），100。多数人认为，Lieberman 的观点已被驳倒，换言之，人类的言语能力可能要比现代智人更早。

②关于宗教仪式的概念和功能见 Burkert 1979 and 1983。关于宗教仪式概念的详细讨论见 Bell 1992。

③见 Slobodkin 1992，35。

④亦见本书第 32 页注释⑦。

因此，宗教的社会生物学起源隐藏在史前时期。这一观点很吸引人。这一时期为进化过程提供了漫长的时间跨度，从猩猩进化到智人的进程中隔着数以万代甚至数以十万代的进化缺环，在社会生物学家的其他研究中，这一时间跨度显得太大了。宗教源于太古时代，通常是持续不变的，就此特性来说，它可以为"基因和文化的共同进化"提供范例。但是这一假说并不能得到验证，不管是在三万代的时长中，还是在三十万代、三百万代的时长中，抑或是一千、一万或十万代的时长中，按照科学的标准，这样的观点是不可靠的。我们只能大致重建宗教得以产生的决定性文化状况。随着时间的推移，不确定因素会大大增加，而可靠的证据也会逐渐消失。社会生物学同数学模型一样也需要准确的参数，但目前还无法在这些领域中对这些参数进行合适的应用。在这些领域能够采用的，只能是可能性论断、有选择地观察和预测。

我们仍旧把宗教置于和语言、艺术平行的位置，由于文化因素与生物学传统的长期交织，我们也要把宗教看作与上述两者相伴的共生现象。另一种在人类社会普遍存在的复杂现象也许可以解释宗教问题的复杂性。例如乱伦的禁忌，它是一种与生殖密切相关的社会规范，并且体现了宗教的特征。乱伦的禁忌普遍存在于人类社会中，这一点早已得到普遍的接受，这不能不让人惊奇。这一禁忌同时是文化的标志。[1] 另外一个令人吃惊的事实是，不断增加的证据表明，乱伦禁忌并非仅限于人类，在最高等的动物身上，这种现象也比较常见。[2] 避免乱伦的生物学缘由显而易见，因为近亲交配具有一定的风险与危害。但是，这种生物学的倾向是如何进入人类意识，是如何转化成无意识的情感和文化习俗中的明确书面规则的，这些令人疑惑的问题仍有待解决。它是源于人们偶然的规定，最终由于基因方面

21

---

① Lévi-Strauss, *Les Structures élémentaires de la parenté* (Paris, 1949)，将乱伦的禁忌与诸如女性交易联系起来，并与二元对立的思维模式相联系。

② 见 Bischof 1985。

的原因而扎根于社会规定之中的吗？但是它的效果必须历经许多代才能显现出来，其效果几乎不可能根据个人经验观察得到。诺尔伯特·比绍夫（Norbert Bischof）对此问题进行了苦心钻研。[1] 他用比喻性语言表达其研究结论：社会规范虽然有自身的规则和持续性，但仍必须"与风土相适应"（fit the landscape）。

正是古老地质作用形成的风土，使溪水汇聚成河流，为河流预先设定了河道，甚至影响了风云多变的气候。[2] 建筑师是怎样看待风土的，风土又是如何影响建筑师的，这始终是个谜。自然宗教，作为表现超自然存在的基本而普遍的形式，不是凭空形成的，而是与特定"风土"相适应的，人类生活漫长的进化过程为这一"风土"的形成提供了条件。如果我们可以在自然宗教中感受到偏爱和吸引、畏惧和厌恶以及由生物性而来的需求感等复杂因素的共存，这恰恰可以用来解释信仰及其伴生行为的稳定性。

换一种比喻，可以说：通过语言表达的文化，经过教育与学习的传播，成了人性的"软件"。这个"软件"，无论其多么复杂，都可以很容易地复制和传送。问题同样在于，人类能否任意选择或修改这种"软件"，或者这一"软件"是否完全依赖于初始程序的特定前提条件，仅仅取决于固有模式和产生它的"硬件"的作用。

大脑的生物组织以及其他生命的控制系统在有文字记载的文化之前就已经存在很久了。不可否认，生物组织对我们的行为与交流方式仍继续发挥着影响。形成原住民行为模式、次序感、情感形式、期待、观念以及价值的程序源自最遥远的过去。与这些程序的形成关系最紧密的活动包括觅食、害怕、逃离危险、侵略行为等，当然还有性的活动。甚至意义都具有

22

---

① 见 Bischof 1985。

② Burkert（1979，58）曾使用"风土"的隐喻，并将之与神话般的宗教传统相联系："若去深挖人类传统的深谷，将会发现现代生活依然流淌其中"。更早的时候，Friedman（1974，34）也用过该比喻："人类经验之河是沿着几大主干道而前进的"；对于其消极层面，Frazer 曾在 GB I xxvi 中预言：传统的宗教建立在"迷信之沙上而非自然之石上"。

其史前史。虽然很难从纯逻辑的角度进行语义分析，但从这些活动中却很容易找出某些便于适应环境或有利于交流的反应：比如一头美洲豹和一条蛇狭路相逢时"是战是逃"的战略博弈——至少这些都是早于语言而形成的含义。从没见过老鹰的鸡对这个天敌有天生的识别能力；同样，公鸡能认出鼬[1]；有些猴子看到美洲豹、老鹰和蛇时，便会向同伴传递信号。[2] 使用标记和符号这样的符号化过程（semeiosis）在生命有机体的所有层面和方面均发挥着作用，这明显早于人类的出现。[3]

但这并不意味着基因规定了文化——因为显然不可能。但是可以说，在同类行为模式的一再重复中，基因的引导作用显现出来，这就是威尔逊所说的"最容易回想起的记忆和最容易激发的感情"。生物性构成是产生行为的先决条件或者"引子"（attractors），这些模式即使在每一个案例中被全新创造或重新创造出来，依然会保持形式的一致性。现在，借助数据或实验来证明其关联性的科学证据尚无法得到；可以呈现出的，是这些模式不因时因地而改变的普遍性和持续性，以及动物行为在结构和功能上的相似性甚至同源性。[4] 这意味着宗教仪式、神话、艺术作品和幻想的细节与结构次序等可以回溯到生命进化的原始过程中去；它们能够被理解，并非是在各自孤立，或不同的文化语境之中，而是在与这一背景的关系之中。

关于生存的价值问题或语言、艺术和宗教等的衍生价值问题，社会生物学研究尚无定解。或许重要的是意识到，我们要处理的并不是单维的进

---

①Ditfurth 1976，165-167．

②T. Struhsaker，"Auditory Communication among Vervet Monkeys（Cercopithecus aethiops）"in S. A. Altmann, ed., *Social Communication among Primates*（Chicago，1967）．关于黑猩猩对豹和蛇的反应，见 Wilson 1978，83；Lumsden and Wilson 1983，96。有关生活和身体的跨文化"知识"见 Atran 1987；Johnson 1987。

③见本书第 177 页注释①。

④该研究并未对大脑的基因和结构做出任何结论或假设。V. Turner 在其著作 *On the Edge of the Bush*（Tucson，1988）的文章"Body, Brain, and Culture"中曾试图对此问题做出解释。J. Jaynes 亦曾撰文 *The Origin of Consciousness and the Breakdown of the Bicameral Mind*（Boston，1976），但未能使科学家信服。

程，因而，问题的答案也不可能是单一的。进化中可能存在大量的决定性因素和许多有利于新型交流方式的功能，这些功能也可能会失效或发生变化。尽管如此，某些持续性和永久性的模式会在进化中形成，甚至在相互作用中发挥主导作用，因为这些都发生在个体已经适应的独特景观之内。我们需要考虑的是与文化选择相伴随的生物痕迹。

综上所述，社会生物学强烈意义上的"基因和文化共同进化"的观点，不能在宗教中得到例证，因为此处提及的进化要早于有据可查的历史时期，并且因为过于复杂，两者之间也无法建立起明确的关系。但我们不能因为缺乏证据而将文化与生物或宗教与形成于生命进化内的基础结构分离开来。宗教介于生物与文化之间的混杂性特征要求研究方法必须是跨学科的：推导与阐释应相辅相成。只有这样，依据潜在的风土的意见来分析宗教的世界才值得一试。

一个共同的世界：还原与证实

在人类历史中，语言具有决定性意义，它不仅与宗教相似，而且紧密相关。自古希腊以来，语言和理性就被认为是人类区别于其他物种的最重要因素：人类是"具有说话天赋的动物"（*zoon logikon*）。[1] 进化的过程是人类获得和处理信息的能力不断进步的过程，这一过程是在环境与生命体的不断反馈中实现的。[2] 神经系统使学习得以可能，学习表现为生命个体在进化过程中存储信息和修改程序的能力。在此过程中，"软件"不能从"硬件"中分割出来，但却会因"硬件"的损毁而损毁。个体学习的效果不具有持续性，只有基因才能储存信息。通过信息的共享和传递，生死的循环可在一定程度被打破。在从单细胞的阿米巴变形虫到猿人的相隔甚远的生命序列中，初始的文化传统一直以非常基础的形式存在着，直到语言的出

---

[1]*animal rationale* 的拉丁译文只译出了此概念的部分内涵。
[2]关于知识的进化理论见 Lorenz 1973；Vollmer 1994。

现才发生了改变。借助于语言，个体不仅可以获得、处理并储存信息，还可以将其完全传递给他人，信息的处理和重新唤起可以达到相同的效果。与感官和动作的神经功能相对应的，是语言互动的两种主要方式，即陈述事实和指挥行动，这一方面意味着信息资源的共享，另一方面意味着信息处理结果的共享。通过复制和交换，程序和信息很大程度上从硬件和个体的死亡事件中独立出来了。信息的存留与基因的存留将同等重要，前者甚至可能取代后者。

语言的发展不啻意味着共同的精神世界的出现，即它不仅促成协作行为和共通感觉，还促成共享的理念和计划，以及共享的概念和价值。因此全人类将被连接在不容打破的传统链条上，接管、处理前代的精神世界，并将其传递下去。

在交流层面上定义宗教，它属于精神世界，并且由于其严肃性而显得更为重要。关于宗教的问题，需要以提问的形式重述。在这个由语言传统塑造成的共同精神世界中，在没有现存证据的情况下，宗教仅凭严肃性何以能够在交流与行动中取得支配地位？人们又是为什么要这么做呢？宗教是人类进化过程中的一种副产品，退化现象，还是"鸦片效应"？或者正相反，是共同世界得以存在的先验（*a priori*）条件？如果我们采纳涂尔干"集体表象"的概念，则需要问，为什么人们接受它们，为什么只接受其中的特定部分？

认为宗教可能主要是为了让其创建者获益的骗人伎俩的猜疑从未停止过。在前人类时期，骗术就已经五花八门了。[1] 而语言骗术的可能性往往更大。信息在传递过程中可能被隐瞒或歪曲。不可见的事物尤其容易成为操控的对象。比如，有些猴子在被侵入者打扰时，会转头盯着角落发出警告的声音，以此回避与侵入者正面相对，好像是要告诉入侵者"角落里隐藏

---

①见 Sommer 1992。

着魔鬼"。① 但以骗人伎俩来解释宗教的起源，依据似乎并不充分。因为即使在猴子之间，这样的把戏也很难保证能一再重复玩下去而不被戳穿，从而失去作用。

问题在于，语言建构起的共同世界可以产生超越直接证实性的确切内容。沟通是借助符号完成的，符号指的是什么，首先只是猜测，然后通过反复的指示、借助于语境和先前已知的知识，或者借助于附加的信息和经验来进一步确认。有些符号始终不透明，使用者寄希望于进一步的澄清而将其保存下来。由于学习优先于经验，对个人来说，那些已经学习过的或提前了解了的知识在其一生中可能遇到也可能不会遇到。语言既指向久远过去的事物，也指向长远未来中的对象，这些或许只是不能证实的碎片性事实。② 小说、梦境以及想象性作品对个体显然是有益的，人们可以借助它们来为人类未来的某些活动做准备或预演，这些事物也可帮助人们避免直接面对困境以解决问题。人类可通过语言进行集体表达，或掌控思想与意图。于是，人类经验之外的世界，或至少一些模糊的领域或不可见的微细之物，便在语言交流的过程中产生出来。这些事物又会因误解而被重新构造。这样的情况甚至会发生在宗教传统中，以产生奇异而令人着迷之物。极乐世界（Elysium），一个在天堂里的充满幸福快乐的地方，似乎正是由此而来。③ 先期形成的语言化传统经过累积，总会超越个人的经验。没有人见过不死鸟，但是大家都知道它。④

我们可以通过仪式来了解语言表达的传统的累积过程，仪式通过化动

①Sommer 1992，80；他补充说，入侵者通常会在面对警告的情况下放弃攻击。

②在宗教仪式中，在此之前还要做一件"前事"——在此之前或对此重复的行为，见 J. Harrison, *Epilegomena to the Study of Greek Religion* (Cambridge, 1921), xliii.

③见 Burkert, "Elysion," *Glotta* 39 (1961) 208-213；有一位神话人物名叫"Linos"，从仪式中升起并大叫"*ailinon*"；意大利有个精灵或女巫——类似于圣诞老人，她的名字来自于主显节；更多例子参见 Burkert, *Museum Helveticum* 38 (1981) 203 f。

④使不死鸟如此恒久的原因在于将毁灭倒转的矛盾，死亡和再生不断循环，基督教服从这种信仰并使之更加巩固。

作适用于不在场的神秘同伴①，并可以通过艺术加工得到强化。自旧石器时代晚期以来，人们开始描绘自己熟知的对象，如野牛、马或猛犸象、水牛，也描绘令人困惑的需要做出特别解释的神秘画像。我们尚不知道如何理解三兄弟洞穴（Trois Frères cave）中的被称为"男巫"（the sorcerer）的壁画或者是那些被称为维纳斯的肥胖的女神雕塑。② 它们是对现实的再现，还是指向超现实的力量，抑或是对大母神的刻画？③ 如今大多数人肯定见过天使、龙或不死鸟的画像，我们正是通过描绘，建构起了关于这些生物的观念。

26

如果我们借用语言和图画与之交流的这些超自然的实体在我们的共同精神世界里占据一席之地，这一定主要是得益于化约和简化作用。面对个体体验信息的不断积累，必须对共同世界做简化处理。即使在小型群体中和数代人之间，个体知识的绝对增加也会很快超过任何系统的记录能力。传统是由凝缩的系统化信息组成的。语言通过两种主要功能，即普遍化和隐喻，持续进行着信息的凝缩和系统化过程；这些都是使符号系统趋于有限的策略。逻辑功能也同样通过否定、类包含以及模式和类比的建构等方式取得相同的效果。

尼可拉斯·卢曼（Niklas Luhmann）在《宗教的功能》（*The Function of Religion*）一书中指出，一个系统与其环境相互作用产生意义的主要过程，就是"对复杂性的化约"（reduction of complexity），他将这一成就主要归功于宗教。④ 通过化约，宗教给身处意义深远的宇宙中面对无限复杂性而感到无助的人们指了方向。从这一功能上来讲，某些宗教体系比别的走得更远。对复杂性进行化约的一个根本方法是二元系统的设计，即将任何新的现象或经验分别放置在两个观念"筐"中。等级制和因果关系的连接也可以有

①参见 Burkert 1983，76。
②见 G. R. Levy, *The Gate of Horn*（London，1948），22 f; pl. II b。
③见 W. Helck, *Betrachtungen zur Grossen Göttin*（Munich，1971）。
④Luhmann 1977.

效降低复杂性。理性宗教发展中公认的趋势是，把现实约简为最简单最具概括性的概念，即唯一因、唯一存在、太一。①

是什么使得宗教在精神世界中"有益于思考"，对这一问题做出进一步的推论很容易。② 语言本身作为一种表意系统，似乎是因需要"终极意符"（ultimate signifier）、绝对者、神而出现的。③ 它的作用相当于矛盾重重的生命方程式中的代数 X。例如，就压迫性统治来说，如果统治者本人反过来又受神的统治，则统治本身就会变得更容易接受。④ 同样，财富分配中的不稳定与不公现象，只有借助于超越性的礼物馈赠系统才能达到平衡。⑤ 一个痛苦之人对"为什么"的追问，如果能得到一个虽非经验性但却是终极性的回答，其苦难也就变得能够接受了。在生活中引入无形的神，就切断了经验事件的密闭的、实用性的链条——这也就意味着，宗教永远无法将社会整合成一个完整体系，而只能保持"他者"的一些特性。

存在、因果关系和美德等基本范畴反映在宗教对诸神或神作为永生或者世界创造者的传统断言上，也反映在人类理想的最终目标上。依照知识进化理论，甚至先验的范畴也与生物进化联系起来。宗教已获得的长足发展足以证明，在控制不断完善的对象世界方面，它是成功的。⑥ 在超经验领域中，借助自我指向性的心理策略，这些范畴轻而易举得到发展，并创造出无限的序列。这最终导致人类无法企及的终极和完美在超自然世界中被发现。在语言中，要用最高级来表述这些范畴：神是第一性的，是最高的，是最强大的，是绝对的。

————————————————

①Lord Gifford 创立了"自然神学"（见本书序言第 1 页注释①），相当于对"神、无限、整全，第一和唯一、太一和唯一的灵，唯一存在、唯一的真，以及唯一实存"的认知。

②"有益于思考"这一表达出自 Lévi-Strauss。

③因而，"上帝死了"被看作是现代符号学的基本观点：见 M. Casalis, *Semiotica* 17（1976）35 f。

④将之正式化：a∶b 便变成了等式 x∶a＝a∶b，见本书第 111 页注释⑥。大主教们经常以欺压下级教区来回应来自同级教区的威胁，a∶b＝b∶y，Sommer 1992，85。

⑤a＞b 变成了等式 a-x＝b-y，见第五章。

⑥见 Lorenz 1973，Vollmer 1994。

在上述有关宗教概念在精神世界中的产生条件和功能的反思中，如何验证结论是问题的关键。正如理查·葛登（Richard Gordon）所说，怎么可能"验证纯粹想象世界的存在呢？"① 不能总是用恶魔在角落里这样的猴子把戏。对精神世界中的对象物，有信仰也有不信仰，有信任也有不信任，也存在为获得新信息而遗忘旧信息的代价；这里有操控和反操控，有隐藏和欺骗。每个人最终都会做出自己的选择，构建起他的精神世界。问题是，将人类共享的因素和权威的因素分离开来是否可能？或者说，幻想的可能性是无限的吗？诸神并不仅仅是另一种形式的奇美拉。② 那么，宗教的主张、假定和威胁如何证实？

宗教世界中的独特真实性是如何出现的，对这一问题的解释，主要有三种方法。宗教之所以被接受、得到坚守并获得广泛影响，其原因可以在其所传播的信息中，或者在其传播的环境中，或者在其受众的特殊组织中探明。所有这些可能性在既往的研究中均已得到探究和讨论，它们可以被合并。

这方面的研究，更新更复杂的方法是探寻宗教信息保持稳定的原因，这是一种结构主义的研究模型。③ 这种研究方法推定，在多种交流形式的一再重复中，某种一致性、相似性及相互性的信息被固定下来，并强化了宗教群体所共享的传统的意义。打个比方，人们往往会提到信息传递过程中随附的"谐振"（resonances）现象——这本来是指广播或类似的无线电设备有时会自动发出刺耳声音。通过谐振的加强尤其适用于仪式，这种伴随宗教传播的手段。我们能否将宗教看作文化体系中的一种谐振形式，看作精神自我复制的一种形式——无论这种自我复制是精神的良性功能还是功能失效的表现，它都通过自身结构的保护而成为文化的一部分？④ 倘若如

---

①有关密特拉（Mithras）教的密仪，见 Richard Gordon, "Reality, Evocation and Boundary in the Mysteries of Mithras," *Journal of Mithraic Studies* 3（1980）19-99, p. 22。

②参见 Cic. *Nat. Deor.* 2, 5。

③关于这样的意图，见本书第 30 页注释①。

④在语言中，语词间有意义的共鸣，即节奏、谐音和尾韵使得语言更加稳定。Dawkins 在 1976 年提出类似基因的自我复制，文化中也有自我复制的小单位——那些在大脑中不断出现的句子和指令。这仅仅是个比喻，另一比喻则是将之比为电脑病毒。它们的存在和功能还有待论证。

此，这就意味着放弃那些有意义的尝试。

一种严格的生物学假设认为，宗教传播的过程中，会产生某种"铭记"（imprinting）行为。生物学铭记是在特定的环境下，针对特定功能，在特定时间和情况之下出现的，也就是说，它的出现完全有赖于一种内在组织严密的物种的"风土"，并会导致不可逆转的后果。比如刚出生的鸭子，会将破壳而出后第一眼看到的任何生物视为父母，以后的经历也无法改变这一点。

同样，由于人类大脑在发育的早期非常柔软，一些现象的发生相当接近铭记。童年的经历在人格形成方面起着决定性作用，这包括性成熟、政治态度①及宗教倾向等。塑造人格的强大力量，既来自父亲也来自母亲，这种情况通常被称为"表形克隆"（phenotypical cloning）。但在人格形成中，还没有发现一种能与鸭子幼崽行为相类比的依于"风土"的自动铭记。但与此相反，在坚定儿童宗教态度的教育中，令人吃惊的惨败却屡见不鲜。

最后，通过考察宗教信息的被接受情况，我们会很容易做出以下推测，那就是，宗教的整体、神或众神的原型图像，是人类气质中本来就有的，一旦受到合适的刺激就会活跃起来，并产生永久后果。这类似于生物学讨论的"先天释放机制"（innate release mechanisms）②，即与铭记一样的另一种先天决定机制。这意味着，固定的行为模式是由多种刺激的特定组合激活的，与个体性偶然因素无关。但这一观点同样无法得到验证。

宗教传播中可观察的形式，主要是受仪式和语言影响的学习过程。这一过程中最显著的特点就是行为的一再重复，再加上严格的胁迫方式。重复是学习过程中的主要因素，它在宗教仪式中同样重要。没有仪式，宗教就无法得到传播。仪式的基本功能是促使年轻人接受前辈的习俗——这是

---

①L. L. Cavalli-Sforza et al., "Theory and Obeservation in Cultural Transmission," *Science* 218（1982）19-27.

②见 Lorenz 1963，23；参见 Lorenz 1978，95 ff。

依赖于记忆而展开的文化学习的缩影。① 本着同样的精神，为了集体的凝聚，每隔一定时间，"集体表象"的概念会通过重复的仪式被反复灌输。② 节庆活动是宗教最重要的表现形式。人们在节庆活动中表演规定好的行为，并且知道这些行为方式历来如此；在这种活动中，他们的共同知识和神话也再一次被述说。③ 仪式和语言这两种符号系统相互促进、相互加强，共同塑造了决定着生命范畴和规则的精神结构。舞蹈和歌唱是这一塑造过程中最重要的元素，其中的重复性旋律和声音相和相融，制造出宏大的集体经验。

父亲的权威是这一过程的主要推动力。基因决定了所有的高等动物都具有向长辈学习的本能。在人类社会中，父亲的角色尤其得到凸显。深厚的父子之情是很多文化传统得以流传下去的重要条件。宗教强调父母的重要性，但同时将神或众神的地位置于父母之上，父母借此也成功提高了自己的声望。④ 柏拉图说，当儿童看到父母"以至高的严肃性代表他们自己及其后代"崇敬神明时，"怎么敢蔑视宗教？"⑤ 在这种双向的过程中，宗教巩固了权威，权威巩固了宗教。

有些特别的学习方式不需要重复，能"一下子"就使人永生难忘，这种情况通常出现在极度兴奋的状态下。这时每个人都会有难以磨灭的记忆，特别是那些痛苦或不堪回首的记忆。人们已对动物的"焦虑学习"（anxiety learning）方式进行过研究。观察者发现，在引起焦虑的事件中，机体会有一种特殊的神经元加工过程和记忆⑥，其导致的行为十分接近迷信行为。⑦

---

①参见 J. Assmannm, *Das kulturelle Gedächtnis*（Munich, 1992）。

②参见 Durkheim 1912。

③关于神话和宗教仪式的讨论，见 Burkert 1979, 56-58。

④一个显著的例子是 Hebr. 12,4-11 中一个父亲和神所进行的狂热教育（*paideia*）。

⑤Plat. *Leg.* 887de.

⑥见 J. E. LeDonx, "Das Gedächtnis für Angst," *Spektrum der Wissenschaft* 8（1994）76-83。

⑦见 Lorenz 1963, 65-67。欧洲大灰鹅 Martina 在一次陌生情境中受到惊吓，本能地先跑向窗户，才又回到它以前要爬的楼梯前；从那之后的一整年里，它便习惯了先迂回地经过窗户。有一次在匆忙中"它改变了习惯，选择了直接走向楼梯"，然而"当它走到第五个台阶时"，它开始恐惧起来，"犹豫徘徊了一会以后，它匆忙地跑下楼梯，坚定地像背负着重大使命似的，继续原先的路线，先走向窗户，再走向楼梯，像之前一样"，这样才完全地放松下来。这次令它忧虑不安的经验使它形成了一种固定的行为模式，好似是一种长久以来的仪式。它意外地忘记了最初痛苦的焦虑，往返窗户，不断继续这种仪式则使它非常安定。每一位罗马教皇好像都赞同 Lorenz 的这只欧洲大灰鹅的做法。

许多文明中都存在威胁和体罚的教育方式。谈到这一点，人们会想到一些奇异的入会仪式。^① 与之相似，在欧洲一些群落中，曾有一种奇特的成人礼，为了让参加仪式的年轻人记住边界石的位置，人们会把他们装在盒子里或鞭打他们。^② 另外，建立无法磨灭和无法破坏的人际纽带的另一种极端方式，就是共同犯罪，这是用侵略来消除焦虑。^③ 控制焦虑的特殊方法，则诉诸多种形式的祭祀和净化仪式。恐惧不能使理性能力得到发展，但会留下印记。因此我们可以通过恐惧的经验来了解宗教的"严肃性"。

不可否认，宗教可以通过引发人的焦虑来证明信息的正确性，这些信 31 息可以反过来证明宗教教义。有时候，传播宗教就是传播恐惧。斯塔提乌斯（Statius）写到，"起初，世上的恐惧造出众神"（*primus in orbe deos fecit timor*）。虽然他本意是站在古典哲学启蒙的角度对宗教进行批判^④，但却与很多宗教的自我阐释不谋而合。在阿卡德语（Akkadian）中，形容众神和宗教特点的最主要的词语是 *puluhtu*，即恐惧。一位傲慢的亚述国王会宣称自己"熟知天地之间一切神和女神的恐惧"^⑤。因为"对神的恐惧造就它的仁慈"^⑥，或者用所罗门被广泛引用的名言来说，"智慧始于对主的敬畏"^⑦。

---

①关于割礼仪式见本书第 56 页注释⑤至第 57 页注释①，第 190 页注释③；Bloch 1986；参见 Bischof 1985，135 f；亦见 Dowden 1989，36。在古代，这样的怀疑已非常普遍：秘密的宗教祭祀以人作为祭品甚至食人；见 A. Henrichs，"Pagan Ritual and the Alleged Crimes of the Early Christians，" in *Kyriakon. Festschrift Johannes Quasten*（Münster，1970），18-35；本书第 197 页注释⑤。

②*HDA* III 1141；E. v. Künßberg，"Rechtsbrauch und Kinderspiel. Untersuchungen zur deutschen Rechtskunde und Volkskunde，" *Sitzungsber*（Heidelberg，1920），7.

③关于萨默斯莱斯岛的入会仪式，见 Burkert，in N. Marinatos，R. Hägg，*Greek Sanctuaries：New Approaches*（London，1993），184 f；参见本书第 197 页注释⑤。

④Stat. *Theb.* 3，661.

⑤R. Borger，*Die Inschriften Assarhaddons Königs von Assyrien*（Osnabrück，1967），9 §7，参见 §2I，§11 etc.；Sargon II in E. Ebeling，*Die akkadische Gebetsserie "Handerhebung"*（Berlin，1952），98 f.（Rs. 3）："仆人，敬畏你的神（阿戴德）。"参见 Lambert 1960，104："敬畏神的人不会受人怠慢。"

⑥S. Parpola，*Letters from Assyrian and Babylonian Scholars*（Helsinki，1993），155 nr. 188（672 B. C.），参见 Lambert 1960，104，line 143 f. Isocrates（伊苏克拉底）*Bus.* 25 与此观点一致，甚至间接提到无神论文本 Kritias *TrGF* 43 F 19："那些在开始使我们恐惧神的已使我们无法完全再对彼此恶行相向。"

⑦Prov. 1，7；Eccles. 12，13.

希腊词汇中对应的词 *theoudes*，即敬畏神明，在荷马笔下，是道德性的标志。"谨慎的凡人畏惧神"①。另一个常与宗教仪式相联系的希腊词语是 *phrike*，意思是"令人毛骨悚然的战栗"。现代学者发现，畏惧感才是人类对宗教最基本的感觉②，鲁道夫·奥托（Rudolf Otto）使用了近代拉丁语中的一个短语 *mysterium tremendum*（令人颤抖的神秘）来表达这种畏惧。③ 畏惧的战栗是神圣体验的最核心部分。这种无法磨灭的传播方式、胁迫和恐惧与人类精神世界中的宗教性内容息息相关：神有特权要求人畏惧它。

　　然而，焦虑、害怕或者恐惧不仅仅是心理幻觉带来的不受控制的情感。在保护生命方面，这种情感同样具有明确的生物性功能。严肃性意味着要优先考虑某些极为重要的程序。④ 宗教的极端严肃性与对死亡的巨大而压倒性的恐惧有关。许多宗教文化传播和信仰者的忏悔显示，宗教的价值体现在对"终极关怀"问题的关注，以及由此对生物环境的适应。通过处理和化解焦虑，宗教与不可见事物的互动是以死亡的威胁为背景的。人类了解死亡，知道死亡不可避免，但是这种认知的获得经过了一种奇特的发展过程。个体的死亡是超越想象的现实，是一种无法体验的未知。然而他人的

32　死亡却促使人们在共同的精神世界内对不可见者做出想象性处置，其方法可以是用别的东西替代不可见者，或者回避这一问题，或者轮番使用不同的替代物，这使得人的精神在不可摆脱的持续震惊、平复与重新刺激之间往复。

---

①C. Austin, *Nova Fragmenta Euripidea*（Berlin, 1968），nr. 81, 48 = *TrGF* Adesp. 356；参见 Theognis 1179："尊重并敬畏诸神。"关于"令人毛骨悚然的战栗"，见本书第 19 页注释③。

②R. R. Marett, *The Threshold of Religion*（London, 1909, 4th ed. 1929），13："在所有的英语单词中，我认为敬畏（awe）一词最简洁地表达出了根本的宗教情感。"参见 *HrwG* I 455-471s. v. Angst. 关于焦虑和仪式，亦见 Homans 1941 中的讨论；H. v. Stietencron, ed., *Angst und Gewalt. Ihre Präsenz und ihre Bewältigung in den Religionen*（Düsseldorf, 1979）。

③R. Otto, *Das Heilige*（Munich, 1917），transl. *The Idea of the Holy*（Oxford, 2nd ed. 1950），第四章。

④参见 Ditfurth 1976, 269：在饥荒时期，性事停止。在某些物种里，繁殖比自我保护更重要：生育后便死亡。

人类的焦虑势必不断增长，因为人类对于无论距离近还是远，无论是过去还是未来的世界都要做出有意识的再现。我们也许会疑惑，为什么当狮子在侧时，非洲斑马和牛羚群依然能安然吃草。狮子可能会在某一时刻发起袭击，但是只有在危险发生的瞬间，受攻击的那只动物才会做出逃跑的反应。其他的动物为了保存体力依然继续吃草，逃脱捕食者之口的那只动物不久还会回到原地吃草——它们不这样做还能怎样？但是由于人类会有意识地设法控制环境、储存回忆和预期未来，所以无法无视狮子存在的事实。人类甚至可以反过来袭击和杀死这些捕食者，这也可以成功创造一个和平的环境：这也是很多原始文化喜欢杀戮符号的原因之一。[1] 然而人类不可能完全摆脱世界上所有可以引起焦虑的危险，尤其是暴力与暴力相遇时。[2] 死亡的威胁无时不在。

要摆脱致命的绝望与沮丧，必须有反制力、积极的态度、信仰或者"鸦片"。虚构一个严肃但没有恐怖的世界，用对绝对层级的畏惧来抵抗俗世中的恐惧，终究是必要的。正如埃斯库罗斯（Aeschylus）所说，"最大的恐惧就是对神的恐惧"[3]，他并非提出这一观点的唯一的人。"对神的畏惧使人无所畏惧。"[4] 由于宗教现实高于世俗现实，死亡和杀戮的骇人行为在葬礼和祭祀仪式方面展现出来，享有极其重要的地位。[5]

宗教的这一消极方面虽然明显，但相对真正重要的问题来说，却微不足道。宗教虽千差万别，但在大多数宗教的自我诠释中，有一个不断重复的基调，那就是对生命的渴望。[6] "赐予我们生命，生命，生命"是一句在 33

①Alexander Marshack 在旧石器时代人类的系统符号中发现杀戮的符号；他将"受时代环境影响的死亡"与人类"最初的认知"联系起来。见 Marshack 1972，esp. 235 ff。在一则巴比伦神话中，安定世界的诞生以杀死原始母亲，大海，为代价，Enuma elish IV-VI，ANET 67-69。

②参见 Burkert，" Eracle e gli altri eroi culturali del Vicino Oriente，" in C. Bonnet and C. Jourdain-Annequin，eds.，Héraclès d'une rive à l'autre de la Méditerranée（Brussels，1992），111-127。

③Aesch. Hik. 479. Cf. Matth. 10，28，Luke 12，4 f.

④Hieronymus Chron.，Praefatio：timor enim dei hominum timorem expellit.

⑤参见 Burkert 1983；Bloch 1992。

⑥更全面的发现，亦见 E. Becker，The Denial of Death（New York，1973），3："社会的每个角落都展现了人类公然创造有意义的生活的神话。"

非洲丰收仪式上一再重复的歌词。① 阿胡拉（*Ahura*）是琐罗亚斯德教的关键词，意为生命之王。埃及诸神手握着代表生命（*ankh*）的符号。希腊人渴望借主神宙斯（*Zeus*）之名探得生命（*zēn*）的意义。在《旧约》乃至《新约》中，永生之神是基本概念。② "因为我活着，你们也要活着"，是耶稣说给信徒最后的话。③ 神允赐生命，护佑生命，一如它也可以愤怒地摧毁生命。万物求生存的动力隐藏在宗教密码之中。这种动力的本质是对不朽和永恒生命的设想，这也是许多宗教最有说服力的观念。④ 甚至自我牺牲也是为了获得永生。对死亡的否定以死亡的事实为前提。另一方面，超自然的想法则来自自然的风土。在我们的情感中得到显示的宗教的严肃性，反映着人类生物性风土中的坚硬岩石，反映出危险、限制以及保护生命的驱动力。宗教中确有生物学的印迹。一些极端论者可能碰巧偏离轨道，但如果不回到正轨上来，他们最终将会消失。

生命的成就是自我复制、自我调节和自我平衡。因此诸神是最可靠的秩序保护者和最有力的调节者。为了自我保护，生命需要隐蔽，并建立屏障将内外分隔开。在宗教的世界观中，通常要建立特权中心，以便在即使是魔鬼般的混乱环境中仍能保持神性。如果现实情况险峻，生存艰难，宗教便求助于超经验之物恢复平衡。灾难总要发生，但广为流传的洪水神话，总是以幸存者为了感恩神明而准备祭祀结尾。⑤ 宗教基本上是乐观的。

---

① H. Huber in H. J. Braun and K. Henking, eds. , *Homo religiosus*（Zürich, 1990）, 158.

② St. Paul, Rom. 9, 26；II Cor. 3, 3；6, 16 etc. ；Mt. 16, 16；26, 63 etc. ；见 Bultmann and von Rad in *ThWbNT* II（1935）833-877。

③ John 14, 19.

④ 在哲学中可表述为：假设为永恒，即不再变化的终极自由。这是 "价值理论之基"（werttheoretische Fundamentalsatz）in O. Weininger, *Geschlecht und Charakter*（Vienna, 1903；repr. Munich, 1980）168 f：“因此世界是永恒的”（Der Wert ist also das Zeitlose）。

⑤ 在这些故事中，Ziusudra, Atrahasis, Gilgamesh, Noah, Deukalion, Manu. Cf. J. Rudhardt, " Le Mythe grec relatif à l'instauration du sacrifice," in his *Du mythe de la religion grecque et de la compréhension d'autrui*（Geneva, 1981）, 209-226；G. Caduff, *Antike Sintflutsagen*（Göttingen, 1986）。

第二章　脱险与献祭

手　指　祭

几年前，我的一个同事乘船在非洲旅行，行到半途，船驶向了暴风雨中。眼看暴风雨越来越大，突然，随行的一名当地某级别的政坛人物将美元纸币扔进了咆哮的海水中。① 就在我们共同感受我的同事的那种惊愕时，正是"咆哮的海水"（raging waters）这一隐喻表现出了我们是多么轻易地给大自然的力量赋予人的特性。

在一些原始资料中可找到类似的令人惊奇且让人感到荒谬的行为，至少在一些哲学家的作品中有其影踪。塞内卡（Seneca）在《自然问题》（*Naturales Quaestiones*）中就写道：

> 我没有隐瞒人们的一些看似荒谬的行为，而是将其透露给大家。据他们说，某些人有观云知天象的经验，他们通过观察云就能预测出何时会有冰雹……这听上去真是令人不可思议。克利欧奈（Kleonai）有专门预测冰雹的人员，他们被称为"冰雹预测人员"（*chalazophylakes*），他们专门关注着冰雹何时到来。如果他们说有冰雹要来到，你认为人们会怎样做呢？每个人都会用各自的祭品来祭祀：有人供奉一只羔羊，有人则献出一只鸡。当祭品鲜血的气味散发出来时，云立刻会移开并飘往其他地方。你一定觉得很可笑吧？请你继续往下听，后面的内容会让你觉得更可笑。

---

① R. Françillon 的重述，Zaire 1962。

如果一个人既没有羔羊也没有鸡可供奉，那么他就用任何他可祭祀的东西来进行献祭；他可能会将自己作为祭品——但是你不要认为云朵会如此贪婪残酷，它们要求的并不多。他只需用一支有着锋利笔尖的笔刺破手指即可，这样，他就用自己的鲜血完成了会带给他好运的献祭。之后，冰雹不仅会远离其他供奉更丰富的祭品的人们的土地，也会离开他的土地。①

35

塞内卡还补充到，如果冰雹预测人员没有使葡萄园和玉米地免遭灾害的侵袭，他们将会被指控或得到与之相应的惩罚。

理性主义者嘲笑这些人对恐慌做出的反应，因为他们认为，这种防治灾害的方法与防治的结果之间并不存在明显的联系，尤其在面对大自然的力量时，这种方式便显得更为可笑。人们对恐慌做出的反应是献出自己的贵重物品、屠宰自己饲养的动物或是做出伤害自己的种种行为。在此，塞内卡毫不犹豫地说出了这种神圣的行为：献祭。在克利欧奈，献祭是一种被大家广泛接受且被认为是行之有效的制度化的宗教仪式。甚至在上文提到的非洲的事例当中也体现了某些关于献祭的传统背景与来龙去脉。

约公元 2 世纪中叶，在帕加马（Pergamon）宜人的阿斯克勒庇俄斯圣所（Asclepius sanctuary），一位富有的忧郁症患者度过了十多年的岁月。他名叫埃留斯·阿里斯提德斯（Aelius Aristeides）。② 他曾接受过演说术的训练，晚年成为一名非常成功的演说家。他的作品也保留了下来。在埃留斯·阿

---

①Sen. *Nat. Qu.* 4，6 f；据 Plut. *Quaest. Conv.* 700e，"盲鼠"之血或月经来潮被用来抵御冰雹；参见 *Ran.* 847 f：在阿里斯托芬（Aristophanes）的作品中，宰杀黑羊作为祭品以抵御暴风雨的到来；据 Hom. *Hymn.* 33，8-11，在一次风暴中，为召唤狄俄斯库里兄弟，数只白羊被杀死作为祭祀品。为了平息阿尔忒弥斯（Artemis）的怒气，阿伽门农（Agamemnon）不得不将自己的女儿伊菲革涅亚（Iphigeneia）作为牺牲以祭神。考古发现早在迈锡尼时代的克诺索斯就有掌管风的女祭司，参见 Burkert 1985，175。见本书第 124 页注释②。

②参见 E. R. Dodds，*Pagan and Christian in an Age of Anxiety*（Cambridge，1965），39-45；关于 Aristeides 的大事记见 A. Humbel，*Ailios Aristeides，Klage über Eleusis*（Vienna，1994），45-52。

里斯提德斯即将开启事业之时，他显然已患上了某种疾病，并致使其身心几近崩溃。所以他便放下了工作，引退于帕加马，接受医药神阿斯克勒庇俄斯的长久治疗。他坚信医药神将亲自托梦于他并会在梦境中告知他应如何行事来恢复健康，保住性命从而继续生活。他每天都坚持写日记记录自己的经历，他焦虑且殷切地留心着身边的启示，不放过任何神意显现的现象与时机。他每天都徘徊在轻度消化不良的状态、重度沮丧消沉的情绪与妄自尊大的心态当中——"你是这世上最优秀的演说家"，在梦中，他曾听到这个声音。当他身体有所好转之后，他精心准备了演说辞并将其献给医药神阿斯克勒庇俄斯以表敬意，这些演说稿都保留了下来。

　　阿里斯提德斯回忆起一件非常有趣的事。在梦里，神曾探望他，并告知他，三天之内他将一命呜呼。神还说，他的死是注定了的，随后一天里的迹象与发生的事情也都表明神在梦中所说的并非仅为空洞的预测。然而阿斯克勒庇俄斯是仁慈的，他向阿里斯提德斯展示应如何通过宗教仪式来 避免有些必然会发生的事情——这是一种献祭的仪式，在这种仪式中，宗教被视为具有防御功能，它可保护人类免遭威胁性命的灾难和伤害。这就是神给阿里斯提德斯所开的仪式处方：阿里斯提德斯须横渡河流并将祭品放入河对岸的深坑（*bothroi*）中以供奉给众神；然后，他需回到河这边，在返回的过程中，他需向周围四处抛撒小枚钱币，不用在意钱币落在何处或是被谁捡起；最后，当他回到阿斯克勒庇俄斯圣所时，他需在神庙内进行一套完整的祭祀活动，即宰一只羊并邀请祭司与朋友来赴此盛宴。除此之外，他还不得不"割下自己身体的某部分来换取自己的整条性命"。这无疑是一个令人痛苦的抉择。然而，神经过重新思考，再一次显示了更为仁慈的光辉。神认为让阿里斯提德斯割下身体的某部分这一过程过于"艰苦费力"（laborious），他仅让阿里斯提德斯献出一枚正戴在手指上的戒指作为替代即可。于是病中的阿里斯提德斯便将自己的戒指献给了忒勒斯福洛斯（Telesphoros），他的神像是带着风帽的孩子的模样，被立于阿斯克勒庇俄斯神殿之中。[1]

阿里斯提德斯的叙述作为源于希腊罗马文化的具有说服力的文本被珍藏了起来，同时也成了关于宗教行为实践的原始的私人文献。它带领我们进入了一条通往宗教仪式研究的道路，向我们展现了宗教仪式的履行是如何源于焦虑，以及宗教仪式如何有计划地控制这种焦虑情绪。我们或许可以认为，在阿斯克勒庇俄斯神庙中包括祭司与先知在内的全体职员都可帮助阿里斯提德斯释梦，且能够保证整个献祭活动均按照正确的仪式所要求的程序来进行，个人的想法立刻就被传统的洪流湮没吞噬了。

仪式的顺序并不难遵从。首先，参与者会跟死亡与阴间的力量打交道；之后，他需跨过阴阳界，在跨过界线的同时还需抛掷钱币——如同之前提到过的非洲的例子——最终，在神的圣所中，他重新融入庆祝的团体。一件贵重物品的献祭可以被解释为本人肉身的替代品，即部分代替整体（*pars pro toto*），这样的献祭方式在古代的圣所与当今世界均普遍存在。某些东西将要被作为用以保全整体的祭品。或许，我们不应笼统地归纳或假定在圣
37 所发现的每一枚指环和每一件供品背后都有着相同的意义，但是我们必然会敏感地意识到每一件供奉给神的物品都传达了一个关于焦虑与希望的故事。[2] 很明显，阿里斯提德斯让自己的供品成了他身体一部分的替代品，将自己的性命从死亡的威胁中救赎了回来。那些抛撒在河中的钱币显然起到了类似的作用：它们是一种现金形式的赎金，是一种为了获得救赎且使人能担负得起的损失。

神同意用戒指替换的身体部位其实应该正是手指本身。这使得阿里斯提德斯个人的梦境与其虔诚的行为具有了强烈的神话与仪式色彩。梦也是

---

①Aristid. *Or.* 48, 26-28; Burkert 1981, 123 f; H. S. Versnel, "Polycrates and His Ring: Two Neglected Aspects," *Studi Storico-Religiosi* 1 (1977) 17-46; "Self-Sacrifice, Compensation and the Anonymous Gods," in *Le Sacrifice dans l'antiquité. Entretiens sur l'antiquité classique* 27 (Geneva, 1981), 135-185, esp. 163 ff.

②关于还愿宗教（votive religion）见 Burkert 1987b, 12-14。

受文化制约，因文化而异的——尽管阿斯克勒庇俄斯的祭司或许为梦做出了直接的解析。手指祭不仅仅在克利欧奈有所记载，在世界上许多其他地方，它也是一种众所周知的祭祀活动。

据保塞尼亚斯（Pausanias）记录，在靠近阿卡狄亚（Arcadia）的迈加洛波利斯（Megalopolis）曾有一处复仇女神们（*Maniai*）的圣所，旁边有一个小土墩，被称为手指纪念碑（Daktylou Mnema），此处展示着一只用石头制成的手指；名为康复之地（Ake）的地方就在旁边。故事是这样的：古希腊的统帅阿伽门农之子俄瑞斯忒斯（Orestes）因为父报仇而杀害了自己的母亲，虽然报了仇但又使自己陷入了弑母的重罪。被复仇女神们反复纠缠的俄瑞斯忒斯不得安宁以至于发了疯，直到有一天，咬断了自己的一根手指才又恢复了意识。在他咬断了手指之时，黑色的复仇女神们瞬时化为白色，随即，俄瑞斯忒斯也重新恢复了意识。恢复意识之后，就在此地，他分别祭祀了黑、白复仇女神。在保塞尼亚斯的有生之年，这种仪式可能一直都在此圣所举行。[1] 从身体上割下手指的行为可以安抚紧追不舍的恶魔，损失了部分正是为了拯救一条性命。这就可以解释为什么在阿卡狄亚会有如此祭祀复仇女神的仪式。更进一步的细节无从知晓，可能它就是一种有治疗康复作用的仪式，正如此地名 Ake 所指。俄瑞斯忒斯的发疯与癫狂可以被看作一种疾病，它被这种特别的祭祀仪式治愈了。这个故事让我们看到，俄瑞斯忒斯的经历与阿里斯提德斯的经历极为相似。

在民间故事和童话故事中，手指祭也是一个常见的主题。在不同的故事中，这个主题则有着不同的变化形式，有的形式充满了稀奇古怪的幻想，有的充满了怪诞的情节，有的则富含幽默滑稽的元素。就拿独眼巨人故事的一些中世纪版本来举例，这是一个关于独眼怪物库克洛普斯（Cyclops）

---

[1]Paus. 8,34,1-3. 在 Selinus，先向三个赃物献祭，再向三个净物献祭，Jameson 1993，29 f；61-64。——根据 Ptolemaios Chennos，涅墨亚的狮子曾咬断赫拉克勒斯（Heracles，大力神）的一根手指，为纪念那根断指，后来建了个墓。Phot. *Bibl.* 147a37-b2.

的故事，他被机敏的英雄戳瞎了眼睛。最古老的版本是约翰尼斯·德·阿尔塔·席尔瓦（Iohannes de Alba Silva）著于 12 世纪的名为《多罗帕托斯》（Dolopathus）的故事集。① 故事结尾是最令人毛骨悚然的情节，它描述了逃离那被刺瞎的怪物的场面。在史诗《奥德赛》（Odyssey）中，独眼巨人波吕斐摩斯（Polyphemus）想通过礼物来诱惑奥德修斯。在中世纪的版本中，巨人怪物会将一枚指环扔掉，也就是我们文本中的金戒指，而英雄则渴望得到它，但是一旦他将那枚戒指戴上手指，就会立刻不由自主地发出尖叫——在其他版本中，是戒指自身发出尖叫——"我在这里，我在这里。"（ecce ego! ecce ego!）戴上戒指容易，若想从手指上再脱下它可就不可能了。这样一来，英雄就只能做出最终的英勇决定：咬断自己的手指，将其扔向巨人。有些版本则是说，英雄用刀割下手指而非自己咬断它，无论如何他都成功逃脱了巨人。虽然失去了手指，伤口血淋淋，但是英雄最终也算是以胜利而告终了。一个虽小但却严重且不可替代的损失才能换来最终的救赎，从而远离凶险。"损失了一小部分但却挽救了整条性命"，正如神告诉阿里斯提德斯的那样，"割下自己身体的一部分来换取自己的整条性命"。这确实是一个明智的选择。

使得手指祭这一主题更为严肃的正是因为这种仪式现在依然存在。正如詹姆斯·乔治·弗雷泽（James George Frazer）所观察②："在汤加群岛（Friendly Islands）之上的汤加王国（Tonga）中，为了使病重的年长亲戚恢复健康，晚辈切断一根手指或割下手指的一部分作为献祭神灵的祭品是非常常见的行为"。库克船长（Captain Cook）于更早也记述了同样的事情："他们认为魔鬼会将小拇指作为祭品来接受，这种祭品足以灵验到使他们的

---

①Ed. A. Hilka, *Historia septem sapientium* II（Heidelberg，1913）. 参见 J. G. Franzer, *Apollodorus*, *The Library* II, Loeb C. L. 1921，409-422；D. Page, *The Homeric Odyssey*（Oxford，1955），8f.

②Frazer 1898，IV 355-357；参见 id., *GB* IV 219；III 161；亦见 Levy 1948，49；E. M. Loeb, "The Blood Sacrifice Complex," *Memoirs of the Anthropological Association* 30，1923；*KHM* nr. 25；*EdM* IV 1143 s. v. Finger。

身体重新恢复健康。"同样的，"若前一个孩子夭折，尤其在这种情况之下，霍屯督族女人（Hottentot women）与布西曼族女人（Bushwomen）会将第二个孩子手指的一个关节切断。这样的指关节献祭是为了保住第二个孩子的性命……一些南非的部落相信，切断病人的指关节是治愈其病痛的良方。""在黑脚族（Blackfeet），当公众或私人有急切的需求之时，一名勇士会割下自己左手上的一根手指并在晨星（Morning Star）升起之时将其献给晨星。""在印度，若一位已生过几个孩子的母亲担心愤怒的神灵会将其婴孩夺走，她便会拜访庙宇、神殿，将自己右手上的一根或两根手指割去作为祭品以平息神的愤怒。"有些母亲常常重复此行为，使得自己的残疾程度越来越严重；事实上，印度的殖民地政府在 20 世纪初也设法禁止这样的风俗习惯。斐济群岛（Fiji Islands）报道了一则消息，是关于手指祭变形后的有趣习俗："为了平息被冒犯的长辈的怒火，晚辈会切下自己的一根手指并将其呈献给这位长者。"①

　　若遇到不幸、病痛甚或预见灾难，人们都会割去自己的一根手指或手指的一部分来使自己幸免，这种做法看起来在全世界都通用。这些事例都源于迥然不同的文化，如美洲、非洲、亚洲与大洋洲等地的文化，古希腊的传统文化也在其内。根据各种文化的不同背景，重点与细节都有所不同。美洲原住民敬仰晨星，印度有连接神与人的庙宇以及给予指引和解释说明的神职人员。然而，不论在什么情况下，这种活动都不是按个人意愿随意进行的，而是要按照某些已有的传统来进行。但是，不同文化的祭祀活动却有着令人惊异的一致性，虽然文化之间并没有直接的联系与接触：阿里斯提德斯无法认识身处阿卡狄亚的俄瑞斯忒斯。他只是感觉到这种行为应该有意义。即便有部分的损失，以这种方法获得的救赎也被认为是值得的。因献祭而克服了重重危机的经历与体验震惊了现代的观察家与评论家，而对于他们来说，祭祀与献祭活动曾是迷信

---

①Frazer 1898，IV 356.

与荒唐的行为。

很可能，我们涉及的是一种年代久远且分布广泛的风俗习惯。在一些著名的旧石器时代的洞穴中，仍保留着人们的手印，这些手印清楚地显示了人们试图与神灵交流的场景或是想要留下表明他们曾到此一行的痕迹。在一个洞穴中，有一些手印明显是残缺不全的，所以人们做出了如此假设，即甚至在旧石器时代，某种形式的手指祭就已存在。换句话说，手指祭是一种旧石器时代的仪式，直至 20 世纪，它依旧存在，跨时两万多年。另一处发现来自一新石器时代后期的遗址，即位于伊拉克的阿尔帕契亚遗址（Arpachiya），在那里的一处圣所发现了五只石制手指以及一根人类手指骨。① 这个发现似乎证实了，公元前 4000 年就已存在的自残的风俗，同时这些泥土制品也显示出神灵的仁慈，甚至在那么久远的年代，他们也愿意接受代替肉身的替代品，就像医药神阿斯克勒庇俄斯对阿里斯提德斯大发善心一样。在印度，英国政府禁止了这种风俗仪式，人们在特定的情形之下就用生面团制成的指关节来代替真正的手指关节，并将其切下进行仪式活动②，他们用象征的方式将这种仪式活动延续下去。

生物、幻想与仪式

"以部分换回整体"的献祭方式，在计算得与失时是非常明智的。人的一生中，有许多情形使得人要思考几种类似的选择并做出相应的最终决定。在这个文明社会中，我们通常会这样劝告人们：将自己的钱包留给歹徒，不要冒着会受刺伤或枪伤的危险去保护财物而置自己的性命于不顾③；将船中的部分货物抛入暴风雨中也是常见的做法④。不久前，男人们为了避免应

---

①Levy 1948，93.

②*GB* IV 219.

③品达（Pindar）对此持有异议："如果财产被盗，宁死也不愿做个懦夫而不伸张"，Fr. 169a 16 f. ——英雄价值观与理性选择的对立。

④Aesch. *Ag.* 1008-1016，对为避灾而进行献祭的一个比喻。

召入伍会切断自己的一根手指，或试图通过对自身非致命部分的暗中自残而设法逃离战场。当这种行为被象征化之后，这种模式还是推翻并超越了功能性与理性的范围：并非抛掷货物而是将钱币抛掷到大海中，给暴风雨呈上献礼，或是如我所听说的一则实例那样，并非将手提包扔给一个强盗，而是扔给一只正在狂吠的狗。① 献祭的模式被替换了，它失去了与现实的联系并转换成了夸张且明确的"仪式"。在这种形式中，它将按照规定的范例或采用专家的建议来进行，这样它将成为文化意义上可习得的行为。但是由于它被重复进行，因此显然会对心理产生一定影响，从而产生一种治疗效果。在这种意义上，此种仪式或许可以被人们认为是不可思议的，因为它是通过某种并非显而易见的因果联系达到了一个明确的目的，但是这仅仅只是提出了一个简单的方法而并非一个合理的解释。无论如何，这种因果关系的非联系性被广泛地接受了，尤其是对参与仪式活动的人们来说，这种联系具有非常的意义。

部分肢体残伤现象在动物世界中也有类似的情况。某些蜘蛛的腿能够轻易脱落，这些脱落了的腿仍能够继续行走一段时间。这种功能是为了转移那些头脑简单的捕食者的注意力，并给予蜘蛛机会让其撤退到安全的地方。蜥蜴也能轻易地把自己的尾巴断掉，这样一来，断尾便留在了捕食者的手中以吸引其注意，而它则逃之夭夭了。在这里，损毁自己肉身的一部分以保性命的行为就被编码在了一种特殊的生物程序当中，这种行为会代代相传且成为固定不变的特质，它会随着动物骨骼建构过程深嵌在动物的身体与意识当中，按照这种特殊的行为习惯而运行的生物程序有着明确的目的，即为了生存。阿里斯提德斯的话语正好能够精确地对此进行重新描述："切下身体的局部以拯救身体的全部。" 鸟类或许会有"因恐惧而脱毛"的经历，这是指，若某只鸟被捕食者袭击，它会突然脱掉身上的羽毛而

41

---

①*Dedet tempestatebus aide mereto*[*d*]，Sarcophagus of L. Cornelius Scipio，*CIL* I 9；R. Wachter，*Altlateinische Inschriften*（Bern，1987），301-342.

"裸逃"，留给捕食者的只是一嘴羽毛。[①] 在哺乳类动物中，狐狸若是不小心中了圈套，它会为了逃生而咬掉挂在圈套上的自己的爪子。生存的价值远远大于那一点损失。

因此，我们可以看到，一个遍布全世界并在远古文明社会中流传的故事、梦境与宗教仪式中描述和展现的古老仪式形式和生物程序有着类似性，这种生物程序在不同物种进化的不同阶段都起着重要的作用且与多种动物种类有关联。在动物世界中，这种生物程序直接发挥功能，因为它能够通过转移捕食者的注意力而提高动物幸存的机会。在人类的文化中，这种生物程序也是无所不在且持久不变地存在于人类的行为与幻想当中。人类与动物的行为程序是如此接近，可以用一句话来概述人与动物的这种相似性："当人或动物遇到危险的情况，如被追击、受到威胁或感到焦虑时，人与动物都会为了保留自己的性命而牺牲部分。"简而言之就是，"部分代替整体"的原则。这样，宗教与动物学便可被视为殊途同归。

然而这并不是要假定一种明确的遗传行为程序，并不是说有一种遗传行为程序通过基因来编码，并以一种连续进化的方式得以传承，从更原始的生物发展至更高一级的生物，最终发展至人类。不同物种的例子并非由连续不断的进化链所联系，关于黑猩猩的行为或是整个灵长类动物的行为也没有类似的相关报道。我们谈到的只是相似而并非相同。事实上，起关键作用的生物程序是不同的。以上例子中，狐狸的自残行为与蜘蛛和蜥蜴的自残行为并不相同，狐狸咬下自己身体被圈套困住的那部分是为了逃离险境，而蜘蛛与蜥蜴是将从自己身体上脱下的那部分留给捕食者以用来转移其注意力。另一种更为简单也更为普通的"放弃行为"是放弃食物，这种现象往往会出现在动物遭遇比自己更为强壮的敌手或捕食者的侵扰之时。即使受到仪式与传说的影响，从生物程序到有意识的且可用语言表述的原

42

---

①其中一个让人联想起 Mark 14，51 f 中的语句："他来不及披上亚麻布衣服，就这样赤裸地逃跑了。"

则，到如何牺牲部分来代替整体这样清楚地计算，再到最终做出的有关决定仍有着艰难的一步。

反过来看，我们同样也很难认为，这些人类的仪式与幻想均归因于文化内知识的习得、观察或移情或纯粹的具有创造力的幻想。这种宗教仪式的模式随着时间、空间循环往复，我们对于用仪式来应对危险的准备以及共识均展现了一种潜藏于经验之下的生物"景象"。人类的天性包括应对比人类种族存在时间更久的焦虑与逃逸的生物程序，这些程序至少含有或产生仪式模式的雏形，这种仪式与威胁、惊慌、追击、逃逸和丢弃可丢弃之物的诀窍有关。拉姆斯登与威尔逊以此作为"基因与文化协同进化"的一个依据来寻找"最容易唤起的回忆种类，最易于激起的情绪反应"；[1] 这似乎应算是他们众多发现中的典型例子。

尽管文明社会的生活已有千年，但那些捕食者在追逐中的画面是多么令人难忘，让人躁动不安，这一点众所周知，易于回想，甚至在幻想中常被人重述。精神病患者常常会显现焦虑情绪，他们总觉得被某人追赶；对于健康人来说，一部恐怖片若没有追逐与九死一生的情节，将会无聊至极。在神话故事与艺术作品中，魔鬼往往以捕食者或掠夺者的形象出现。[2] 为了描绘地狱的恐怖，基督徒将魔鬼描绘成有着血盆大口的贪婪怪兽的形象，"嘴"这个词甚至在今天依旧是恐怖的代名词。几乎没有几个现代人会体验到那种可怕的感受了，但即使是一只吠犬的攻击通常也会使身体产生一种比实际危险大得多的突如其来的惊恐：即使在亲身经历捕食者的进攻之前，我们就已经像小鸡"了解"老鹰一样"了解"捕食者侵袭的危险了。[3] 与鸡相比，人类在功能方面具有更强的适应性的同时也具有较弱的固定性，　43

①见本书第 19 页注释②。

②参见 K. Lorenz, in H. v. Ditfurth, ed., *Aspekte der Angst* (Stuttgart, 1965), 40; Baudy 1980, 101-118; 关于动物和恶魔亦见 R. Padel, *In and Out of the Mind* (Princeton, 1992), 138-147; 关于鬼神外貌，参见 Ditfurth 1976, 168。

③见本书第 24 页注释①②。

但是灵长类与原始人类也将捕食者看作其危险的邻居，应对各种危险的不同反应早已深深固定在了我们的生物天性中。种种真实的或虚幻的险境总能让人想到蛇、豹、狼——这些追踪而来的捕食者的形象。在宗教仪式中亦是如此也就不足为奇了。

能够引起焦虑情绪的一种特殊的面部符号正是目不转睛凝视着你的眼睛。这种可怕的反应显然是基于一种非常古老且普遍的生物程序。因为在自然界，眼睛专为寻获食物而生，所以那些未来有可能变为"食物"的活生生的且存有利己之心的动物们便学会了提防眼睛。对于眼睛的恐惧在许多动物身上都有所体现，这种对眼睛的恐惧感是对被目光敏锐的捕食者捕获的功能性的反应机制。另一种变化形式则体现在某些蝴蝶身上，若它们出现在其他生物种类当中，它们就会展示自己翅膀上那对瞪大的双眼来转移令其生厌的追逐者的注意力，而对孔雀来说，它们用自己尾部的眼睛来吸引注意力，以作警示。在人类文明社会中，对于邪恶之眼的恐惧是普遍存在的，从远古的近东到古希腊罗马时期再到现代，这种观念在文献上都有所记载。① 这种先天对眼睛的恐惧就使得与眼睛对立的象征物的产生成了必然，与眼睛对立的象征是指：邪恶之眼的力量会被另一只眼、被某种特

①概述见 F. T. Elworthy, *The Evil Eye* (London, 1895)；亦见 S. Seligmann, *Der böse Blick und Verwandtes* (Berlin, 1910)；O. Koenig, *Kultur und Verhaltensforschung* (Munich, 1970), 183-260, esp. 194-200："Die Ritualisierung des Auges in der Ornamenntik"；Burkert 1979, 73；Baudy 1980, 133 f；A. Dundes, "Wet and Dry, the Evil Eye," in V. J. Newall, ed., *Folklore Studies in the XXth Century* (Woodbridge, Suffolk, 1980), 37-63。关于美索不达米亚，见 E. Ebeling, "Beschwörungen gegen den Feind und den bösen Blick aus dem Zweistromlande," *Archiv orientalni* 17 (1949) 172-211；M. L. Thomsen, "The Evil Eye in Mesopotamia," *JNES* 51 (1992) 19-32；关于伊斯兰教，见 *ER* V 383 f；关于古希腊，见 O. Jahn, "Über den Aberglauben des bösen Blicks bei den Alten," *Berichte der Sächsischen Gesellschaft der Wissenschaften, Phil·-hist. Cl.* 7 (1855) 28-110, 参见 R. Schlesier, *Kulte, Mythen und Gelehrte* (Frankfurt, 1994) 33-64；Plut. *Q. Conv.* 5, 7, 680c-683 b；一件罗马马赛克图像：*CCCA* III pl. CVII nr. 210 (参见 Harrison 1922, 196 f.), 参见 pl. CVI nr. 207；关于阴茎象征见 Diod. 4, 6, 4；Herter *RE* XIX 1734 f., 参见 phallic guardians, Fehling 1974, 7-14；Burkert 1979, 39-41；关于"眼睛"(eye) 和"女性"(female) 的联想见 G. Devereux, "The Self-Blinding of Oidipous in Sophokles：Oidipous Tyrannos," *JHS* 93 (1973) 36-49；关于阁楼上的眼杯见 N. Kunisch, "Die Augen der Augenschalen," *AK* 33 (1990) 20-27；概述见 Faraone 1992, 45-48；58 f。猎人对其所捕猎的鸟兽之眼给予特别对待 (Meuli 1975, 970 f)；我们会合上死者的眼睛。

定的颜色、被男性的侵略性，尤其是被所展示的男性阳物毁灭，或是这邪恶之眼最终会以遭遇失明的厄运而告终。独眼巨人波吕斐摩斯的故事就将食人魔鬼描绘成以人形而存在的捕食者。弄瞎其眼是为了获得灿烂辉煌的胜利并克服恐惧与焦虑。

我们很容易就将在生物界被捕食者追击的事实与宗教传统联系在一起。"愿追捕者的双脚不要靠近我们"就是一条常见的希腊祈祷文。[①] 印度婆罗门教的神话故事告诉了我们黄油祭这种最常见的献祭形式的起源：当火神阿耆尼（Agni）被创造出来之时，他变成了一个捕食者。游荡之处，他会将所见之物都吞噬下肚。之后，造物主、生主、波罗阇波提（Prajapati）制作了黄油并用其来喂食阿耆尼，这样阿耆尼的食欲也就得到了满足。从那之后，在圣坛上将黄油倒入熊熊燃烧的烈焰当中就成了一种神圣的仪式。[②] 在此意义上的这种祭仪是为了通过牺牲可容忍的损失而达成转移危险的交换，通过这种方式，"食者"就被巧妙地控制住了。正如巴比伦的智慧之言所云："倒去献祭品，生命又归来"[③]。希腊的仪式中有一种献祭叫作辟邪仪式，即 *apotropaia*。简·哈里森（Jane Harrison）发现，驱邪的仪式是希腊宗教中格外古老与基本的仪式方式。[④] 这种仪式的做法就是向神秘的追逐者抛掷或倾倒所需之物，通常人们会被告诫当离开献祭场合时不要回头看。[⑤] 据说是邪恶的魔鬼要求举行这些仪式，其相应的拉丁语为 *averruncare*。[⑥] 当某些维斯塔贞女失去贞操，她们就冒犯了神灵，这预示着灾难的发生，此时，罗马人会诉诸活人献祭的仪式，据称这种献祭方式是依据西比尔的神谕。

44

---

① Aristoph. *Pax* 279.

② Šatapatha Brahmana，见 W. Doniger O'Flagerty，*Hindu Myths*（Harmondsworth，1975），32 f。

③ Lambert 1960，104 line 144.

④ Harrison 1922，esp. 8-10；见 R. Schlesier in *HrwG* II 41-45。Otto Jahn 新造了术语"apotropaic"。

⑤ 这条禁令普遍存在于阿卡德、赫梯、希腊和罗马宗教仪式中，例如，Castellino 1977，625；674；679；*ANET* 348 iv 3；Aesch. *Cho.* 96-99；Soph. *OC* 490；Ov. *Fast.* 6，164（见本书第62页注释①）。

⑥ Liv. 8，6，11：*placuit averruncandae deum irae victimas caedi*.

正如普鲁塔克（Plutarch）告诉我们，神谕命令："向某个陌生的精灵送出牺牲，以避免将要发生之事，于是两名希腊人和两名凯尔特人被当场活埋。"①为了避免不幸，将牺牲品送给、扔给或留给魔鬼——这便形成了一个再清楚不过的祭祀仪式的模式。

与仪式相对应，传奇、民间故事与神话中，均有众所周知且令人不可思议的逃离危险的故事模式。② 它形成了许多童话故事那令人毛骨悚然的结尾，独眼巨人的故事也在这些故事之列。这魔幻般的脱险往往都以这样的形式开展：当女主人公、男主人公或二者双方已逃离了女巫、男巫、食人魔怪、巨龙或其他令人不快的魔怪的掌控之时，那强有力且敏锐的敌手才有所察觉，并对他们展开追捕。只有一种方法可以使其停下追捕：在逃之人必须向后抛掷物品，这些被丢弃的物品会变成阻挡追逐者的障碍物，至少这些障碍物可以暂时发挥作用，只有决定性的时刻一过，逃离者才能获得安全，真正脱险。向后扔梳子，它会变作一片森林或一座山脉。这样的故事模式不仅出现于《格林童话》中，而且也可在印度的《吠陀经》、芬兰的民族史诗《卡勒瓦拉》（Kalevala）中寻到踪迹，希腊神话中也不乏这种故事模式。《卡勒瓦拉》长诗43篇，维纳莫宁（Väinämöinen）获得了一件珍贵的宝物并乘船逃离，北方国人（North Folk）与其女霸主在后追逐；当维纳莫宁看到他们出现在水平线之时，他便从左肩将一块燧石抛至大海。这块燧石变成了一座峭壁，追逐他的船只搁浅了，但这障碍物只能起一时之用。女霸主变成了一只鹰继续追逐维纳莫宁，双方的战斗愈演愈烈。卡

45

①Plut. *Q. Rom.* 284c；参见 Wissowa 1912，60；420f；在迈锡尼时代的派罗斯的一次危机中，一些人被送往圣所，这也是人祭的一种吗？PY Tn 316，参见 A. Heubeck, *Aus der Welt frühgriechischen Lineartafeln*（Göttingen, 1966），100-103；S. Hiller, O. Panagl, *Die frühgriechischen Texte aus mykenischer Zeit*（Darmstadt, 1976），309；Hughes 1991，199-202。

②A. Aarne, *Die magische Flucht*（Helsinki, 1930）；参见 Campbell 1949，196-207；*KHM* 79。研究中最古老的诗是苏美尔人的"Inanna and Enki"，在这首诗中，女神 Inanna 将神的命令从 Eridu 传递到 Uruk，然后由 Enki 接着传递，在第七站时结束，见 Bottéro-Kramer 1989，230-256；但是并没有丢弃行为的巫术。

尔·墨利（Karl Meuli）认为，魔幻般逃脱的主题是萨满诗歌的典型主题[1]，奇妙的故事讲述着西伯利亚赋有神力的人们那令人心醉神迷的仪式，他们能够通灵且遇到了各路帮手以及危险的敌人，他们以一种法术来抗衡另一种法术，最终毫发无损地归来。但是这个故事模式其实有着更普遍的基础来源。

在古时候关于捕虎的故事中，可找到此故事模式在仿动物学中的原型。印度人从虎穴中偷走虎崽之后会快速骑马撤退。成年虎一发现自己的幼虎被偷走，便会紧追不舍，它们的奔跑速度远远超过了马匹。所以当成年虎快追上他们时，印度人就会舍弃一只刚偷来的虎崽，老虎便将虎崽带回洞穴并将其安置好，之后继续展开追逐。当成年虎接二连三地追上偷虎者，他们每次都会舍弃一只幼虎以便获得暂时的脱身；如果成功的话，偷虎者会在自己到达文明领地时保留一到两只虎崽，而当他们到达此地时，成年虎不会再轻易靠近。[2] 这个生动的动物学小故事[3]恰巧与我们之前谈到的魔幻般的逃生吻合，追逐者都会受到多次的阻拦，而且都有一个明确的界限使得追逐者无法超越，最终不得不放弃追逐。只不过在偷虎的故事中，追逐者不是魔鬼或巫师，而是那经典的追逐者，那最强有力的肉食动物。故事中一个有趣的细节是，那个让追逐者停下脚步的精确的点。在领域行为中，每种动物只有在自己的领地中才会感到最安全，当离自己的领地越来越远时，它们的安全感也会越来越少。这就会造成它们在领地边缘地带的失衡状态，这种失衡状态会使它们焦虑不已，甚至发出攻击或侵略性的行为。在故事里，这一点被作为一个明确划定的界限，它与划定自己领域界限的仪式行为相似，甚至在前人类阶段，情况亦如此。[4]

在希腊神话中，最详尽、最可怕的魔幻般的逃生应该要数阿尔戈英雄的神话故事了。当伊阿宋（Iason）与美狄亚（Medea）从科尔基斯

①Meuli 1975，847；868；873；878. 参见本书第78页注释②。

②Pomponius Mela 3，43；*RE* VI A 951.

③参见印度掘金蚂蚁抢黄金的故事，Hdt. 3，102-105；Megasthenes *FGrHist* 715 F 23。

④见 Burkert 1979，41-43；参见本书第187页注释③—④至第188页注释①—②。

46 （Kolchis）将金羊毛偷走时，科尔基斯王埃厄忒斯（Aietes）与其舰队追逐其后。此时用武力来抵挡他们的追击是不可能的，然而美狄亚知道如何拦住他们。她杀死了自己的弟弟阿布叙尔托斯（Apsyrtos）（*aps syrtòn*，意为"被击退"），"她将弟弟的尸体斩成块，抛入海底；父亲埃厄忒斯忙于收尸，耽误了时间，最终只好打道回府。"① 这的确是个非常古老的故事。这样将人体肢解成块（*sparagmos*）的行为是一种巫术仪式，毋庸置疑，美狄亚是一个女巫。但是仅用"巫术"这个简单的词语是无法解释这一切的。还记得我们之前提到过的蜘蛛、蜥蜴以及印度捕虎人逃生的例子吗？在其中，我们发现幻想与仪式都遵循着那古老的惯例，即为了保全整体而牺牲部分的献祭方式，通过丢弃或抛掷部分献祭物而分散追逐者的注意力，它正是为了生存而使用的生物策略。在阿尔戈英雄的神话故事中，被牺牲作为献祭品的"部分"是社会团体当中渺小、微弱且可被替代的成员，即美狄亚那年轻的弟弟。任何捕猎者都有获得弱小猎物的最佳时机。

　　这魔幻般的逃亡还带有另一个很强的生物学背景的变形，与前面所讲的相比较，它从一个极端到了另一个极端。有一种生物的本能反应是大便失禁，它是指当个体处在惊慌的情形下，无意识地留下某些东西的生理反应之一。在粗俗的言语中，这种行为通常会被认为是怯懦的最终标志，阿里斯托芬也这样认为。② 正常的生活中，我们都会建立起防范意识来防止极端和无法控制的惊慌局面的发生——然而对于孩子来说它时常发生，交通事故与战争中也不例外；亚述的编年史中就使用了这样的主题来污辱被击退的敌人③，希腊人亦如此④。由于恐慌而大便失禁也是黑猩猩众所周知的常见行为。⑤ 语言保留了那远超我们实际经历，留下其远古文化的背景。正

---

　　①Apollod. 1, 133.

　　②Aristoph. *Ach.* 350 f. , *Eq.* 1057, *Av.* 66, *Ran.* 479-493；cf. Juvenal 14, 199.

　　③森纳赫里布方志（Annals of Sennacherib），哈努勒战争（battle of Halule）：交战时，敌人"任其动物粪便流入战车内"，Luckenbill 1927 §254，II 128。

　　④Sicyon 的 Aratus 的敌人曾用此来嘲笑他，Plut. *Arat.* 29, 7 f.

　　⑤Lumsden and Wilson 1983, 96；De Waal 1982, 57 f；Goodall 1990, 63 f.

是与正规的行为形成的鲜明对照，为口头谩骂这样用言语伤人的行为创造了特别的机会。

或许，今天鲜有人知的行为正是来自于 19 世纪的一种奇特的仪式。德国、奥地利（Austria）甚至整个欧洲的小偷都相信：若在犯罪现场留下自己的粪便，他们就能逃脱追击而不被察觉，他们也的确会这样做。① 这种在可怕的情景中受到惊吓后的反应变成了有辟邪功能的法术，本能的行为则变成了有意识的行为。因为生物程序的互相影响，这种行为仍受到注目，虽说被人称为迷信，可它仍是有意识的巫术仪式并且是受理性控制的。为了达到设想中的神奇功效，人们通过不明显的因果关系对某种行为进行新的解释，迷信就这样出现了。希腊宗教中，女神赫卡特（Hekate）可以被称为黑夜中令人惊悚的代言人，她就是一位"食用排泄物者"（*borborophorba*）②。

47

阉割与割礼

自我阉割这种自残的特别形式，是古老的宗教中奇怪且令人厌恶的篇章。在古代，"阉割"（castration）这一词语恰巧与另一则仿动物学的故事有关。海狸——拉丁语为 *castor*——通过自身独特的腺体能够产生一种具有芳香气味的分泌物，这种物质有很高的药用价值。人们常常误以为分泌这种物质的器官是雄性海狸的睾丸。因此，当雄性海狸被捕发现逃生无望时，"它会弯下腰，咬下自己的睾丸并将其扔给捕获它的猎人"。讲此故事的古代作家继续解释道："这样，雄性海狸就像是一个落入强盗手中的聪明人，为了活命，他会放下身上所有的东西以此作为交换性命的赎金。"③ 海狸的做法与人类行为的相似性清晰可见，部分的牺牲品又一次被作为了赎回性命的赎金。

---

①*HDA* III 1178-1180 s. v. *grumus merdae*. 有一个例子见于 A. Lorenz, *Wenn der Vater mit dem Sobne*（Munich, 1978），150-153。

②*PGM* Ⅳ 1402. Cf. Hippocr. *Morb. Sacr.* 1, Ⅵ 360 f. Littré: excrements indicate Hekate *Enodia*.

③*Ael. Nat. An.* 6, 34, from Sostratos, cf. *Schol.* Nik. *Ther.* 565; Aesopus 118 Perry.

053

海狸的故事无疑是用拉丁文讲述的，在拉丁语中，海狸一词让人联想到了贞洁（castus）一词，意为"纯洁且禁欲的"，因此让人联想到了阉割一词。就动物行为而言，这个故事没有任何意义。作为生物体，对于每个因自私的基因①而存活着的生存机器的个体来说，没有比牺牲自己潜在的不朽的生殖细胞更糟的事情了。在对生物学事实的扭曲中，这个故事也恰恰投射了人类恍惚与焦虑的典型特征。或许因为战争中，侵略与男性气质相联系，无性才能够指望更好的生存机会。更重要的是，在我们这个有意识的世界中，自卫本能仿佛是生存不可或缺的条件，这样一来，才能够理性地设想终极目标。生殖这项生物程序使得个体具有可替换性，因此某些个体成为多余且可被替换的成员，从这个意义上讲，这种生物程序依旧令人烦扰。这或许可以最终用来解释在瑜伽以及其他形式的禁欲行为的传统中，性为何是最令人生疑的了。男人们幻想可通过断绝自己的生育能力来避开生死攸关的灾祸。为了保住整条性命，小的损失看起来是可行的，甚至可被称为明智的举动。这是逆转灾祸的方法之一，通过它，精神世界试图脱离生物轨道，虽然对于个体来说，生命会变得短暂、无法延续，但是对于整个人类来说，它依旧有着持久的吸引力。虽然有着强烈的矛盾冲击，但有意识的和无意识的想象都固定在了这个主题上。

海狸这种遗传的行为在有关阉割的故事与仪式中一次次重复出现。从古巴比伦王国到小亚细亚与叙利亚，这些地方的圣所中都供奉着一位女神，她被阉人祭司崇拜；在培希努（Pessinus），他们被称为 galloi，培希努是阉割仪式最有影响力的中心。但是，这并不是一个你能从各个方面来研究这种现象的地方，也不是一个能够讨论由现代人提出用以解释其起源的种种理论的场所。② 某一提到此地的楔形文字的文本中解释道，女神伊什塔尔

---

①该术语出自 Dawkins；见 Dawkins 1976, 49 ff。

②参见 Burkert 1979, 104 f；亦见本书第 191 页注释①。现代有多种不同的方法来解释宗教仪式：被"母亲"同化，Farnell 1896/1909 III 300 f；禁欲主义，A. D. Nock, *ARW* 23（1925）25-33 Nock 1972, 7-15；使地母受孕，Cook 1914-1940 I 394-396；R. Pettazzoni, *I Misteri*（Bologna, 1924），105 ff；H. Herter, *Gnomon* 17（1941）322 f。在 Arrian *FGrHist* 156 F 80 中，这是一种"某个神降下的疾病"，在 Catullus 63 中，这是一种荒唐疯狂的行为。

（*Ishtar*）建立此地正是为了"在男人当中施展威严，让其产生敬畏之感"①。有着阉人皈依者的女神与有着宦官守卫的王室后宫制度，这二者哪一个最先出现，很难说清楚，据称这种王室后宫制度是由塞米勒米斯女王（Queen Semiramis）或阿托莎（Queen Atossa）女王建立的②，20 世纪初的伊斯坦布尔和北京均存在着此种制度。那么，就让我们来看看其宗教意义，卢西恩（Lucian）关于叙利亚女神（Syrian Goddess）的书籍便是主要的原始资料来源。

卢西恩用小说式与讽刺性的文风讲述了一个起源神话。③ 叙利亚的斯特拉托妮可王后（Queen Stratonike）在梦中被告知要去希拉波利斯（Bambyke-Hierapolis）寻找一座新建的女神庙。她动身去寻找神庙，一位年轻英俊的男子康巴博斯（Kombabos）陪同在王后身旁，并被国王选中来作为他本人的代表。康巴博斯预见了陪伴那位年轻而又充满热情的王后的风险。他认为，若事情处理不周到，被人猜疑将是不可避免的，甚至他会为此而丢掉性命。因此，他阉割了自己，将自己的生殖器涂满蜂蜜与油膏进行了防腐处理，并将其放入盒子，密封之后交给了国王保管。之后，正如他所预料，孤独难耐的王后爱上了他，但他拒绝了王后的爱意。在此，约瑟（Joseph）与波提乏（Potiphar）之妻的故事以新版本被再次展现：康巴博斯被诬陷奸污了王后，他受到审讯并被判死刑。然而，最后，他让国王打开了之前他交给国王的那个盛放着自己生殖器的盒子，他用自己的性功能缺失证明了自己的清白。

无疑，康巴博斯的故事是一则详细的起源神话，特别是那个密封的盒子——甚至在中国，宦官们也确实会保留这样放有自己生殖器的盒子。④ 这个

49

①*Erra* 4，56：Dalley 1989，305.

②Hellanikos *FGrHist* 4 F 178（Atossa）；Amm. Marc. 14，6，17（Semiramis）；Claudian. *In Eutrop.* 1，339-345.

③Luc. *Dea Syr.* 19-26，cf. M. Hörig，*Dea Syria*（Neukirchen-Vluyn，1979）；*ead.*，"Dea Syria-Atargatis，" *ANRW* II 17，3（1984）1536-1581.

④参见 T. Mitamura，*Chinese Eunnchs*（Tokio，1970）；亦见 Bertolucci 的电影 *The Last Emperor*。

故事或许已经相当古老了，因为康巴博斯这个名字会令人联想到女神库柏勒（Kubaba-kybebe）那古老的名字。① 尤其有意思的是，这个故事为阉割仪式提供的有关心理的解释。正是出于对国王这样有权力且能将其置于死地的强有力的情敌的惧怕，才驱使更低层次且身居劣势的一方放弃了自己的性功能。在某些猴类社会中，只要年轻且等级排位低的雄性置身此族群，它们就要忍受一种心理上的阉割。随着时间的推移，它们的身躯长得越来越高大强壮，总有一天它们会有自己的出头之日。② 故事中，康巴博斯就正像我们之前提到的聪明的海狸一样，为了活命而放弃了会对自己带来致命危险的东西。据卢西恩说，事实上在希拉波利斯，阉割仪式会在重大节日时举行，未来的宦官们会将自己被割下来的那部分"扔"进一间房子，正如海狸将自己的睾丸扔给猎人一样，从那间房子里，他们将得到属于自己的女性服饰。③

　　以下这个故事也充满了奇异色彩，令人不可思议，其丝毫不亚于之前我们讲过的故事。这个故事来自希伯来《圣经》中独立的一节，被公认为是有关割礼的起源神话故事之一。这个文本常被认为来自摩西五书（Pentateuch）最早的文献耶和华文献（Jahwist）。④ 摩西与妻子西坡拉（Zippora）及儿子从米甸（Midian）回埃及的途中，一晚，他们夜宿在旷野之中。"上帝因摩西没给儿子施割礼而要杀他，西坡拉赶快捡起一块燧石将儿子的包皮割下，用割下的包皮接触摩西的私处并说道，你真是我的血新郎了！这样，耶和华才放他走，使其免于一死。"此文本的作者也对此故事感到惊讶不已，因此他专门附上了一条注释以解释说明，指出这与割礼有关。⑤ 这个

50

---

　　①Bambyke 的女神在当地被称作 Atargatis。Kybebos 是 Kybebe 的祭司的名字，Semonides Fr. 36 West。Kombabos 这个名字与 Humbaba——《吉尔伽美什》（Gigamesh）神话中的恶魔也有关系（见本书第 70 页注释④）。

　　②学名：普通狨（callithrix jacchus），Bischof 1985，316-319。

　　③Luc. Dea Syr. 51.

　　④Ex. 4，24-26。该词被直译作"私人部位"，实际意思是"脚"，但通常认为这是一种委婉语；见 Kautzsch 1922-1923，I 104，HAL 1106。

　　⑤参见 Noth 1962，49 f；Childs 1974，95-101；Bloch 1992，93："屈从于上帝的征服……配合他明显的凶残意图。"

故事片断依旧让人感到神秘莫测。上帝怎能将自己伪装成一个食人怪兽的形象出现在夜晚的旷野之中？但是，这样的事情确实发生了。在夜晚的旷野中，忽然，某人被对上帝不可抗拒的恐惧感侵袭，上帝远比国王更加强而有力，而且随时都能置其于死地。为了赎回性命，男人不得不放弃自己的男性特征——在这千钧一发之际，母亲就介入并帮助其做出最后的决定。这样一来，双重替换就同时产生了，孩子替换了男人，包皮替换了阴茎。此时，为了挡住追逐者，血淋淋的自残是必然的，它既是真实的，同时也是具有象征意义的。只有"血新郎"——此处指与西坡拉相关的摩西——将会存活。这将至上的父亲与康巴博斯联系在了一起，正如康巴博斯的方式一样，他们都是用割礼仪式作为替代减轻了损失而保全了性命。母亲用燧石割下了包皮，正如在祭祀女神的仪式中用燧石做的阉割仪式一般。这是否是割礼仪式的确切源头，或依旧是个谜，但是，显然这已是我们所有的有关割礼解释的最古老的版本了。①

将手指祭与阉割仪式联系在一起是一个令人着迷的话题。用弗洛伊德（S. Frend）理论作为研究方法已较为普遍，甚至在弗洛伊德之前，位于阿卡狄亚的俄瑞斯忒斯手指纪念碑曾被怀疑是阴茎的象征。② 带着弗洛伊德式幻想与解剖学的幻想，在中世纪食人魔鬼的故事中，那带着具有说服力的戒指的手指将会变成什么呢？阿里斯提德斯曾将自己的戒指献给了忒勒斯福洛斯，即那个带着风帽的孩子，在一些古老的小雕像中，忒勒斯福洛斯确实以包在风帽里的阴茎的形式出现。③ 关于阿蒂斯（Attis）的神话，有一个版本十分奇异，其记载为，死于阉割的阿蒂斯将不会复活，但其身体也

①A. M. Hocart, *Kingship*（London，1927），136 中报道富士山下有类似的割礼形式："据说这种割礼手术用于祭奠新近死去的亲人"；此处的术语也用于酋长陪葬的受害者，死时小指会被割下用作葬礼的祭品，也用于屋中为祭奠死者的那些人（意即留在此处属于死者的人）。更多关于割礼的现代表述见 Bloch 1986。

②Ch. Belger，*BphW* 12（1896）640；Hitzig-Blümmer 1895-1910，III 236 on Paus. 8，34，1-3.

③*RML* V 317 f；cf. 324；H. Herter，*De Priapo*，Giessen 1932，193，不能确证这些陈述。

不会腐朽。其死后，身体虽已躺倒，但小指却一直在动。① 许多神话中都会有一位具有危险性的女性形象，如伊什塔尔、库柏勒、西坡拉或是与克吕泰墨斯特拉（Klytaimestra）结盟的复仇女神们。确定人类心理究竟在何种程度下会产生如此的意象与象征的问题，或许只能留给心理学家了。此处的观点表明，在弗洛伊德心理学之外，甚至仍有某种背景存在，在我们的生物天性中，除了恋母情结的焦虑深植于此，还有存在于现实中的真实的焦虑。现实中，有真正的捕食者。由宗教仪式而生的敬畏之情与个体经历中的自我阉割矛盾心理相碰撞，通过某些骇人听闻的宗教仪式，这种敬畏之情寻到了一片沃土并以旺盛的生命力继续存在下去。

51

替 罪 羊

"部分代替整体"原则主张为保全整体而损失少部分，此原则在群体行为中甚至更加有效。在《约翰福音》（The Gospel of John）中，大祭司该亚法（Kaiphas）宣称："一个人替百姓死，免得通国灭亡，就是你们的益处。"② 紧接着《约翰福音》的作者忙解释，该亚法"这话不是出于自己，而是充当了先知的角色"。这种用一个人的死来救赎整体性命的奇怪的平衡方式是基督教神学交易中的基本原则之一。然而该亚法的预言事实上是在重申一项更为古老的原则，这原则广为人知且已被人们普遍接受并实践于生活中。③ 这一原则在巴比伦的创世史诗《埃努玛·埃利什》（Enuma elish）当中早已有了预示，当一位有罪的神灵被判刑时，他被这样告知："彼虽独自死去，人类可由之而生。"④

---

①Arnob. 5，14.

②John 11，50，cf. Mark 10，45 "to give his life as ransom, instead of many"；J. N. Bremmer, "The Atonement in the Interaction of Greeks, Jews, and Christians," in J. N. Bremmer F. García Martínez, ed., *Sacred History and Sacred Texts in Early Judaism*（Kampen, 1992），75-93.

③该程式出现在索福克勒斯（Sophocles）作品的一个宗教仪式背景中。为平息 Kolonos 的欧墨尼德斯的愤怒，人们举行祭酒仪式，"为赎众人的罪，一颗灵魂足矣"，*Oedipus at Colonus* 498 f。

④*Enuma elish* 6，14（*ANET* 68；Dalley 1989，261）。

在某些危难的情形下，放弃一个人或几个人来拯救其他大部分的人看起来是非常有道理的。在战争中，将军会为了更高的战略目标而牺牲部分军队。还有一个更为生动的关于狼群追逐雪橇的例子。当马匹越跑越疲惫时，必须将雪橇上的一个人扔给逐渐靠近的狼群，我们又回到了食肉动物追逐猎物的世界。在火灾、水灾或沉船这样的大灾难中，当牺牲者牺牲自己拯救大家时，相似的情景就出现了。我们怀着感恩的心纪念他们，仍旧对那些使人回忆起就毛骨悚然的故事念念不忘。在这样的情形下，仪式语言就广为流传了：有牺牲品，就有献祭。

以部分代替整体的计算方式既是高度理性的，也是高度感性的。在理性的层面，这种从生物界习来已久的行为被不断重复着。然而，这种以部分保全整体的行为使得一枚神秘戒指的形象保留了下来，同时这种行为也被赋予了宗教的色彩。为了整体而牺牲个体，为了保全所有人的性命而忍受一点小的损失是贯穿奇异故事与奇妙的宗教仪式的主题。这种模式超越了表面上的理性与功能性，留下的是纯粹的象征意义，它可被附上"巫术"或"迷信"的标签。事情的先后顺序是正确的，对于参与者来说，这是有意义的，这种延续下来的模式的成功证明了它的可行性。

52

以约拿（Jonah）的故事为例。船舶处在暴风雨之中便是一个典型的令人焦虑绝望的情景。当全体船员开始丧失希望之时，大家都会突然一致认为船上的某一名船员有过失并不得不将其抛入大海。一般来说，将部分货物扔入海中来拯救船只的做法是合理的。① 但正是这人格化了的约拿版本的故事被载入了《圣经》且令人难忘。另外，这个故事还提到了一只吞噬巨兽，即那条将约拿吞入腹中的巨大的鱼；这个形象在自然界可怕的场景中本来并不存在，但这条鱼却是约拿的救星，是它给整个事情带来了奇妙的转变，使得约拿存活了下来。民俗学者已搜集到许多与此相似且迷人的故事。② 在维吉尔（Virgil）创作的史诗《埃涅阿斯纪》（Aeneid）中，这个主

---

①参见本书第 44 页注释④。

②Cf. L. Röhrich, "Die Volksballade von 'Herrn Peters Seefahrt' und die Menschenopfer-Sagen in Märchen, Mythos, Dichtung," in *Festschrift F. von der Leyen* (Munich, 1963), 177-212.

题以一种特别的形式重演。为了保证航行顺利无风险，有一人必须在夜晚死于海中；"为了全体人员，一颗头颅将要被献出"。因睡神的干扰，舵手巴利纽拉斯（Palinurus）则进入了睡梦并坠入海中，溺水身亡。[1]

在关于古罗马广场的库尔提乌斯之湖（Lacus Curtius）的众多故事中，有一则尤其令人难忘。据说此地曾裂开了一道深渊（dehisse terram），占卜者宣称这意味着"神灵急需最英勇的臣民"。库尔提乌斯做出了自己的选择，他跃马跳入了无底深渊，随即裂口便闭合了。[2] 这张大的裂口是焦虑的投射，它让人联想到那大张的嘴的形象。一个人必须被它吞噬从而拯救其他生命。之后，这种行为在宗教仪式中被记载，有人会将礼物摆放在曾经的裂口处，也有人将钱币抛入裂口闭合之后残留下来的浅坑中，向浅坑里扔钱币的行为与之前我们提到在现代非洲将美元抛入水中的行为有着相似之处。这样一来，通过特殊的献祭品来作为报酬，焦虑的情绪被消除了，一切又都恢复了正常。

也有与其他仪式相吻合的传说。为了使台风停息而宰杀一头黑羔羊，流下鲜血可使得风暴停息[3]；在居勒尼（Cyrene），"若国家或是城市面临瘟疫、饥荒或死亡，一头红色的雄性山羊将被作为祭品摆放在大门前"[4]。传说，1715年在奥地利，为了避免一场瘟疫，曾有一名孩童作为献祭品被埋葬；1796年在士瓦本（Swabia），为了阻止牛群感染瘟疫，有一只公牛被活埋。[5] 为了确保大坝能够有效地拦截洪水，必须有一个人在现场被活埋。[6]

53

①Verg. Aen. 5, 815; 835-871.

②Procilius in Varro Ling. Lat. 5, 148 HRR I 313（dehisse terram）; Liv. 7, 6, 1-6（vorago; donaque ac fruges super eum a multitudine virorum ac mulierum congestas）; Hülsen RE IV 1892 f; 在奥古斯都的诞辰之日，罗马的骑士阶层向湖中抛撒植物茎干向其致意: Suet. Aug. 57。

③参见本书第38页注释①。

④LSS 115, 5-7（§1）.

⑤G. Graber, Sagen und Märchen aus Kärnten（Graz, 1944）, 85; W. Kohlhaas, Das war Würtenberg（Stuttgart, 1978）, 21; D. Sabean, "Das Bullenopfer," Journal für Geschichte 1（1985）, 20-25.

⑥HDA I 963.

这种可容忍的损失或许会使幸存者有良心上的负罪感，而这种负罪感可被一种二者择一的心理状态减缓。被选择作为献祭者的人是有罪的、品行败坏且令人憎恶的，就这样，正面作用被这种选择的负面标准加强了。这就是被人们经常谈起的著名的替罪羊模式。[①] 换句话说，牺牲者被赋予了令人同情且让人心生矛盾之情的特点，人们轻视他们，但同时又敬仰他们。在基督教的传统中，这一点尤其被详细阐述。[②]

在此，我们不详述替罪羊情节[③]，仅依照《圣经》来回忆赎罪日的宗教仪式就足矣。一只山羊被选中来献给阿撒泻勒（Azazel），人们则将自己的罪都转移到这只山羊的头上，而它将会被遣送至旷野中。或许，它很快就会变成旷野中捕食者的牺牲品。据一则稍晚的资料记载，代罪的山羊会被推下悬崖。[④] 来自青铜时代晚期的古城美吉多（Megiddo）的一块象牙板常常作为对此仪式的例证而被引用。它展示了具有攻击性的斯芬克斯（Sphinx）的形象，一个有着狮子的身体和秃鹰的翅膀且紧抓着一只山羊的女怪，一个被描述为伪装成旷野中食肉动物形象的恶魔。[⑤]

以 命 偿 命

在古老的东方，疾病的概念总是与追逐人类的贪食的魔鬼紧密相连，而治疗巫术可对抗病魔。[⑥] 常规的做法是，献出一只动物并在口中念道："你看，这只山羊又大又肥，带走它，放了病人吧。"这种想法和做法在古

---

①见 Burkert 1979，59-77；J. Bremmer，"Scapegoat Rituals in Ancient Greece," *HSCP* 87（1983）299-320。

②基本文本是《旧约》中的《以赛亚书》第53节，与基督的受难有关。

③René Girard 的数部著作中，对此问题的处理方式较为原创（见 Girard 1977 and 1982；Burkert 1987 a）。René Girard 认为，它是祭祀的基础，是协调社会内部人员意见的基础，同样也是人类文明的基础。较之 René Girard "竞争和好模仿的欲望"的观点，我更强调焦虑的状况和对此的典型反应——遗弃。

④*Lev*. 16；Burkert 1979，64；见 Janowski and Wilhelm 1993.

⑤O. Eissfeldt，*Kleine Schriften* III（Tübingen，1966），85-93；Janowski and Wilhelm 1993，119 f.

⑥Meissner 1920，222；Furlani 1941，285-305. 关于美索不达米亚巫术中的"替代"概念，见 *AHw* 877 f.

希腊罗马时期也是具有影响力的。奥维德（Ovid）的《岁时记》（*Fasti*）[①]
中，讲述了在夜空中盘旋飞翔的恶魔吸血鸟 *striges*（女巫们被称为 *strigae*，
与 *striges* 一词几乎相同）的故事。*Striges* 溜进屋内，吸食熟睡中婴孩们的鲜
血，使他们生病甚至死亡。一位具有超凡能力的女人发现了一种能帮助这
些生病儿童的仪式：拿着小猪的内脏并在口中念道，"夜之鸟啊，请宽恕这
孩子，请免其内脏遭受伤害。为了换回幼小的婴孩，我们将献上一个幼小
的祭品。以心换心，以肠抵肠；为了一颗更值得珍惜的灵魂，我们将献上
另一颗魂灵"。被切成碎片的内脏将被摊放在露天，仪式结束，当人们离开
仪式现场之时，大家都不能回头看。在这个被神话与仪式唤起丰富想象的
世界中，若想安抚那些追踪而来吸食猎物鲜血的捕食者，只有杀戮其他小
型动物并让它们作为替代的献祭品。通过给捕食者喂食来阻止它们追逐的
方法在应对真实的动物时是一种有效的做法，这是一种具有纯粹的象征性
与魔幻效果的方法。但是它依旧伴随着另一种转变：不是被动放弃已被选
中的牺牲品而是主动杀戮新生命并使其作为起替代作用的祭祀品。险些沦
为牺牲品的获救者通过成为杀戮者而拯救了自己的性命。在某种程度上，
这种做法使得对被选中的牺牲品的保护有了双重保证，既安抚了假定的攻
击者也震慑了它们，这样的做法被认为是最有效、最灵验的方法。

奥维德的预示性的言语"以魂换魂"，即 *animam pro anima*[②] 在更为庄
严的宗教背景下是众所周知的，尤其是在北非献予萨图尔努斯（Saturnus）
的题刻中，非常有名。[③] 此时，很有必要来回想一下祭祀活动中作为替换的
祭祀品的转变，即从以动物换回人变为以人换回动物的转变。在古老的传
统中，神灵克罗诺斯（Kronos）或萨图尔努斯常常与腓尼基人，尤其是迦太

①Ov. *Fast.* 6，131-168，esp. 158-167，cf. Burkert 1992a，58 f；有关赫梯的类似情况，见 H. Kro-
nasser，*Die Sprache* 7（1961）140-167；V. Haas，*Orientalia* 40（1971）410-430；H. S. Versnel，*ZPE* 58
（1985）266-268。

②参见 Verg. *Aen.* 5，483 f.，在拳击比赛中击毙对手后杀牛献祭，*hanc tibi*，*Eryx*，*meliorem ani-
mam pro morte Daretis persolvo*。Jahweh 接受了一头羊而非 Issac，Gen. 22。

③M. Leglay，*Saturne africain*，Paris 1966。

基人（Carthaginian）的儿童献祭相联系，在《利未记》（*Leviticus*）中，这种献祭有时被称为摩洛神献祭（Moloch sacrifices）。① 据西西里的狄奥多罗斯（Diodorus）说，这种儿童献祭的方式已被更为正规的动物燔祭代替，而只有在遇到灾难，如遭遇阿加索克利斯（Agathocles）的围攻时，迦太基人才不得不诉诸活人献祭的方式，因为活人献祭被视为使大众获得拯救的更为有效的方法。② 比布鲁斯的费罗（Philo of Byblos）称那些作为献祭品的人为"献给复仇魔鬼的赎金"。③ 印度人的黄油献祭④与迦太基人的儿童献祭是部分换回整体原则的两个极端案例。通过牺牲他人的生命来避免某些人的性命受到威胁，这种信念是世界上任何一处都存在着的一种逻辑推理。因此，阿德墨托斯（Admetus）便接受了妻子阿尔刻提斯（Alcestis）代他一死的建议；埃留斯·阿里斯提德斯也曾梦想有人能作为替身代他死去⑤；王后阿美司妥利斯（Queen Amestris）也曾依据此逻辑展开杀戮；据希罗多德所说，乌普萨拉（Uppsala）的一国王也同样对此逻辑坚信不已并对此切实履行；一位 17 世纪的匈牙利公爵夫人曾因试图延长自己的性命而屠杀少女。⑥ 恺撒曾声称，在疾病、战争或任何危险的情况之下采用活人献祭是高

55

①Lev. 18，21；II Reg. 23，10；cf. *HAL* 560.

②Diod. 20，14，4-7. cf. Plat. *Minos* 31bc；Demon *FGrHist* 327 F 18（Sardinien）；Theophrastus in Porph，*abst*. 2，27，2；Diod. 13，86cf. 5，66，5；Dion. Hal. ant. 1，38，2-3；Porph. *abst*. 2，56；Philon Bybl. *FGrHist* 790 F 3b＝Euseb. *P. E.* 4，16，11；有合理的反作用 Dareios（Iustin 19，1，10），Gelon（Theophrastus Fr. 586 Fortenbaugh＝Schol. Pind. Pyth. 2，2；Plut. *Reg. et imp. apophth.* 175 a，*De Sera* 552 a），最后一例是 Tiberius（Tert. *Apol*. 9，2）. Cf. Hughes 1991，115-130. "Tophets" in Carthage，Motye-Mozia，Sardinia，see L. E. Stager，*Oriental Institute*，*Annual Report*（1978-1979）56-59；A. Ciasca，"Sul 'tofel' di Mozia，" *Sicilia Archeologica* 14（1971），11-16；R. Pauli，*Sardinien*（Cologne，1978），134-139. 所有证据都遭到 Sabbatino Moscati 的质疑，他声称孩子们是自然死亡而非被火烧死用于祭祀：S. Moscati，"Il sacrifico punico dei fanciulli：Realtà o invenzione？，" *Quaderni dell' Accademia Nazionale dei Lincei* 261（Rome，1987）；S. Moscati and S. Ribichini，"Il sacrificio dei bambini：Un aggiornamento，" *Quaderni dell' Accademia Nazionale dei Lincei* 388（Rome，1991）.

③*FGrHist* 790 F 3b. 关于普鲁塔克论罗马祭祀，参见本书第 50 页注释①。

④见本书第 49 页注释②。

⑤*Or*. 48，44；51，19-25；Burkert 1981，122 f.

⑥Hdt. 7，114；J. de Vries，*Altgermanische Religionsgeschichte*（2nd ed. Berlin，1957），421；Elisabeth Bathory，1611 年被送上法庭，Burkert 1981，122。

卢人的普通习俗之一，"因为他们相信，只有用一条性命来换取另一条性命，那不朽的神灵的意志才能得到安抚"①。为了避开疾病或即将来临的危险，儿童祭祀仍存在于印度，报纸上这样的报道屡见不鲜。在有关伊南娜（Inanna）的苏美尔神话中，"阴间的法则"指出，只有献出一个替代者，伊南娜才能起死回生，因此杜穆兹（Dumuzi）沦为了迫害他的地狱魔鬼们的牺牲品。这些致命的魔鬼"从不满足于吃喝的祭品，从不接受为祭祀而洒下的面粉以及在奠酒祭神仪式上献上的酒水"。没有祭品可以满足这些魔鬼，除了人的性命。② 甚至在如此可怕的背景之下，牺牲竟然也可被转变为一种被教化了的自愿行为。一些罗马人立下誓言，若病中的君主能够康复，他们宁愿为其牺牲——而卡里古拉（Caligula）也确实强迫这些罗马人履行了他们的誓言。③ 也有传言称安提诺乌斯（Antinous）的死是延长哈德良（Hadrian）生命的神奇献祭。④

若兽群与食肉动物面对面交锋——如斑马群受到狮群的袭击——当兽群中的一员被杀，其他的成员会感到暂时安全。这种本能的程序似乎会发出如此指令：带走其他成员，别抓住我。这种古老的程序在人类社会依旧起作用，它依旧帮助部分人类逃脱种种毁灭性的危难并被他们延续下来，也依旧使得献祭成为缓和并战胜种种焦虑的方式。⑤ 从这个意义上来说，献祭被建构且赋予了一种意义，即在人类文明的历史洪流中，献祭活动被种种事例证实具有普适的有效性。

---

①Caesar, *Callic War* 6, 16.

②*Descent of Inanna* 277；284-288（Bottéro-Kramer 1989, 286 f）.

③Cass. Dio 59, 8, 3；Suet. *Calig.* 14, 2；27, 2.

④Aur. Victor *Caes.* 14, 8；cf. Cass. Dio 69, 11, 3.

⑤参见 Bloch 1992。有关以狩猎纪念品做护身符（其上附有警示语："野鬼猛兽也不是我们的对手"），亦见 Faraone 1992, 47。

第三章　故事的核心

"与故事为伍"

　　《与故事为伍》（*Caught up in Tales*）是一本由威廉·斯哈普著述，于<u>56</u>1953 年问世并至少对德国哲学界造成了一定影响的短小精悍的册子。① 曾经做过律师的斯哈普意识到人们所感动、经历、讲述和回忆的事物就是故事。每一个人都有自己的故事要讲述，这些故事包括他或她的问题、成功或者失败。个人关于生活方面的知识通常是以故事的形式呈现出来的，而故事就是其储存记忆和交流的方式。斯哈普的发现具有普遍的哲学意义。从亚里士多德（Aristotle）开始，人们就从总体上假设知识采用了对某一事物进行叙述和预测的逻辑形式。维特根斯坦也说道："世界就是事实的整合体。"② 众所周知，从我们学习知识的时候起，我们就知道，鲸是哺乳动物而不是鱼类，发光是电力现象，圣安德鲁斯是苏格兰的一座城市，以上被提及的都是事实。而我们在故事中所学到的却是另一种不同于以往的知识：其中讲到某一个人做了这样或那样的一件事情，而故事就来源于这个人所做的事情。尽管要解释个人的知识是怎样被归纳总结的并不是一件容易的事，但是我们仍然可以说故事是能够被理解的。要理解故事就需要人们的共鸣，同时故事也主导着交流。故事也使复杂的经验变成可交流事物的形式。

---

　　①Schapp（1884-1965）1953；之后又出了两册，*Philosophie der Geschichten*（Leer，1959；2nd ed. Frankfurt，1981），*Wissen in Geschichten*（2nd ed. Wiesbaden，1976）。

　　②*Tractatus logico-philosophicus* 1.1："Die Welt ist，was der Fall ist."

研究故事的兴趣使人们重新燃起研究民间故事的兴趣，而对民间故事的研究至少在 19 世纪初就已经繁荣起来了。对民间故事的研究始于人们对神话重新燃起的兴趣——实际上，这始于对神话概念真正的重新发现。① 格林兄弟②所收集的童话故事唤醒了民族神话在欧洲甚至在世界范围内的重新发现和重构。到 1913 年，当《各民族的神话》（*Mythology of All Races*）③ 被收集整理后，人们就更加肯定某一种具体的文明，尤其是在文字还未出现的社会中，它的传统主要依靠故事来编写。这就预示了斯哈普的发现，然而和他的出发点不同的是，神话的形式不是个人的而是总体概括的，一个组织或部落共有的知识或文化有助于组成它自己的团体身份意识。传统故事是民族共有的，然而，存在于区分诉说、神话、长篇故事和童话的问题证明了它们自身的复杂性，使其不能被单一地用概括总结或者跨文化变形的方式来解释。④ 这就意味着，如果可能的话，给神话下一个概括性的定义着实很困难。⑤ 除此之外，故事的历史稳定性或可变性，以及口头讲述或文字书写的相互关系，也使得给故事下定义变得困难。

很明显，很多故事之间存在不少相似性，它们是总体根本模式或类型的变体。目前，阿尔内－汤普森所著的《故事类型》（*Märchentypen*）的索引中列举了大约一千种童话类型⑥，但是通过进一步归纳总结，故事类型的数量还能够进一步缩减。同时，如果它至少是个好故事的话，这个故事就会很容易被记住。如若它激发了人们的想象力，任何一个人都会自愿讲一个他只听了一遍的故事。和需要记住或正确复述几个没有任何意义的字母、

---

①Mainly due to F. G. Heyne; cf. Burkert 1980 and 1993; F. Graf, *Greek Mythology. An Introduction* (Baltimore, 1993), 9-34.

②J. and W. Grimm, *KHM* 1812-1815; *Deutsche Sagen* (Berlin, 1816-1818); J. Grimm, *Deutsche Mythologie* I-III (4th ed. Berlin, 1876).

③J. A. MacCullock and I. H. Gray, *Mythology of All Races*, 13 vol. (New York, 1922).

④Kirk 1970 做了充分说明。

⑤关于神话作为"故事被应用于"社会的功能，见 Burkert 1979，参见 Burkert 1993。

⑥Aarne-Thompson 1964; the first edition was A. Aarne, *Verzeichnis der Märchentypen* (Helsnki, 1911).

十位数或者我们听不懂的语言的几个单词所做的努力相比，尽管这些事情用最简易的录音机或者软盘就能轻而易举地完成。人们在叙述一个故事时所做的事情很明显是大不相同的。故事既不是需要我们记忆的声音或者单词的顺序，也不是一个固定的文本——尽管孩子们有时能够展现出精确的记忆。讲故事的人用扩展、缩减、改变用词和翻译的方式来讲述故事。一个故事并不是一连串的单词，而是一系列有意义的事件和行动。然而，工具和道具有助于人们准确记忆一个文本，就像《吠陀经》中的婆罗门教传统或伊斯兰教中的古兰经学派，而故事的讲述者刚好相反，他们表现出回想起一个值得记忆的故事是很自然的事情。这种记忆与自由表达的结合有着根深蒂固的影响。一个故事就是形成意义的结构。①

普罗普叙事顺序：远征

近几十年来，人们在故事结构的研究方面已经做了很多努力。其中最成功、最有影响力和最受学术界认可的就是弗拉基米尔·普罗普（Vladimir Propp）的《故事形态学》一书。② 虽然普罗普的著述是关于俄国的童话，但是其著述所预示的长远意义已经超过了其本身。③

根据普罗普的著述，一个故事能够按照三十一种功能的叙事顺序来理解（用阿兰·邓迪斯的话来说就是"母题"）。与此书同时出版的缩减版本中提到：某一个故事始于某些破坏、缺失或者欲望（8）；英雄被告知要去某个地方（9）并且他同意这样做（10）；他离开了家（11）；他遇到某个考验他的个体（12）；他对此做出反应（13），他被赋予某种禀赋或者给予魔法帮助（14）；他到达了他应该去的地方（15）并且遇到他不得不反击的

①关于问题的结构主义方法的讨论，参见 Burkert 1979，esp. 10-14。

②V. Propp, *Morfologija skaski* [Morphology of the Tale] (Leningrad, 1928); translated as *Morphology of the Folktale* (Bloomington, 1958); see Propp 1968; see also Dundes 1964 十分有趣的阐述；Jason 1984；Milne 1988。

③A. J. Greimas, "Eléments d'une grammaire narrative," in *Du sens* (Paris, 1970), 157-183, 将普罗普的模式作为简短故事的模型。

敌人（16）；他受到了一定程度上的伤害（17），但是最终获得了胜利（18）；因此最初的破坏或缺失被修复或被弥补了（19）；这个英雄开始他的返乡旅程（20）；他被敌人追捕（21），但获救了（22）；他回到家，但却没有人认识他（23）；有一个恶毒的冒名顶替者存在（24），经历一次考验（25），以及取得最后的胜利（26）；英雄被认出（27）；冒名顶替者受到惩罚（28）；英雄结婚并且成为国王（31）。

普罗普认为，这些功能或者母题构成了故事中持续不断的元素。功能的数量是有限的，并且它们的序列顺序也是固定的。它们不需要在单一叙事结构中全部出现——以上的叙事顺序就省略了某些序列内容——但是每一个故事都包含了这些功能的某种结合，而且这些顺序的某些部分也可能被重复。众所周知，阿兰·邓迪斯将普罗普的方法论进一步形式化[1]，将其引入了更高的抽象化级别，邓迪斯的方法削弱了曾经值得记忆和依靠经验主义而获得的级别。

一些研究普罗普论题的批评家们质疑他对其童话唯一来源的过分依赖，即他对阿法纳西耶夫（Afanas'ev）的俄国童话集的过分依赖，以及阿法纳西耶夫对其童话来源的主要提供者的依赖，一位俄国农夫。[2] 相反，其他的评论家也在思考，普罗普是否给予欧洲经典传统过多的关注。[3] 对这些顾虑的回应是，无论普罗普分析的立足点是什么，他的理论是可以用来分析更广大范围内的故事的。这些故事无论是普罗普本人，还是阿法纳西耶夫都不曾听说过，更别说那位俄国农夫了。

①Dundes 1964；for Greimas 见第 67 页注释③。

②Isidor Levin *EdM* I 135："So hat sich das Stilempfinden A［fanas'iev'］s bzw. Des Bauern Zyrjanov ein Jahrhundert später in den USA, Frankreich und Deutschland bei Erzählforschern als 'Teifenstuktur' jeder Erzählung, ja des 'homo narrans' überhaupt, geltend gemacht." A. N. Afanas'ev（1826-1871），*Narodnye russkie skaski*（Moscow, 1855-1863, 2 nd ed. 1873）.

③普罗普的功能，第 23—28（主人公无法被自己的家人认出，对主人公的考验，主人公被认出及其惩罚）疑似模仿《奥德赛》。W. Grimm 曾收集整理类似《奥德赛》情节的故事，"Die Sage von Polyphem," *Abh.*（Berlin, 1857），参见 Burkert 1979, 33；见本书第 42 页注释①。

在普罗普的研究未曾涉及的希腊神话中，珀尔修斯（Perseus）的传奇故事被看作是一个模式化的故事。[1] 为了得到美杜莎的头颅（9），珀尔修斯向世界的尽头航行（11）；他遇到了格里伊三姐妹，从她们那里得到了建议和魔法帮助（12，14）；之后与戈尔贡对峙（16），杀死她（18），随即逃跑，而后又被戈尔贡的姐妹们追杀（21）。另一系列著名的希腊神话讲述了关于赫拉克勒斯须完成的苦役的故事。这一系列故事和珀尔修斯的探险故事一样，不是由古典诗人传播来的，而主要是由枯燥乏味的总结与典故传播开来的。这些脍炙人口的故事，也被始于希腊古风时期丰富的图示法传统证实。[2] 各种各样关于赫拉克勒斯完成苦役的故事的复述和普罗普故事类型是一致的。例如，为了得到革律翁（Geryoneus）的牛[3]，赫拉克勒斯在得到欧律斯透斯的命令之后（9），就开始了长途旅行（11）。他遇到了大海中的长者，并从他那里得到指示（12，13）；他遇到了太阳神赫利俄斯（Helios），并从他那里得到了魔物金杯来越过海洋之神俄刻阿诺斯（14）；在到达厄律忒亚岛的红岛之后（15）他与有三个身子并咆哮着的动物的主人革律翁搏斗（18），并且抓住了牛群（19）。他在返回的途中没有被追杀，但是当牛群在从普罗旺斯，到罗马，再到西西里的遥远路途中丢失或被偷的时候，他便和敌人们反复搏斗（24，26）。在完成了所有的苦差事之后，他最终在奥林波斯山上举行了婚礼。

另一个模式化的神话就是阿尔戈英雄的故事。它最终确定的文学形式 **60**是由希腊化时期的罗德岛诗人阿波罗尼奥斯·诺狄乌斯确定的；但是在几个世纪以前，对于《奥德赛》的听众来说，这是"一个众所周知的故事"[4]。卡尔·墨利用童话的模式来诠释这个故事，而这个故事显然符合普

---

①E. S. Hartland, *The Legend of Perseus. A study in the Tradition in Story*, *Custom*, *and Belief* I-III (London, 1894-1896). 参见本书第91页注释①。

②Cf. Burkert 1991.

③Burkert 1979, 83-85；新近发现的 7 世纪文物：Ph. Brize, *MDAI*（*Athen*）100（1985）53-90；Schefold 1993, 107-109；亦见 C. Jourdain-Annequin, *Héraclès aux portes du soir*, Besançon, 1989。

④*Od*. 12, 70.

罗普模式。① 伊尔科斯的珀利阿斯想得到金羊毛（8）；伊阿宋被告知去拿到金羊毛（9）。在寻找金羊毛的旅程开始之前，伊阿宋就集结了各种各样的帮助者和阿尔戈船的船员，以这种情形作为开场要算这种故事类型的特殊形式。在航行过程中，不断有帮助者和敌人出现，直到航行者们到达了他们的目的地（15），在阿尔或科尔基斯，有美狄亚，一位公主兼女巫，她化身成为一个意志坚决的援助者，她用知识和巫术的手段帮助伊阿宋抵御他的敌人，即美狄亚的父亲，国王埃厄忒斯。紧随其后的就是比赛（18），潜逃（20），追杀（21）和神奇地转变（22）。② 但是这种神话类型看起来在伊阿宋返回和结婚的时候就被打断了，因为这种故事类型与另一种故事类型相悖，即珀利阿斯的阴谋和死亡，美狄亚的罪行，以及伊阿宋最后的失败。这时，旅程的最终目标——金羊毛，失去了它的作用。这种远征型故事从而成为美狄亚悲剧的前言。而《奥德赛》在很多方面也是一个非典型性的故事。③ 但是《奥德赛》中的部分故事，奥德修斯一个人的探险例如基尔刻或者独眼巨人库克洛普斯这些章节，仍然能用普罗普类型来分析。

最早出现的书面故事是苏美尔人的故事，在这种故事中，普罗普类型赢得了胜利。"吉尔伽美什和哈瓦瓦"长期以来被认为是《吉尔伽美什》史诗的一部分，但是最近更早版本的苏美尔故事的完整形式被修订了出来。④ 这个故事始于吉尔伽美什王要将"自己的名字写在山上"的欲望（8）。为了这次行程，他召集了援助者（14），其中最重要的人就是他的仆人恩启都。其中还有一队好奇心很强、带有动物特征的七人团队——这些动物特征包括狮子、鹰、蛇——还有太阳神赋予的超人能力；也有其他一些从吉尔伽美什王统治的城市前来的年轻人。这些早期的书面文本显

①Meuli 1975, 594-610 [originally *Odyssee und Argonautika*, Ph. D. diss. Basel (1921), 2-24]; the type is called Helfermärchen, Aarne-Thompson 1964, 180-182 nr. 513.

②参见本书第 50 页注释②。

③参见 G. Crane, *Calpyso*: *Backgrounds and Conversions of the Odyssey* (Frankfurt, 1988)。

④D. O. Edzard, "Gilgameš und Huwawa," *Zeitschrift für Assyriologie* 80 (1990) 165-203; 81 (1991) 165-233; 这段文本比现存《吉尔伽美什》史诗所载第五块泥版上文字的阐述更加完整。

示出重复出现的主题——或者甚至是相互竞争故事变形的集合——这些变形强化了这种"功能"的必要性。吉尔伽美什在他到达曾经令他跌落的雪松树（15）之前不得不穿越七座山脊，他遭到了敌人也是山的守护神哈瓦瓦的攻击（16），哈瓦瓦用一种超级武器，即敬畏之光打败了吉尔伽美什（17）；但是多亏了恩启都的帮助，吉尔伽美什从失败中恢复过来。之后，他开始对哈瓦瓦玩弄阴谋诡计，他把自己的妹妹们献给哈瓦瓦做妻妾；最终哈瓦瓦放弃了他战无不胜的武器，不敌吉尔伽美什的武力，这时恩启都砍下了哈瓦瓦的头颅（18）。哈瓦瓦的头颅被交付大神恩基，同时恩基也建立了一套新的权力分配体制。尽管这个故事的结尾含有宗教和病因论的元素，但是它的叙述功能也体现出了人们已经认可的叙事顺序。

　　另一个早期重要的苏美尔故事文本就是"尼努尔塔（Ninurta）和雅撒库"的故事。[1] 故事开始发生了一场灾难（8），因为天堂和大地的儿子魔鬼雅撒库占据了整座山林，并且和山发生了关系，他们生育的后代岩石怪反对众神的统治。于是骁勇善战的尼努尔塔前去抵御魔鬼的攻击（9，11）。他的帮手沙鲁尔和他的智囊团被赋予了演讲的才能和聪明才智（12，14）；尽管与雅撒库（16）的对抗很艰难，但是最终尼努尔塔大获全胜（18），他战胜了敌人，并且重新建立了一个农耕型国家。就像吉尔伽美什打败了森林魔鬼一样，尼努尔塔扮演了一位文化英雄的角色，打败了山林魔鬼。[2] 这类远征型的故事即将变成绝对的战斗类故事，但是它仍然保持着向未探险的地区迈进的特点，并强调行动的实际效果，因此这个故事也预示着山上采石场的石头为人们所用，并且木材也为城市中的寺庙建设所用的主题。

---

①俗称 Lugal-e：J. van Dijk，*LUGAL UD MELAM-bi NIR-GAL*，I（Leiden，1983）；Bottéro-Kramer 1989，339-377。该文本中的许多问题至今仍然难以解释。

②Cf. W. Burkert，"Eracle e gli altri eroi culturali del Vicino Oriente," in C. Bonnet and C. Jourdain-Annequin，eds.，*Héraclès d'une rive à l'autre de la Méditerranée*（Brussels，1992），111-127.

更符合普罗普类型的故事是著名的"伊南娜的冥界之旅"①。在这个故事中，主人公远征的第一波就失败了：繁殖女神伊南娜在不归之地迷失了方向（8）。这对于整个世界将是一个大灾难，但是自此之后开始了新的故事叙述顺序。因为这次迷失，恩基创造了萨满式英雄人物（9）库尔伽鲁和卡拉图鲁。② 他们向冥界出发（11），并用巫术像苍蝇一样无声无息地进入冥府之门（15）。当见到了敌人冥界女王厄里斯克革的时候（16），他们没有诉诸武力，而是用智慧与冥后对峙。他们取悦厄里斯克革，并向她索取了一件礼物，即伊南娜已被损毁的躯体，之后他们向伊南娜的身体洒上了生命之泉（19）。在返回途中，他们被一群魔鬼追杀，而这群魔鬼显然是牺牲的替代品。③ 这里，神话和因祭祀需要而产生的仪式相融合，但是其中被追杀和魔法般的潜逃仍然符合普罗普顺序。

《吉尔伽美什》史诗的高潮篇章是最宏大的远征场景，这是对生命的远征。其中包括令人痛心的迷失（8），恩启都的死亡使吉尔伽美什放弃了自己的家乡（11）而在荒原上四处游荡。他探寻生命的想法在文本中未提及。在他惊险神奇的旅程中，吉尔伽美什追随太阳的方向，穿过两座大山，在山的尽头遇到了他的援助者（12），麦酒夫人西杜里。她告诉吉尔伽美什怎样穿越摆渡者厄尚阿比的死亡之河到达抵御洪水的英雄乌纳皮施汀那里，在洪水中，只有乌纳皮施汀一人幸存下来（15）。乌纳皮施汀是一位健谈友好的男主人，在经历了一系列无望的考验之后，他告诉吉尔伽美什关于怎样盗取"生命之草"的重要信息（19）。于是吉尔伽美什在厄尚阿比的陪同之下开始出发返回家乡，自那之后厄尚阿比放弃了自己的职务。但是，当吉尔伽美什在一处喷泉旁睡觉时，一条蛇出现并吞下了生命之草（24）。这

---

①Bottéro-Kramer 1989, 276-300（Sumerian versions）. 与苏美尔语版本相比，阿卡德语版本（*ANET* 106-109；Dalley 1989, 154-162；Bottéro-Kramer 1989, 318-330）删节较多。Cf. W. Burkert, "Literarische Texte und funktionaler Mythos. Ištar und Atrahasis," in J. Assmann, W. Burkert, and F. Stolz, *Funktionen und Leistungen des Mythos*（Freiburg, 1982）, 63-82.

②阿卡德语版本中有 *asinnu* 指某类祭司。

③参见本书第64页注释②。

次的远征以失败告终。之后，蛇就能够以蜕皮的方式来摆脱岁月的痕迹，而人们却仍旧和死神紧紧相随。在这个故事中，悲观的智慧战胜了传承已久的乐观的主题。①

"故事（神话）是戏剧的灵魂"，亚里士多德写到②，"灵魂"就是自然界的组织原则。普罗普类型正如一种组织原则，这种组织原则源于最早的被记录下来的故事，这些故事通过古典以及更久远的神话被记录下来。通过研究浪漫主义作品、戏剧、现代电影、科幻小说甚至电脑游戏来追寻普罗普组织的踪迹是相当容易但也是乏味的。经验组织的普遍跨文化形式看起来起作用了。因此，当我们理解了一个故事的时候，我们就能很容易地记住它，重新复述它，甚至根据不完整的记录来重组它。无论是依据本能理解还是常规理解，我们似乎都知道接下来会发生什么。我们喜欢被重复讲述的故事。在讲述的时候，故事不但具有重复性和神奇性，同时，它 63
也能被叫作最卓越超群的冒险或远征。

从生物图谱到语义链

一个明显的假设就是故事讲述图谱的存在应归功于人们以前的所学。正如人一样，尤其是儿童，他们听各种各样的故事，在头脑中建构起有适当顺序和功能的储存系统，之后就能够更好更快地理解故事。然而，这就导致了不同类型的有组织的经验的出现，之后就出现了产生于不同文明的不同类型的故事。然而远征型故事的顺序却出人意料地延续了下来，流传极广，并且存在了四千多年之久。在这里，我要提出一个问题，以超越文明的角度来看待故事的基准和起源是合理的吗？

1979 年，我很自信地写道："如果我们要问理智的结构，像一连串行

---

①*Gilgamesh* IX-XI；*ANET* 88-97；Dalley 1989，95-120. 远征失败是电影中最常见的一种结局。托尔金（J. R. R. Tolkien）在《指环王》（*The Lord of the Rings*）（London，1954-1955）中首次倒转这种远征故事。远征不是为了得到，而是为了摆脱一种权力物品。

②Arist. *Poet*. 1450a38.

动，是从何而来，那么答案毫无疑问就是：来自生活中的事实，不仅如此，也来自生物。任何一只寻找食物的老鼠都在持续不断地验证这些'功能'。"① 鼠类能够设法解决每日问题，即食品供给问题。鼠类行为的研究显示了这种最成功的动物群中能量与聪明才智不可抗拒的结合。甚至对于我们的近亲——猿来说，寻找食物仍然是一天中最重要的工作，人类更是如此。满足高级思维种群的特殊需求的必要生物图谱显而易见就包括一系列基本的功能：对需要的追求（8）；离开家（11）；找到打算到达的地方（15）；遇见有竞争力的危险敌人（16）；成功（18），意味着欲望的实现（19）；但是回家途中（20），可能因为敌人的追捕而变得充满艰险（21）；最终的结局是个人的解放与救赎（22）。就像故事的演变一样，实际上一系列的生物必需品预示了整个普罗普顺序。普罗普顺序的主要观点可以用一

64 个词来总结：远征。其中有很多必要的危险，包括战斗。在生物界，远征的对等行为是对食物的寻找，其中包括与寻找同一种食物来源的其他生物的对抗，以及玩弄阴谋、抵抗和潜逃的可能性。就像我在其他的文本语境中写的一样：

> 行动是由动词、动词的词根、动词的"零词尾变化"表示的，在大多数语言中——包括英语、德语、法语、希腊语、闪米特语和土耳其语——都是使用祈使语气的语言；使用祈使句交流比使用陈述句交流更加原始和基本。一个故事结构的最深层次是一系列的祈使句，如："get"一词，可以理解为"出去，寻问，找到，为之而抗争，拿了就跑"。②

---

① Burkert 1979, 15.
② Burkert 1979, 16. 参见 Gans 1981, 98-107；99："祈使语句不是陈述句的'不完全变化'形式，而是其原型。"

对以上这一点的令人难以置信的确定来自于很多人在生物功能和人类行动中间进行判别的领域：黑猩猩的语言。在学习手语的猿类中，最成功的手语学习者要数一只名为华秀的雌性黑猩猩。尽管黑猩猩手语是否可以被看作达到"真正"的语言的程度是一个值得讨论的热门话题，但是在这里它并不是一个决定性的话题。我在这里只想证明，人类和黑猩猩可以通过手语这种媒介进行交流，即使这只黑猩猩的兴趣是有限的，它继续将其注意力放在食物上。以下是罗杰·S. 弗兹记录下的人类与华秀的对话内容。[1]"乔治：你想吃什么？华秀：橙子，橙子。乔治：没有橙子了，你想吃什么？华秀：橙子。乔治（生气了）：没有橙子了，你想吃什么？华秀：你去车给我橙子。快点。"

显而易见，以上是得到食物的顺序。这只黑猩猩足够聪明，不仅能够意识到和表达自己的欲望，而且能够组织必要行动的顺序。我们被告知，它最近没有坐过汽车，但是它却知道人要开车到超市才能得到橙子。普罗普顺序在初期阶段就呈现出来了，并且富有意义。有需求（8）；英雄被告知要前往（9），并且要使用适当的魔法（14）；之后需求就被满足了（19）。华秀有自己的目标，并且制订出自己的计划，并用一系列的命令/事件说出来。确切地说，这只黑猩猩能够在大脑中将一系列的必要行动相互连接：在开始真正的行动之前，它凭借脑部准备动机来组织思想；在学习手语之后，它能够用语言和需要的顺序来表达这个计划。65

华秀的例子和被发现的一个被抛弃之后反应迟钝的儿童说出的原始母语有惊人的相似之处。依据记录，从这个孩子口中说出的最清楚的话就是"苹果酱买商店"。[2] 而且，这个孩子表述的不仅仅是欲望，还有关于如何去满足欲望的知识，这段语言是以话语的顺序排列的，其中动词放在语句的

---

①Sullivan et al. 1982，410. 我很感激 Fouts 教授的授权，让我有幸得见此文本。有关猿的语言，亦参见 Bickerton 1990，106-110；见本书第 20 页注释①。

②见 Bickerton 1990，122-126；第 116 页讲述了一个一直学不会语言的神怪。

中心位置，可以理解为需求。

我并没有声称华秀讲述了一个故事，但是我们可能要集中研究这一点，如果华秀讲述的是一个故事，那么其中存在由生物向语言转换，从行动计划向描述性解释转换时断开的链接。[①] 一个重要的计划，如对食物的寻找，能够像行动的次序一样用大脑预测到，并且是最容易被描述为需求的次序。这种次序包括对大致渴望成为目标和途径，以及它们的实际互动的分析。一个故事的组织原则、情节的灵魂都被发现是在生物的层面上运作的。这个故事就是按照"母题"的必然顺序创造的，而且它还有解决问题的实际功效。换句话说，远征被建立成一种解决问题的手段，而且它通过故事来表现和交流。

以上陈述并不是关于语言的起源和作用的解释，或者对整个普罗普顺序的诠释。我的目的不是将动物生理和人类做比较，而是想要证明，当人类文明被看作动物世界的对立面的时候，人类文明也有其特别之处。同时，我还想把人造纪念物和规定了人类起源的生物图谱结合在一起。

追溯历史，或者展望普罗普顺序的未来发展境况，一个新奇但具有典型性的细节，就是在与提供魔法援助从而使得远征成功的施予者或帮助者（12 或 14）见面过程中的小插曲。[②] 童话中出现的神奇的潜逃也出现在神话中，就像格里伊出现在珀尔修斯与美杜莎作战的途中，或者是赫耳墨斯（Hermes）将魔草赐给奥德修斯帮助他战胜基尔刻的过程中。[③] 看起来，似乎幻想和生物相去甚远。但是，每一个探索过程中，区分成功和失败的决定性时刻是将各种各样的尝试和可能性组合成一种确定的、可行性的计划，并且能够及时实施这个计划。我们也许能够称这个时刻为灵感激发的时刻，

66

---

①评论家也许会指出，黑猩猩的这种语言并非它们自己的发明，而是由较它们高级的物种教它们的。我们要讨论的并非是语言的发明问题，而是习得语言之后如何使用的问题。

②"Functions" 12-14. Cf. M. Lüthi, *Die Gabe im Märchen und in der Sage*, (Ph. D. diss. , Bern, 1943).

③Hom. *Od*. 10. 277-307，Propp 模式的一个范例是：同伴丢失（8），故事主人公决定出走（9—10）；离开他的家乡（11）后遇见神使赫耳墨斯（12），并为他提供解药（*pharmakon*）（14）；到达被指定的地方（15），最终损失得以挽救（19）。

即顿悟。用荷马时代的话语说，即是"一位神把它放入了他的脑中"，这是雅典娜（Athena）遇到困惑的奥德修斯并且帮助他认出伊萨卡（Ithaca）岛的时刻。① 当黑猩猩用思考来解决问题的时候，它们也很清楚地经历了顿悟的时刻。毫无疑问，讲故事是人类的特权，但是做出明智决定的时刻是在向生物现实的进程迈进，更不要说那令人毛骨悚然的战栗经历。

远征型故事的另一个新奇的特点就是出发和返回的不平衡性。返回的路途和决定性的相遇之前的出发截然不同。普通的空间几何学在这时几乎瓦解掉了。为了保卫领土，阿尔戈英雄不得不选择一条和之前完全不同的路线返回伊尔科斯，就连奥德修斯也不能按照原路返回家乡。实际上，这种不对称性也反映出生物现实的经验，因为随着成功时刻的到来，问题和观点也在迅速地改变。拿到饼干的老鼠必须要比其他老鼠逃得快，并且要逃到一个安全的地方。这就是成功的远征故事的结局。

从实用型需求到非实用型故事的转变是难以想象的。显而易见，男人和女人喜欢使用和信息没有直接联系的语言。人类是健谈的，我们在一起的时候几乎很难一句话都不说。② 我们能够看到我们的祖先在晚上围坐在篝火旁，叙述一天中一连串的重要事件。谈论的时候，需求改变了事件的意思，这时一个故事就诞生了。这个故事的母题的次序就像程序中的编码一样。这就是故事能够被所有人理解并产生意义的原因。在人类进化的过程中，成百上千年来，远征的最重要的形式就是狩猎。③ 第一个远征类型的故事就是狩猎类故事，紧随其后的是战斗类故事。最终故事呈现出它们的基本作用，是为了叙述适应一些思想世界重要的失常变动，因此来支撑一个文化社会的普遍话语。

---

①Hom. *Od*. 13，221；352.

②Morris 1967，202-206，创造了术语"修饰性谈话"，用于描述社会活动中不含信息交流的对话。

③关于狩猎对人类的健身、举止、家庭结构、武器使用和宗教祭祀的影响，见 Morris 1967；Lee and DeVore 1968；参见 Burkert 1983；1987a。

足够引起人们好奇的是印欧语系的语言有一种特殊的动词曲折变化范畴，这种最简单的类别被称为"命令式"，它既用于需求也用于故事中①，在《吠陀经》的语言和希腊的古籍中呈现得淋漓尽致。海因茨·霍夫曼所著的《命令》（Der Injunktiv）中描述命令式的第二个功能是"描述参考"，这就意味着提及我们基本知道的，就和传达信息是相违背的。当然，甚至对于印欧语系来说，公元前4000年前的口头表达可能和人类最早出现的语言表达相去甚远。这只不过解释了在远征的语境中从需求到故事转化的可能性。

萨满的故事

一个理论认为，萨满教的特别仪式如若不是起源，就是讲述故事的指导原则。萨满教的祭司，在狂喜的表演状态下，表现出对超自然神力的诉求，他就能够上天入地，他遇到了精灵、魔鬼和众神。萨满教祭司祭祀的目的就是追回在天堂被困住的生病之人的灵魂，或者为了解救被激怒的动物的男女主人手中紧抓不放的猎物。根据前人的记录，萨满教起源于西伯利亚地区的因纽特人。萨满教的祭司用模仿、象征和普通演讲的方式向降神会上的观众以清晰的顺序讲述他的冒险——祭司也通晓祭祀的普通程序。这种次序用讲故事或者复述故事的方式很容易就可以在脑中重现。因此萨满教祭司的诗歌，据推测在文字出现之前的叙事和之后文学的发展过程中扮演了一个角色，甚至可能还是一个基本角色。②

有相当一部分的探索型故事似乎使人们回想起了萨满教式的故事类型。例如阿尔戈英雄到太阳之地获取金羊毛的旅程，或者是与英雄伊阿宋——

---

①K. Hoffmann, *Der Injunktiv im Veda*（Heidelberg, 1967）. 它的功能在于通过唤起回忆达到表述的目的（"erwähnend""memorativ""erwähnede Beschreibung"）。亦见 M. L. West. "Injunctive Usage in Greek," *Glotta* 67（1989）135-138。

②H. M. Chadwick and N. K. Chadwick, *The Growth of Literature* III（Cambridge, 1940）, 192-226. Cf. K. Meuli, "Scythika," in Meuli 1975, 817-879（originally 1935）. 亦见 Burkert 1979, 88-94。

他的名字可以解释为"治愈者"——"一同救回弗里克索斯（Phrixos）的灵魂"的故事中，都带有萨满教故事的元素。[1] 在苏美尔人的故事中，把伊南娜从地狱救回的故事明显符合萨满教式的故事类型。[2] 阿希努，这位英雄在阿卡德故事版本的名称，涉及的是现实生活中的特殊人群。出于特殊的典礼仪式的需要，他们弹奏特殊的乐器。但同时，他们也是没有确定性别身份的社会局外人，似乎是低等级的萨满教巫师。相似的情形还有，吉尔伽美什沿着太阳的轨迹到达来世，正与赫拉克勒斯斩杀革律翁的征程一样；奥德修斯在黎明之神跳舞的地方找到了太阳神的女儿基尔刻；奥德修斯也是按照太阳的轨迹直下冥界的。以上这些故事都带有浓厚的萨满教故事特点，以上提及的这些英雄都能够被描述成萨满教巫师的形象。萨满教故事的一个特点就是，它们是以第一人称讲述的。这场表演呈现出了"我去，我看"的瞬间经历，这个表演同样在"我去过，我看到了"的故事中被重新演绎了一番。和奥德修斯一起，这个策略变成了文学中使用的巧妙方法，但是萨满教式的故事背景却涵盖更多。

萨满教式的故事使神奇事物仪式化，塑造了未知事物的形式。萨满教巫师集中精力研究探寻的现实行动计划，怎样得到需要的事物。这样的行动包括离开家乡，集合援助者，到达重要的地方，和敌人进行对峙——敌人经常是一个神或者男主人——对峙过程可能包括恳求、辛劳效力、阴谋诡计或者力量。最后找到返回的路和逃脱魔鬼的追杀也是必不可少的情节。

萨满教故事和故事讲述有相同的紧密关系，就像故事和需求之间的关系一样。一个故事在计划和事件按照一定顺序的推动和演出之后变成一出戏剧，这并没有什么奇怪的。从这方面来看，神话和仪式情节在很久以前

---

①Phrixos：Pind. Pyth. 4, 159；在菲纽斯（Phineus）的故事中，伊阿宋扮演着"医治者"的角色，见 Schefold 1993，267 fig. 287 中的陶器画。
②参见第 72 页注释①。

69 就有着相同的根源。① 这种坚持不懈的巧妙构思的形式之一是萨满教的降神会，而另一种则产生于不同的文化环境中，即戏剧——它在古希腊神话的指引下得以保存和流传。

萨满教故事的经验对人类来说就像着迷一般特别，是意义世界至高无上的地位与实际生活中实用型互动的强烈对比。当自然计划在生物进化过程中发展的时候，想象就是描述自然计划时必不可少的一部分。换句话说，萨满教故事是远征型故事的普遍计划的特殊发展形式，其构思巧妙，并且对文字出现之前的叙事学有深刻的影响。

故事在很多方面都和梦境有着紧密的联系，也是和叙事传奇有着相同地位的领域。一些思想家中，像著名的卡尔·古斯塔夫·荣格和他的学派认为，梦境和神话有着紧密的联系。荣格认为，梦境先于人类的出现，而这一点却不容小视。所有的高级动物都会做梦，尽管它们缺乏言语表达的能力。梦境是复述行动和使行动可视化的形式，并且也是将行动和视觉与戏剧和故事相结合的方式。梦应该被加入人类叙事的能力与情绪中，就像萨满教神话一样，和神话的起源没有太大的关系。

成年礼：少女的悲剧

远征类故事的叙事技巧是出类拔萃的，但并不是独一无二的。还有其他形式的故事类型，像漫游类的、宗谱类的、奇迹般诞生和死亡类的、复仇类的和欺骗类的。② 一个受众人喜爱，而且据文献考察，在世界范围内已有一千五百个版本的童话故事就是《阿摩尔和普赛克》（*Amor and Psyche*）

---

①关于神话和宗教仪式，见 Burkert 1983，29-34；Burkert 1993。神话和宗教仪式依然有着不同的规则。故事的感觉取决于整体结构自始至终的统一性，就像古人说的，你不能留下一则"没有开头"的故事。（Plato *Leg.* 752 a）而在宗教仪式中，某些细节可以单独地不断重复。

②谎言和欺骗的故事被 Dundes（1964）划分为一个特别的故事类别。关于欺骗的故事须以高智商做前提。但欺骗并不是人类的特权，参见 Sommer 1992。

或者称为"动物新郎"。① 尽管这个故事中的角色和寓言中的人物有紧密的联系，如灵魂普赛克遇到了爱神阿摩尔（相应的希腊语灵魂，我们会想到爱欲），他们生出了快乐之神沃露普塔斯，但是出现在阿普列尤斯（Apuleius）所著《变形记》（*Metamorph oses*）中的故事版本被称为从古代流传至今的唯一童话。在这个童话中，普赛克是一位国王美丽的女儿，由于得到神谕的启示，国王将自己的女儿驱逐出王宫，抛弃至绝壁附近的悬崖上。 **70** 风把普赛克带到了一个美丽村庄的神奇房子里，由看不见的仆人们侍奉。到了晚上，一个普赛克不允许看见的男访客——爱神阿摩尔——出现了，普赛克成为他的妻子。快乐的生活继续着，直到普赛克在姐妹的怂恿下，克制不住自己的好奇心看了一眼自己的丈夫；在灯光下，普赛克注视着阿摩尔，但是她把一滴灯油滴到了阿莫尔身上并灼伤了他，这时阿摩尔就消失了。在普赛克寻找丈夫的途中，她被她的婆婆维纳斯抓到了。维纳斯用尽一切方法虐待普赛克，并用各种各样的方法来考验她。最终普赛克被众神接受，成为阿摩尔的合法妻子，并养育了沃露普塔斯。

在 1977 年一次机智又充满辩论的研究中，德勒夫·费林（Detlev Fehling）提出，所有我们知道的关于普赛克和阿摩尔故事的不同版本都是依据阿普列尤斯的文学文本而来，但是他反对空想派的观点，认为流传已久的民谣传统丝毫没有受到文学的影响。这种空想派的观点同样也受到其他学者的抨击。② 所以文学传统和民谣传统的相互影响以及民谣传统只有通过书写的方式才被人们接受的观点被大众接受了。然而，费林的论题给我们留

---

①Aarne and Thompson 1964 nr. 425；Apul. *Met.* 4，28-6，24；J. Oe. Swahn, *The Tale of Cupid and Psyche*（Lund, 1955）（对各种变体的记录）；对此问题的纯粹的文学起源的考查，见 D. Fehling, "Armor und Psyche," *Abh.* （Mainz, 1977）9；亦见 R. Merkelbach, *Roman und Mysterium*（Munich, 1962），1-53；G. Binder and R. Merkelbach, eds. , *Armor und Psyche*（Darmstadt, 1968）（Wege der Forschung）；D. Fehling, "Die alten Literaturen als Quelle der neuzeitlichen Märchen," in Siegmund 1984, 79-92；J. Oe. Swahn, "Psychemythos und Psychemärchen," ibid. 92-102。

②关于 *KHM*, 见 H. Rölleke, *Die älteste Märchensammlung der Brüder Grimm*（Geneva, 1975）, and in Siegmund 1984, 125-137。

下的疑问是，阿普列尤斯是从哪里得到他书中故事的来源，而这是只有他一个人编出的故事又是不能令人信服的事实。要编写一个故事是很困难的事情，甚至新的故事也不可避免地是在曾经听过的故事的基础上创作出来的，因此就有了现在已经存在的关于同一个故事的不同版本。

也有和阿普列尤斯匹敌的出现更早的故事，如果不是童话，那就是相关的神话了。与阿摩尔和普赛克故事情节相似的就是俄耳甫斯教版本的科瑞－珀尔塞福涅的故事。① 在故事的开始，出于保护的目的，少女科瑞被她的母亲德墨忒耳（Demeter）关在一间被施了魔法的房子中。这间房子坐落于紧邻俄刻阿诺斯的地球边缘，里面有一位特殊的仆人塞壬，她能演奏音乐，就像普赛克的房子中也充满了音乐一样。当科瑞在织布机上织布的时候，宙斯幻化成蛇形潜入房中并使自己的女儿科瑞怀了孕。在这之后，在她的姐妹们雅典娜、阿尔忒弥斯和阿芙洛狄忒（Aphrodite）的怂恿下，科瑞离开这间房子到草地上采集鲜花，因此她被哈迪斯绑架并成了冥府的王后。在冥府中，她生下了宙斯的儿子酒神狄俄尼索斯（Dionysus）。由于俄耳甫斯的诗歌的原始版本已经七零八落，所以它写作的确切年代很难得知，但是肯定的一点是，俄耳甫斯的神话故事出现得比阿普列尤斯早（而现存的克劳迪安和诺努斯版本的诗歌诠释是在很长时间之后才出现的）。

这一类型的故事展示了相同的基本结构和显然类似的主题。科瑞的意思是"少女"，这种类型的故事被称为少女的悲剧。② 据说这个故事提供了"少女童话叙事结构表层的模板"③。显而易见，这种类型的故事和普罗普顺序，即英雄远征型故事是不同的。和男性远征故事的次序相反，用激发人兴趣的说法来说就是典型的女性故事，尽管在自然界中并没有任何事物能够阻止女性的远征。不可否认的是，在普赛克冒险的第二部分确实有远征

---

①R. Förster, *Der Raub und die Rückkehr der Persephone in ihrer Bedeutung für die Mythologie*, *Litteratur-und Kunstgeschichte*（Stuttgart, 1874）; Richardson 1974, 74-86; Burkert 1979, 138-140（Dowden 1989 并未对此做讨论）。Lincoln（1981, 71-90）曾强调科瑞神话的起源背景。

②Burkert 1979, 6 f; Dowden 1989.

③Dan 1977.

型故事出现。

少女的悲剧能够用普罗普的方法学来分析，他的方法学总结出了功能或者母题的顺序。在这个故事中，至少有五个永不改变的顺序：（1）一位少女平静的生活被突然打破。这时，某种外界的力量迫使她离开家，使她远离自己的童年、父母和家庭生活。（2）一段时间的隔离。这种隔离经常被描述成田园般但是不平常的生活阶段，她被关在一间房子或一座寺庙中，或者代替被关在房子中的情节的是她可能被流放到荒野之中，远离人类正常的定居地。（3）扰乱这种田园生活的灾难通常是由男性的入侵导致的，大多数情况下是一个特殊的男子，一个魔鬼、英雄或者是神侵犯了这位少女，并且让她怀了孕；这就导致了（4）一段时期的苦难、折磨、惩罚、流放或监禁，直到（5）她被解救，随后迎来的便是圆满的结局。这种结局或多或少都和孩子的出生有关，通常情况下是儿子。在希腊神话中，这个孩子通常是一位重要的部落英雄或是名字被用于命名某个地方的人，即名祖。实际上，这个故事通常被看作英雄儿子之旅的介绍，从这种意义上来说，这种故事类型被称为"英雄的诞生"。①

希腊神话中和少女的悲剧有着相同模式的有珀尔修斯的母亲达娜厄（Danae）的故事②；忒勒福斯的母亲奥格（Auge）的故事③；达那俄斯人 72
的祖先，厄帕福斯的母亲伊娥（Io）的故事④；阿卡斯的母亲，阿卡德人的名祖，克里丝朵（Kallisto）的故事⑤；珀俄托斯和埃俄罗斯的母亲墨拉尼珀（Melanippe）的故事；以及皮奥罗的双胞胎安菲翁和泽忒斯的母亲安提俄珀（Antiope）的故事。⑥ 这些故事有着相同的基本情节、结构和事件发生。

尽管这种故事类型看似在希腊神话中特别流行，但是它并没有局限于

①O. Rank，*Der Mythos von der Geburt des Helden*（Vienna，1909）.

②Hes. Fr. 135；*LIMC* s. v.；参见本书第 69 页注释①。

③*LIMC* s. v. Auge.

④Burkert 1983，161-168；Dowden 1989，117-146.

⑤Dowden 1989，182-191.

⑥Burkert 1979，6.

此，玛雅文明中也存在这类神话。① 美索不达米亚的伟大国王萨尔贡王（King Sargon）的传奇是玛雅神话中能清楚表现这一神话类型的最早例子："我的母亲，拥有最高权力的女祭司怀着我，并且悄悄地生下了我。她把我放在粗糙的篮子里……"② 关于这个女人没有太多的信息，也无人知晓萨尔贡王的父亲是谁。但是女祭司悄悄诞下孩子的行为意味着一段时期的隔离和对禁忌的打破，紧随其后的就是充满喜气的新开始。而这位年轻女子揭露其儿子的身份的悲剧也经常被重复。③ 摩西的故事，以及维斯塔贞女之子。罗穆卢斯（Romulus）和雷穆斯的故事，都与萨尔贡王传奇有着惊人的相似之处。④ 难道流传了两千多年的萨尔贡王的传奇历史是用来塑造这位新国王的吗？

这种类型的神话仍然在很多著名的童话中再次出现。例如，在《长发公主》这个童话中，一位女孩被关在塔中，尽管如此，王子却前来相救。秘密结合的暴露导致分离和苦难，但是最后肯定是圆满结局。这个童话故事的法国作者声称她是随意地创作了这个故事的。⑤ 但在现实中，她肯定有意无意地从很多被关在塔里的处女故事中吸收了一些元素，并将这个著名的母题简单重置了一下。这种故事类型在收录于格林兄弟的童话故事集里的《白雪公主》中甚至体现得更明显。⑥ 故事的女主人公因为长得太美丽就被从家中驱逐出去，她注定要死于其继母的淫威之下，她来到小矮人的房子里——在这里，根据德国道德传统——她和这些辛勤工作的矿工们过着

---

① *Popol Vuh. The Maya Book of the Dawn of Life*, trans. D. Tedlock（New York, 1985），114-120；cf. Burkert 1979, 147 n. 19.

② *ANET* 119：我尽力使译文更加直白。关于 entu = 高阶女祭司（"changeling" *ANET*）见 *AHw* 220 s. v. entu. 关于 entu 的独身生活状况，见 *Atrahasis* III vii 6 f., p102 f. Lambert-Millard；Dalley 1989, 35。需要注意的是，保存下来的文本要比历史上的萨尔贡国王时期晚好几百年。

③ 参见 Binder 1964。

④ Moses in Ex. 2；Rhea Silvia：Liv. 1, 4 参见 Ennius, *Ann.* 35-51 Vahlen = Fr. I xxix Skutsch。

⑤ *KHM* 12；关于 Mlle. De la Force 1698 年著的法语原文 "Persinette"，见 M. Lüthi, *Volksmärchen und Volkssage*,（Bern, 1961, 3rd ed. 1975），62-96, 187-190。

⑥ *KHM* 53.

勤劳简朴的田园般的生活。这段田园般的生活以她吞下毒苹果而告结，之后她就躺在玻璃棺材中陷入死一般的沉睡。最后当然是一位王子到来，他用自己的吻唤醒了公主。还有一个更现实和粗俗的版本是，一首自 16 世纪就流传开来的德国歌谣。[1] 这首歌曲讲的是，一位骑士在和一位少女有了私情之后就消失了；在这位姑娘怀孕后，她的母亲让她躺在棺材架上，就好像死去一样；葬礼的准备工作使得这位骑士回来并且进行悼念，但是值得注意的是，这时这位少女起死回生，之后婚礼就是不可避免的了。

　　显而易见的是，少女故事的顺序紧紧跟随着从童年向成年转化的少女的自然的、生物的生活圈。从自然生理方面来说，有三个戏剧化的事件导致这种变化：月经初潮、性交和怀孕。和故事类型中相对应的就是隔离、性交和孩子出生。这并非巧合：无论传说故事对文化的生物学基础做出多么详尽的表述，都很难做到清晰明了。

　　当然生物和故事之间的联系，就像性交时的大多数证据使转化的两阶段相分离：阿摩尔和普赛克的床，或者是宙斯和达娜厄，赫拉克勒斯和奥格的床。希腊神话中对性交的描写很清晰，但是 19 世纪修订的童话对性这个话题却很隐晦。《长发公主》在描述性这个话题时还相对直接，但是白雪公主吞下毒苹果的意象却较为间接。当一段时期的苦难不过是现实状况的时候，怀孕就应该出现了。显而易见，最终的解救就是孩子的出生。故事中也有一些时间的重叠，例如在武拜关于安提奥珀的神话中，气愤的母亲最终被她长大成人的儿子救助。月经初潮从不会在神话或者童话中被清楚地提及。月经是难以启齿的禁忌，女人自己也避免提及它，这就导致男人对月经只有模糊的了解。但是奥格洗衣服的时候被赫拉克勒斯攻击的事实就是有关性的暗示。[2] 这个故事将重点放在少女诱人的美貌导致她被驱逐，

　　①S. Hirsch，"Das Lied 'Een ridder ende een meysken ionck,'" *Zeitschrift für deutsche Philologie* 79（1960）155 ff.

　　②参见 L. Koenen，"Eine Hypothesis zur Auge des Euripides," *ZPE* 4（1969）7-18，关于节日 Plynteria，尤见 14—18。参见 Nausikaa 预料到自己的婚姻状况后洗衣服一节。

而没有谈论少女的青春期，没有解释被驱逐的必要性。但是隐藏在这个主题下的生物原因是显而易见的。性成熟打破了家庭结构，或者高等生物中间存在的类似结构，以及母亲和孩子的联系。为了自主自立，能使个人和老一辈相连的纽带必然会消解。① 因为老一辈的人试图反抗他们自己的替代品，这个故事中含有女性的嫉妒和父权制的痛苦的主题，但是神谕的必要性一定占据上风。

以上这些发现只标志着真正复杂问题的开始。我们怎样对这类故事中自然和文化的相互作用做出解释？个人发展的生物程序，实际上也是一个非常古老和自然的程序，是怎样通过语言转化成为传统故事的叙事链的？然而，这些生物程序是在没有话语和太多意识反应的情况下起作用的。

在这时，仪式就进入故事。在世界范围内，仪式是通过表演来标志和表演出女性发展的自然阶段的。尽管它们采用了不同的文化形式②，它们大体上模仿了之前在本书中提及的故事类型。自从1890年简·哈里森的著作《古代雅典的神话与遗迹》（*Mythology and Monuments of Ancient Athens*）问世以来，女性青春期的开始就成为和神话与仪式紧密相连的典型事例。③ 毕竟阿普列尤斯的故事是关于灵魂和性爱的相遇，科瑞也只意味着"少女"。伊希斯（Isis）神迹和位于庞贝古城的神秘别墅中的巨型画作都涉及步入婚姻之前的成长过程。④ 这种类型的故事和仪式一样，和范·热内普（Van Gennep）阐述的著名的过渡仪式结构保持一致⑤：分离、边缘时候受限时期、重新整合；同时，这种故事类型也和自然紧紧相连。女性的成长仪式可能

---

①见 Bischof 1985 pass。

②相关资料收集整理于 *GB* X 22-100。

③J. Harrison, *Mythology and Monuments of Ancient Athens*（London, 1980），xxix-xxxvi，关于 *arrhephoroi*，参见本书第 87 页注释③。见 A. Brelich, *Paides e Parthenoi*（Rome, 1969）；Dowden 1989。

④见 H. Jeanmaire in Binder-Merkelbach 1968，313-333；O. J. Brendel, "Der grosse Fries in der Villa dei Misteri," *JDAI* 81（1966）206-260；Merkelbach（见本书第 81 页注释①）使爱欲与灵魂成为秘传宗教在古希腊传奇故事中的反映的关键文本，尤其是对伊希斯的祭仪形成的秘传宗教。

⑤A. Van Gennep, *Les Rites de passage*（Paris, 1909）.

是从第一次月经开始的——这通常意味着分离或隔离——之后紧接着发生的就是第一个儿子的诞生，这标志着她争取到了决定性的地位。[1] 成长仪式遵循生物顺序，而女性童话故事的叙事结构也遵循同样的顺序。

但是故事中仍然有前后不相连的空白处。成长仪式只不过是自然发展的结果。自然自身转化成仪式，仪式反过来随着语言而出现，这一推测是错误的。仪式是复杂矛盾的，甚至参与仪式的人们都难以说清。我们不能将不明确的边缘化时期与自然的有秩序的理想生活相结合，就像聪明的扎拉斯托尔斯带领塔米诺和帕米娜前往理想的彼岸一样。叙述细致的成长仪式并不是自然的、无所不在和持续不断的。这和简单地从自然向文化的转化相去甚远，它们在某些情况下和自然也是矛盾的。[2] 将仪式看作文化尝试是更有意义的，这也使得"生活中的现实"变得可执行、可预测；同时也可以展示人造的社会创造的行为，就像揭开了生物学的面纱。在进行此类仪式的过程中，人们表现得就像青少年，男性或女性，不能自己轻而易举地长大成人，而必须在社会的帮助下长大成人。仪式活动是依据自然的线索进行的，但是其中渗透的非自然的文化选择的仪式传统的力量作用于自然的线索，同时也伴随着夸张、重复和其他复杂的修辞手段。因为文化传统的力量如此强大，这里提及的类型和之前发现的关于远征型故事的类型的一致性相比，缺乏普世性。

古代雅典有两种和女孩的成长相关的主要宗教机制：位于雅典卫城为雅典娜的阿瑞福拉节（arrhephoroi）[3] 和被称作"熊"的由女孩子供奉位于

75

---

①S. L. La Fontaine, "Ritualization of Women's life Crises in Bugisu," in J. S. La Fontaine, ed., *The Interpretation of Ritual.* (London, 1972), 159-186；亦见 *Anthropos* 30（1935）875 中关于 Yaos（非洲）的短篇报道。

②如今女性割礼手术成为最具争议的话题之一。

③关于 Arrhephoria 见 W. Burkert, "Kekropidensage und Arrhephoria," *Hermes* 94（1996）1-25；K. Jeppesen, *AJA* 83（1979）381-394；L. Van Sichelen, "Nouvelles Orientations dans l'étude de l'arréphorie antique," *ACl* 56（1987）88-102（无集体入会）；Brulé 1987, 11-175（initiation）；不同阐释见 N. Robertson, "The Riddle of the Arrhephoria at Athens," *HSCP* 87（1983）241-288。

布劳隆（Brauron）的阿尔忒弥斯仪式。① 粗略一看，这些仪式看似与女性成长期间的两次隔离的可能性相对应，如作为避难所的房子、在边缘、在海滩上。在阿瑞福拉节中，尽管我们发现了与神话和仪式非常相近的类似事件，但是这三者之间和女性成长故事的关系仍然令人质疑。通过名为熊的仪式，我们尽可能多地知道了女性青春期的成长，但是我们在找出预期的神话方面遇到了困难；相比之下，我们遇到的更大的困难是在神圣的愤怒和补偿性牺牲方面寻求解释的不同的神话类型。② 甚至伊菲革涅亚的神话也和布劳隆有关。③

　　神话是令人惊奇的，因为同样的神话既包含成长或者牺牲的意思，又能指涉自然的成熟和最不自然的暴力。④ 在《圣经》中提及的以色列士师耶弗他（Jephtha）因为自己在战争胜利之前所发的誓而被迫牺牲自己的女儿。⑤ 士师的女儿自愿牺牲自己，但是她请求能在死之前和她的女伴在山中漫步，并为她还未失去的处女之身低声痛哭。据《圣经》所说，这个仪式之后变成了以色列的习俗。每一年，女孩子们都要在山中载歌载舞四天，以纪念还未和一个男子交往过的耶弗他的女儿。显而易见，这个习俗都有其最初的主题和作用。这些女孩子离开她们的家庭，并且花一段时间身处

76

---

　　①L. Kahil, "L'Artémis de Brauron: Rites et mystère," *AK* 20 (1977) 86-98 cf. L. Kahil in W. G. Moon, ed., *Ancient Greek Art and Iconography* (Madison, 1983), 231-244; Brulé 1987, 177-283; R. Hamilton, "Alkman and the Athenian Arkteia," *Hesperia* 58 (1989) 449-472; Chr. Sourvinou-Inwood, *Studies in Girls' Translations*, Athens 1988; Dowden 1989, 25-133.

　　②将阿卡德神话 Kallisto 放在 Brauron 中是可能的，因为它与该模式一致，但通常情况下并不这么做。在 Brauron，还有另一则神话：一群女孩被 Pelasgian 海盗劫走，后来被拟人化的 "婚姻"——Hymenaios 拯救，Schol. A. *Il.* 18, 493; Eustath. 1157, 20; Proklos, *Chrestom. in Phot. bibl.* 321a 22. 广为流传的 Brauron 的祭祀神话是：几个雅典青年男子杀死了一头熊，为赎罪必须向女神阿尔忒弥斯进献数名女子。W. Sale, "The Temple Legends of the Arkteia," *RhM* 118 (1975) 265-284. 祭物为因分娩而死亡的女人身上的装饰物是 Eur. *Iph. Taur.* 1464-1467。

　　③Eur. l. c; cf. C. Wolff, "Euripides' Iphigenia among the Taurians: Aetiology, Ritual, and Myth," *Classical Antiquity* 11 (1992) 307-334.

　　④在古代，洛克里斯少女的贡品被看作一种替代牺牲，而现代人则在其中看到创世的主题；见 Hughes 1991, 166-184。

　　⑤Judges 11, 30-40.

陌生之地，也有可能是在田园般的环境中敲击铃鼓、跳舞或悼念。这一仪式反映在关于因为牺牲而死亡的故事中。因此这位神奇的女英雄的经历就和普通的女孩所经历的事情有了直接的对比。另一个故事逆转就是，我们也许被告知女孩们的哀悼仪式是在特罗岑举行的，就像欧里庇得斯（Euripi-des）在《希波吕托斯》（*Hippolytos*）中所写的一样。她们哀悼希波吕托斯，并为他修剪一绺头发。这位年轻的美男子因为阿芙洛狄忒的愤怒而死，死前还未认识一位女子。[1] 在自然界中，死亡、性交和出生三者是紧密相连的，表现死亡的牺牲仪式和神话使死亡成为一道屏障，仿佛阻碍了转化的发生。

死亡和牺牲之间两者令人沮丧的联系在其他版本的少女悲剧故事中也有。按照一般理解，发生在科瑞－珀尔塞福涅故事中的是死亡。一种陌生但是典型的矛盾围绕着导致婚姻和孩子出生的乐观而自然的故事顺序，同样也围绕着导致牺牲的非自然的故事变体版本。伊菲革涅亚，尽管她的名字象征"有力的出生"，但是她最终是作为一个处女为贞洁女神牺牲的，这可以看作这种矛盾的缩影。而且，处女之死并不只有象征性。布劳隆给阿尔忒弥斯敬献的死气沉沉的衣服，实际上是年轻女子们的遗骸。在罗马，被大祭司长选中的维斯塔贞女要过三十年与世隔绝的生活，她们要照看维斯塔庙炉中的永生之火。如果火因为意外而熄灭了，她们就会遭受鞭打。如果她们中的任何一个人被发现和男性私通，就会被活埋。[2] 这表明，与隔离、性危机和惩罚相伴的是可怕的经历。但是，从最初的成长仪式中无法追溯这种特殊的罗马机制。[3]

甚至在并非令人沮丧的成长神话中，我们也应该对非自然的社会因素

①Eur. *Hippol.* 1425-1430；U. v. Wilamowitz-Moellendorff, *Griechische Tragödien* I[10], (Berlin, 1926), 100—104 使之成为希波吕托斯神话的起源。

②见 C. Koch *RE* VIIIA 1732-1753；参见本书第 50 页注释①。

③神话中描述一名处女在壁炉边受孕，该女子即国王 Servius Tullius 的母亲——Ocresia。Romulus 和 Remus 的母亲——Rhea Silvia 是一名维斯塔贞女，见本书第 84 页注释④。美索不达米亚的一些女祭司被禁止生育孩子，见本书第 84 页注释②。

和主题保持警觉。尤其是随着性交出现的苦难经常来自真实的家庭，一位怀恨在心、伺机复仇的父亲，一位继母和岳母，这是很多文明中家庭冲突的特点。然而，以寻找失去的丈夫为主题的故事，在19世纪的《阿摩尔和普赛克》或者"动物新郎"的版本则偏向于资产阶级。

希腊神话和故事中的这种众所周知的类型是由男性再造和复述的，这也许能够设下更多的悬念。显而易见，性交可能特别使男性得到满足，而处女的与世隔绝会诱使一些人，那些人敢于打破禁忌，由宙斯带头。与世隔绝的生活使处女成为受害者，结果导致男女之间的性交几乎被定义为强暴。① 另外，故事之下掩盖的方面可能是为了掩盖关于男孩子的同性恋故事类型。我们从故事中得知，有同性恋倾向的人被绑架，之后回到正常的男性社会进行战斗，直到成年的时候确立其在婚姻中的地位。其中最重要的例子就是品达讲的关于珀罗普斯（Pelops）的故事——珀罗普斯被波塞冬（Poseidon）绑架，之后又被带回来为迎娶希波达墨娅赢得了赛马。② 众所周知，这个故事与克里特被仪式化的同性恋有紧密的对应关系。③ 凯涅乌司（Kaineus）还是个女孩的时候就被波塞冬强奸了，之后她变成了战无不胜的女战士，这是被证实和同性恋主题有着异曲同工之妙的早期故事。④ 这就给最基本的故事类型增添了特别的文化色彩。如果少女类型的故事经常被希腊的男性讲述的话，他们可能会通过故事来反映自己的成长，并且通过将自己置身或远离发生在女性身上的事件这种方式来重塑男性形象。

尽管故事结构和生理发育这两方面主题的对应是不可否认的，仪式也和这两者紧密结合，但是远征类故事中设计的人物转变的形式在这个例子中不适用。能用需求语气表达出的"得到"的计划仍徘徊于原始交流阶段

---

①关于希腊"phallocracy"，见 E. Keuls，*The Reign of the Phallus*（Berkeley，1985）。

②See R. D. Griffith，*JHS* 189（1989）171-173；Krummen 1990，168-204.

③Ephoros *FGrHist* 70 F 149；see K. Dover，*Greek Homosexuality*（New York，1978），189 f；H. Patzer，*Die griechische Knabenliebe*（Wiesbaden，1982）.

④Akusilaos *FGrHist* 2 F 22；奥林匹亚（Olympia）的青铜浮雕，7th cent.，Schefold 1993，122；E. Laufer，*Kaineus*，Rom 1985，and *LIMC* V 884-891。

（我们还记得黑猩猩的故事）。这个故事被认为是在已建立的基础上以原始母语发展起来的。接下来的故事类型，除了其延续的萨满教故事，还发展成为一种典型的男性成长神话，其中男英雄必须在承担所有社会责任之前完成远征的旅程。这里几乎不需要再强调珀尔修斯、阿尔戈英雄、赫拉克勒斯以及奥德修斯的故事中的成长元素。珀尔修斯的神话实际上和阿哥斯人的成长仪式紧密相连。① 弗拉基米尔·普罗普自己在后期也试图将其关于神话形态学的研究追溯到成长类型的故事中。②

少女的悲剧类故事看似符合女性的特点，但是这两者之间也不完全匹配：在这种类型的故事中祈使语句没有传达出对应的意思。其中隐含的生物图谱更原始，也离意识更遥远。和直截了当的冒险类故事相比，少女故事中自然和故事的距离相对较大。但是少女故事也没有直接跳过这类故事起源。"女性童话故事"是追溯自然的脚步，并将深植于故事中的意识与自然相结合的文化创造。

是谁在讲述这些故事呢？如果我们仍旧选择阿普列尤斯作为向导的话，我们也会发现一位年长的女性在充满悬疑的情况下，在强盗的家中向一位年轻女子复述阿摩尔和普赛克的故事，目的是为了安慰她，使她为接下来将要发生的事情做好准备。"年长的妻子的故事"在古时候就已经众所周知了③，它们在塑造孩子的心灵世界方面是故事的传统特点的重要承载者。女性知道月经、性交和孩子出生的顺序，所以她们就能用严肃或者开玩笑的方式教育年轻人。这就提供了伴随自然变化的故事文本的表达方式，而传承已久的口头表达传统不仅能够帮助人们加深对难忘事件的理解，也能够加深对其背后隐含意义的理解。这就产生了女性童话故事的叙事结构。怪

①M. H. Jameson, "Perseus, the Hero of Mykenai," in R. Hägg and G. C. Nordquist, eds., *Celebrations of Death and Divinity in the Bronze Age Argolid* (Stockholm, 1990), 213-222.

②V. Propp, *Istoriceskije kornivolsebnojskaski* (Leningrad, 1946); *Die historischen Wurzeln des Zaubermärchens* (Munich, 1987).

③Plato *Gorg.* 574b; *Resp.* 350e; *Tht.* 176b.

不得很多男性也一再地重复女性故事。女性故事消除了两性之间的隔阂，也用分享想象力的方式促进了两性之间的理解，因为男性和女性共享着生活的共同基准。

79   在即将结束这一章的时候，笔者还想声明的一点就是，近几十年来，文学中的现代趋势已经摆脱了故事模式，而日趋复杂的电影业由现代趋势主导。戏剧仍然持有传统元素，但是其内部却不断受到新奇事物在短时间内所造成的影响和冲击，这犹如烟花在不断爆破。尽管讲故事的方式在治疗精神疾病的机制中仍有治愈创伤的价值，但是过往故事的社会地位在衰退。在现代日新月异的世界中，哀叹故事的衰退趋势是没有任何意义的，现代社会使人们自我隔绝，自身孤独地存在，生活在高度复杂的机械世界之中。用"别假正经了"的口号来形容故事已经死亡的现象，再合适不过了。

第四章 等级制度

级别的意识

19 世纪初，德国神学家弗里德里希·施莱尔马赫（Friedrich Schleierma- 80
cher）曾说道：宗教源自"对上帝完全依赖的情感"。[①] 这里的"情感"一
词是受到歌德的启发。歌德笔下的浮士德宣称，在宗教中，"情感就是一
切"。这里讨论的核心不是情感的浪漫特征，而是对"完全依赖"的确认，
是身处低位者如何接受来自无上者的力量。这与在哲学思想、人文主义和
英雄观中备受推崇的同样久远的独立思想是矛盾的，与自我做主、自我负
责的人格的建构背道而驰。康德哲学将"自主"重述为道德判断的前提条
件，1789 年的法国大革命将自由（*liberté*）置于平等（*égalité*）和博爱
（*fraternité*）之前。施莱尔马赫反对这一思想流派，把宗教看作"对文化的
贬抑"。[②] 他的定义被神学家、实修者和受过教育的普通公众广泛接受。人
们能够普遍承认宗教依靠的情感，他们就在自己的精神世界中为宗教设定
一个备受尊崇的地位，而无须屈从于忏悔的教条或者在宗教论争中选边站。

然而，施莱尔马赫的定义虽然挑战了 18 世纪的理性观念，但它却建立 81
在更加古老的观念之上。作为一个等级体系，宗教是通过信众的依靠、从
属和屈服而逐渐被接受的。对等级和依赖的认同在所有古代宗教中特别明
显。宗教中的神意味着权力、统治和应得的崇拜。苏美尔人吁求神做"我
的王"。在阿卡德语中，常用来指"君主"的词是 *belu*，而 *belu* 是巴比伦最

---

①F. Schleiermacher, *Der christliche Glaube nach den Grundsätzen der evangelischen Kirche* (Berlin,
1821-22; new ed. Berlin 1984) §3/4.

②他早期的较有影响力的作品是 *Über die Religion*, *Reden an die Gebideten unter ihren Verächtern*
(Berlin, 1799); English transl., *On Religion. Speeches to Its Cultured Despisers* (New York, 1958)。

重要的神马杜克（Marduk）的称号；这个词在西闪米特语中的对应词 *baal*，则是叙利亚和巴勒斯坦对本地诸神的称呼。正像世间君主一样，神也会被称为众君之君和众王之王。① 希伯来的耶和华当然就是国王②，他的名字与"生命"的词根有关，在希伯来《圣经》中用 *adon* 来代读，在希腊语中被译成 *kyios*，在拉丁语中是 *dominus*，英语为 lord，德语是 *der Herr*。多马皈依天主教时称其为"我的主，我的天神"。③ 印欧词汇中，有权力的君主是 *potis*，这个词出现在迈锡尼 – 希腊的海神波塞冬的名字中④，也出现在迈锡尼人的语言中，后又被用以称呼波特尼亚女神（*potnia*）。⑤ 迈锡尼国王的称呼是 *wanax*，在迈锡尼政权瓦解后的很长时间内，这个词一直是对神的称呼。除了称宙斯为 anax，一些古代女神的系谱中，也使用 *wanassa* 作为女神的名称，例如，帕福斯的阿芙洛狄忒和佩尔格（Perge）的阿尔忒弥斯。⑥ 在希腊后期的词汇中，用以指代君主和统治者的词也有宗教背景——比如专制者（*despotes*）、女主人（*despoina*）、王者（*basileus*），甚至僭主（*tyrannos*）这几个词都是这样。⑦ 神是有权力的，他们就是那更强大者（*kreittones*）；宙

---

① H. Steible, *Rimsîn, mein König. Drei kultische Texte aus Ur mit der Schluβdoxologie ᵈri-im-ᵈsîn lugal-mu*（Wiesbaden, 1975）; M. -J. Seux, *Epithètes royales akkadiennes et sumériennes*（Paris, 1967）; id., "Le Roi et les dieux," *RLAss* VI 166-172; cf. J. G. Griffiths, *Atlantis and Egypt*（Cardiff, 1991），252-265.

② Psalm 95, 3.

③ John 20, 28.

④ 名字的第二部分至今仍难以理解；见 F. Gschnitzer *Serta philol. Aenipontana*（1962），13-18; Burkert 1985, 136。

⑤ Burkert 1985, 44.

⑥ 论 anax 见 B. Hemberg, "*Anax, anassa und anakes als Götternamen*," *Acta Univ. Uppsal.*（1955），10; J. T. Hooker, "The wanax in Linear B Tablets," *Kadmos* 18（1979）100-111。For Paphos see O. Masson, *Inscriptions chypriotes syllabiques*（Paris, 1961, rev. ed. 1983），nr. 4; 6; 7; 10; 16; 17; 90; 91; *Éléments*（1960）135; for Perge, *SEG* 30, 1517; Head 1911, 702.

⑦ 珀尔塞福涅和库柏勒（Cybele）通常被称作 *despoina*，参见 A. Henrichs, *HSCP* 80（1976）253-286; Despoina 在 Lykosura 圣所，Paus. 8, 37; 称宙斯与波塞冬为 *despotes*：Pindar, *Nem.* 1, 13, *Ol.* 6, 103 etc; 亦见 L. Robert, *CRAI*（1968）583, 5; *RPh* 33（1959）222. Eur. *Hippol.* 88 似乎预设了神性的 anax 和人类的 *despotes* 之间的区别。*Zeus basileus Hom. hy. Dem* 358, Theogn. 285, Solon 31 etc., 参见 *Schol. Aristoph. Nub.* 2。宙斯作为上天的统领，在神话中即是众神之王，Hes. *Theog.* 886, *Erga* 668, *Kypria* F 7, 3 Davies。小亚细亚的月亮神 Mēn 通常被称作 *Menotyrannos*，见 E. Lane, *Corpus Monumentorum Religionis Dei Menis*, Leiden 1971-1978; *Men basileus SEG* 29, 1288。概述见 Pleket 1981。

斯不仅是父亲——这是一个印欧观念——而且是拥有最伟大力量者（*kratos*）。[1] 全能神（*pankrates*）的观念已经出现在埃斯库罗斯的剧作中，虽然当时通行的多神信仰描写的是一个神族而非唯一至上神。[2] 古代社会建立于荣耀之上，神也一样，"当他受到人类的尊崇时会非常欣喜"。[3]

在罗马宗教的语言中，权力和统治并没有得到突出的表达，这一点令人感到奇怪。*Dominus*（主）是对 *kyrios* 的翻译，这个词只是在基督教中才显得突出。现在尚不能肯定，是由于对 *rex* 这个词的禁令使它成为语言壁垒呢，还是由于对独裁者（*potestas*）的清晰分类——*praetor*、*consul* 和 *dictator* 等是不同类型的独裁者——而使其不具有宗教喻义呢？[4] 在罗马，最重要的神被称为最高统治者（*pater*）。人们还依据源自维伊（Veii）的习俗，在阿文丁山朝拜朱诺（Iuno）女神，在普勒尼斯特（Praeneste）城朝拜最高统治者朱庇特（Jupiter）[5]，并允许密特拉教徒称密特拉神为 *rex*。[6] 从波斯的阿契美尼德王族时代起，*Satrapes*（意为"王权的护卫者"）这个词，便作为一个神的名称而流传开来。[7]

传统统治中总会包括一些相互的义务。君主受子民的崇拜，反过来也保护子民，确保其安全。[8] 如果信徒称神为父亲，宗教中自然也就包含着这种相互性。[9] 伊斯兰（Islam）这个词，意为"服从神的意愿"，绝非毫无深

82

①Zeus "whose *kratos* is the greatest" 是《伊利亚特》（*Iliad*）和《奥德赛》中的一句套语。

②Aesch. *Sept.* 255，*Hik.* 815，*Eum.* 918；参见 W. Kiefner，*Der religiöse Allbegriff des Aiscylos*（Hildescheim，1965）。

③Eur. *Hippol.* 8.

④但是 *rex Gradive* 用于 Mars，Verg. *Aen.* 10，542。

⑤Cic. *Verr.* II 4，128；Liv. 6，29，8；*CIL* VI 30935.

⑥*CIMRM* 1017；*rex Iuppiter* 1419.

⑦通过一块三语碑铭，神 *Shadrapa/Satrapes* 的伊朗语语源最终被确定为 Xanthos，意为亚兰语的 hstrpty，相当于古希腊的阿波罗；见 *Fouilles de Xanthos* VI：*La Stèle trilingue du Létoon*（Paris，1979）；闪米特语源受到更多学者的认可。亦见 *KAI* 77；*ANRW* II 17，698. Paus. 6，25，5 f 中曾提到埃利斯的一个神 Satrapes。

⑧从词源学上考察，"Lord" 意为"面包监管者"。

⑨这在《新约》中很重要，*ThWbNT* V 981-1016；但是 *Dyaus pitar*（天父）是印欧语系的；El（神）在乌加里特语中是 *ab adam*。在埃及和美索不达米亚皇族意识中，统治之神指代的是国王的父亲。

意。① 居于高位并给予保护的观念，在牧羊人或牧师身上得到变形的表达，这个比喻还广泛运用在国王和神的身上。② 由于受保护而感到的宽慰和对保护者的感激，使得对保护者的依赖顺理成章。上层的统治同时也限制了下层阶级内的争斗。根据格奥尔格·西美尔（Georg Simmel）的观点，"消除对抗"是宗教的特点之一。③ 统治使得社会的凝聚形式得以可能，没有统治的地方是不可能形成社会凝聚力的。但形成社会整体的代价是，要接受对超越性存在的依赖。

把统治性的意识形态和宗教中的依赖与高级文化的形成相联系，这一思路很有吸引力，在高级文化中，亲属关系构建起其核心社会组织。④ 但是这样的联系很显然是普遍存在的。在弗洛伊德以后，现代人更倾向于从心理学角度来理解依靠和服从。⑤ 依照其中一派的观点，神代表父亲的形象，孩子对强有力父亲的依靠被内化为对全能神的接受。与之相反，女权主义者则主张用大母神来代替男性神，这让人想到孩子对母亲的更加本能的依靠。进一步来说，如果我们接受人类学的进化观——这一点弗洛伊德也接受——就有必要拓宽视野，追溯生命进化的早期阶段，对社会中的和心理结构中的权威性角色都能做出解释。

83　　在所有灵长类动物群体中，高度发展的权威意识在复杂的等级体系中完整建立起来。⑥ 猴子和猿的智力比实验室预期的要高，这一点似乎说明

---

①见 *ER* VII 303。词根意为"完整性"或"融合"；Salman Rushdie 在其 *Satanic Verses* 中，将其尝试性地译为"服从"。

②关于阿卡德语（*re'um*, *AHW* 977 f）见 *RlAss* VI 162 f；《汉谟拉比法典》序篇，*ANET* 164 f；Old Testament：Psalm 23；New Testament：John 10，2；在荷马的诗篇中，国王阿伽门农是"人类的牧羊人"；在柏拉图的《理想国》（*Polit.* 271 de，274e）中，诸神都是牧羊人。

③G. Simmel，*Die Religion*（2nd ed.，Frankfurt，1918）57 f："das Ausbleiben der Konkurrenz in der religiösen Erfahrung."

④见 Frankfort 1948；参见 Gladigow 1981，13 f。

⑤弗洛伊德（1912）发现，原始人类部落中有一位父亲被杀并在死后得到部落人群的崇拜，他在其中发现了宗教的起源；关于这些思想与罗伯逊·史密斯的联系，见 Burkert 1983，73 f。

⑥概述见 Dunbar 1988；参见 Freedman 1979，27-43；Popp and DeVore 1979。

了，它们的能力主要是在群体内不同等级间持续的社交活动中形成的。在灵长类动物群体的"注意力结构"中，居从属地位的动物的注意力总是集中在等级比它们高的同类身上。① 弗朗斯·德·瓦尔（Frans de Waal）的《黑猩猩的政治》（*Chimpanzee Politics*）以在阿姆斯特丹动物园的长期观察为基础，揭示了这一令人吃惊的事实。② 这里的猩猩不仅彼此认识，知道谁的地位高，谁的地位低，而且最终能利用长期形成的社交支持和结盟的策略，获取利益、升职甚至推翻首领。

需要注意的是，人类社会中的高等级是在垂直维度，而非水平向度或向心序列。不可能用逻辑来解释等级，有关等级的任何想象都应依照对史前人类生存习性的复现。格哈德·邦迪（Gerhard Baudy）引用许多灵长类动物赖以生存的树来解释这一现象。树既能为灵长类动物提供食物，又可使其逃避捕食者，确保安全，还是玩等级游戏的好场所。③ 树催生了灵长类动物等级制的垂直意象。在最高级的灵长类动物两脚行走在沥青马路上的今天，人类在赞美崇高的理想时，依然没有完全放弃灵长类动物的等级游戏。在宗教敬奉中，树的意象仍然显得很突出，最终形成了神话中关于"世界之树"的宇宙世界。④ 山代替树受到赞颂，它显然比树更高大⑤，接

---

①Freedman 1979，36-39：36，参考 M. R. A. Chance, C. Jolly, *Social Groups of Monkeys*, Apes, *and Men*（New York，1970）。

②De Waal 1982；亦见 de Waal 1989。

③Baudy 1980，78 and in *HrwG* II（1990）109-116.

④苏美尔人 Gudea 的庙宇中有一棵"触天"的"生命树"，*RIAss* I 435；阿卡德语史诗 Erra（1，150；Dalley 1989，291）中有棵 *mesu* 树，树根通向地狱，树顶通向天堂。北欧神话有白蜡树 Yggdrasil，O. Huth，"Weltberg und Weltbaum," *Germanien* 12（1940）441-446；有关希腊见 *Pherekydes of Syros*（Oxford，1990），69-76。

⑤高地和高山上的祭祀十分普遍；见 W. F. Albright，"The High Place in Ancient Palestine," *Vetus Testamentum* Suppl. 4（1957）242-258；关于 Minoan Crete，见 Marinatos 1993，115-122；关于赫梯，见 V. Haas，*Hethitische Berggötter und burritische Steindömonen*（Mainz，1982）；融合了弗里吉亚女神的阿芙洛狄忒有自己的神庙，在一处"类似瞭望台的地方，四周皆可见"，Hom. *hym. Aphr.* 100.；亦见 Fehling 1974，39-58。关于"世界上的山"，见 R. J. Clifford，*The Cosmic Mountain in Canaan and in the Old Testament*（Cambridge，Mass.，1972）。

着，天代替了山①；在任何事中，神高高在上，最受赞颂。② 我们情感意识中的高低垂直轴，来自生理遗传的部分。

"任何强有力者都来源于神。"③ 宗教中的统治和服从要求把"注意力结构"重新指向一个终极的、独一无二的方向。④ 用语言编码构建的精神世界，具有不受时空限制的特点。在灵长类动物中，社交体系基本上与身体的接近程度密切相关，因此在空间上是可见的：共属一体的个体也同处一地，家庭和群体是其构成单元。对人类而言，个人联系和等级关系能够超越时间和距离而维持下来。秩序无须持续不断的交往也可固定下来，我们不仅承认"我的"和"你的"，而且承认此刻不在场的第三者的财产和利益。不可见的最高权威为秩序的稳固提供了终极保障。我们可以将其描述为遗传倾向的终极结果。⑤ 虽然诉诸最高权力的方法会一再受到挑战，人们还是能找到应对之策，人们最终还是会在固有领域内找到自己的位置。

不论被信众热情接受，还是受到人性解放论者的批评，依靠权威终究是一种"极富意味"的形式。我们必然会依靠周围的环境，无论是可知的还是不可知的，无论是人际关系的、政治的抑或经济的，这一点确定无疑。细菌、辐射乃至于有可能在我们体内生长着的癌细胞，只是一些引人关切

---

①希腊的"奥林波斯"最初是山的名字，但容易使人联想到天堂，见 E. Oberhummer, J. Schmidt *RE* XVIII 258-310。

②在 Hom. *Il.* 8, 31; *Od.* 1, 45 etc. 中，宙斯被称作"至高无上的"；阿卡德语 *elū* 和 *šaqû*，以及和神相关的"高的"，见 *AHw* 205 f; 1179 f; 希伯来语'*l*，尤其是'*ljn*, *HAL* 780; 787 f; 参见 *ib*。乌加里特语和阿拉姆语中有同等的表达; *summe Juppiter* Plaut. *Amph.* 780; *summe deum...Apollo* Verg. *Aen.* 11, 785。希腊化时代存在过一种对至高神（Hypsistos）宙斯的特别膜拜仪式，常和犹太人的崇拜仪式融合在一起，见 Cook 1913-1940, II 876-890; A. D. Nork, C. Roberts, 和 T. C. Skeat, "The Gild of Zeus Hypsistos," HT*h*R 29（1936）39-88（部分重版于 Nork 1972, 414-443）; A. T. Kraebel, "Hysistos and Synagogue at Sardis," *GRBS* 10（1969）81-93。"至高的"概念被应用于哲学宗教中，[Arist.] *De mundo* 397b24-28; 400a5-21："日常生活的方面面都验证了该地的上空是属于神的；祈祷时我们都将双手举向天空。"（15-18）; 参见本书第 103 页注释⑥，第 107 页注释④。

③Menander Fr. 223, 3 Koerte; Menander 对此原则提出抗议。

④关于此概念，见 Freedman 1979, 36-39（见本书第 97 页注释①）。

⑤Morris 1967, 178-182 曾以略带调侃的方式提出：这使得宗教在猿类等级社会中得以产生; 180："屈从于族群中更强大更有地位的成员……根本上出于生理原因。"

但却不能控制的大量因素的例子。宗教把注意力结构转移到一个根本的权威上，使这些都成为次要的，从而达到对"复杂世界"的有效"简化"，并在混乱中创造意义。[1] 一个健全的世界是由权威建构的，权威规定了等级。从苏美尔时期开始，诸神、人类、动物和植物，由上到下，被安置在阶层清晰的世界中。[2] 一位早期的拜占庭作家写道："在天地万物中，我们发现独一无二的统治者是神；那些既被统治又统治他者的是人，即人受神的统治又统治动物；完全被统治的是动物，动物没有理性。"[3] 在这里，人位居高、低等级之间，其身份在统治功能序列中得到描述和定位。

85

"等级制度"这个词，是被公元 5 世纪的基督教新柏拉图主义者托名亚略巴古的狄俄尼索斯（Pseudo-Dionysius Areopagita）的一本书首先使用的。这位哲学家研究了讲述上帝获得至上权力——王位、领导权和统治力——的《新约》文本，并将其发展成连续的系统。[4] 新柏拉图主义从唯一原则"太一"出发，看待权威巨链笼罩下的世间万物。[5] 需要指出，新柏拉图派－基督教的等级制度也体现在建筑中，这样的建筑不仅为罗马天主教的教堂，甚至为以后的伊斯兰教清真寺提供了建筑模式：君士坦丁堡－伊斯坦布尔的圣索菲亚大教堂的圆屋顶就是一个例子。

服 从 礼 仪

虽然依据施莱尔马赫的观点，宗教占据的是人的情感世界，但显然，实际的宗教更多是公开表达的而非内省式的。情感性的存在是要通过行动来表达，要不断强化甚至要在集体行为中再生出来。换句话说，依靠和服

---

①见本书第 28 页注释④。

②第四个千年结束时在乌鲁克（Uruk）用于庆典的花瓶，Strommenger 1962，fig. 19-22；参见 F. Lämmli，*Vom Chaos zum Kosmos*（Basel，1962），142-144。

③David *Prol.* 38，14 Busse. See also P. Lévêque，*Dieux，hommes，bêtes*（Paris，1985）.

④Col. 1，16 *thronoi，kyriotetes，archai，exousiai*，cf. 1. Petr 3，22 *angeloi，exousiai，dynameis*.

⑤Cf. P. Lévêque，*Aurea catena Homeri*（Paris，1959）.

从首先在宗教仪式中出现。通过直面神性，"我们养成各种谦恭美德"①。在宗教活动中表现最为突出的服从仪式，本身并不是宗教所特有的，在其他非宗教环境中也很常见。② 因此，它能得到广泛的理解和接受。这些服从仪式不限于某一特定文明，在全球各地都能找到，其中有些仪式显然在史前人类就已存在。通过比较灵长类动物间的、人类世俗交往活动中的和宗教活动中的服从仪式，可以表明我们所生存的世界的统一性。

　　向他人表达服从最明显的目的和作用，是避免和阻止侵略及随之而来的痛苦、破坏甚至毁灭，这在史前人类社会表现得尤其明显。实现自己的意愿和制造威胁的最简单方法，是使自己体形硕大——这就是大自然令人毛骨悚然的花招。③ 相反的一方为了阻止侵略，则必须显得渺小卑微，*hu-milis*（卑微）本义为"接近泥土"。为了给他人这种印象，渺小者必须鞠躬、下跪、蜷缩或匍匐在地——总而言之，不能使自己显得引人瞩目。④ 人类发明了帽子和各种各样的衣服使自己更能吸引人。但如果表达服从，则须去掉这些装饰。为防止威胁，避免盯视对方显得特别重要：盯视之眼是恶毒的眼光，会引起对方天生的警觉。⑤ 渺小者用以防止侵略的上述信号，如果辅之以孩子似的举动，效果就会得到强化。根据其习性，动物通常不会攻击自己的孩子。成年人一般采取哭泣以避免侵略，但微笑也是可能采取的方式之一。另一种避开侵略的方式是保持亲身接触：如果允许，触摸比自己强大的一方，在不被咬的情况下，摸他的下巴，至少向他张开双臂，所有这些行为方式都是依靠（dependence）的标志。⑥

---

①Seneca *Quaest. Nat.* 7, 30, 1: *in omne argumentum modestiae fingimur.*

②Morris 1967, 179 认为，这是宗教的本质，"进行不断重复的持续很久的服从性表演"；关于"典型的服从性表演"见 156-158。

③见本书第 19 页注释③。

④Cf. Eibl-Eibesfeldt 1970, 199 f.

⑤见本书第 48 页注释①。

⑥关于海克提亚誓约（*hiketeia*），见 J. Gould, "Hiketeia," *JHS* 93（1973）74-103；Burkert 1979, 43-47；G. Freyburger, "Supplication grecque et supplication romaine," *Latomus* 47（1988）501-525。在此，我非常感谢 Thomas Kappeler 尚未发表的研究 "Hiketeumata"。

我们通常能理解这些姿势和行为方式。大多数的这类姿势和行为方式可以在黑猩猩和大猩猩中间观察到。它们不会哭泣，而是通过一连串的呻吟表达情感。电影《雾中的大猩猩》（*Gorillas in the Mist*）展现了戴安·福西（Dian Fossey）在非洲中部对大猩猩进行的研究工作。该片告诉观众，要想不被趾高气扬的银背大猩猩伤害，就要缩在地上，头挨地，最重要的是避免瞪视它。亚述的援兵对国王的使节施的是相同的礼节，阿卡德人表达敬畏的方式则是用鼻子触地。① 在亚述人和巴比伦人之后，波斯国王也坚持让来访者额头触地，行跪拜礼。② 后来，苏丹也效仿这种礼节。欧洲的君主虽更加文明，但仍要求人们屈膝表示尊敬。最小限度的服从行为是俯首脱帽，这种礼节今天仍被广泛采用，并被看作是礼貌的姿势。

更加正式的、给人留下更深印象的服从行为，是战争中的投降仪式。战败者，甚至他们的特使，会衣衫褴褛或赤裸上身、披头散发；他们会哭着跪倒在战胜者的脚下。古代的历史人物包括凯撒大帝也迷恋这种情形。③ 87荷马描写了这种特殊的祈祷习俗，甚至有战士在战场上请求饶命。"祈祷"（*hiktets*）这个词指"伸出手臂的人"，成功的恳求需要靠近对手，直到摸到对手。据亚述巴尼拔（Assurbanipal）叙述，即使敌方的首领，也曾"在战争的混乱中，为了活命，抓住我的手"。奥德修斯曾"取下头盔，放下盾牌，扔掉矛……亲吻敌军国王的膝盖"④。《伊利亚特》（*Iliad*）细致描写了

---

①黑色方尖碑，见 Strommenger 1962 fig. 208；J. Reade，*Assyrian Sculpture*（London，1983），fig. 94（来自于亚述巴尼拔的宫殿）。关于 *labanu appa*，见 *AHw* 522。

②希腊单词"proskynesis"词意较模糊，也有"投吻"的意思；见 J. Horst，*Proskynein*，Gütersloh 1932；A. Delatte，"Le Baiser，l'agenouillement et le prosternement de l'adoration（*proskynesis*）chez les Grecs，" Acad. roy. de Belgique，*Bull. De la Classe des Letters* 5，37（1951）423-450；*ThWbNT* VI 759-761；E. Bickerman，"À propos d'un passage de Chares de Mytilène，" *Parola del Passato* 18（1963）241-255。

③Caes. *b. g.* 1，27，2（Helvetii：*se ad pedes proicere，suppliciter，flentes*）；Liv. 7，31，5（Campanians：*manus ad consules tendentes，pleni lacrimarum procubuerunt*）；44，31. 13（Illyrians：*lacrimae，genibus…accidens*）。

④Streck 1916，II 74 f；Hom. *Od.* 14，273-279；在这两种情况中，此决定都是在一位神的启示下做出的。亚述巴尼拔给其囚犯戴上镣铐，然而，奥德修斯则在埃及开始了成功的事业。

这样的场景：当阿喀琉斯（Achilles）的矛扔了出去，落在他背后的地上时，年轻的吕卡翁（Lycaon）跑过去摸着他的膝盖。摸膝盖传递给强者的信息是：放松并坐下，而不是准备战斗。① 普里阿摩斯（Priamos）恳求归还儿子赫克托耳（Hector）的尸体时，采取的是另外的姿势，"他把手伸到阿喀琉斯的嘴边"发出恳求，还亲吻了阿喀琉斯的手。② 欧洲一些地方还保留着吻手致意的习俗，尤其在维也纳的皇族和天主教信众间，吻手礼融合了俯身和触摸。更多的现代民主行为方式使这些古老的服从形式从我们的生活经验中消失了，但仍有一些家庭保留着服从礼俗，妻子和孩子会跪在威权父亲前。但是，在极端情况下，古老的服从形式依然被保留并重现。《时代周刊》刊登的印度和巴基斯坦战争时期的照片，展现了像古代文献或作品描述的摸胜利者膝盖的姿势。③

毫无疑问，所有这些服从仪式也出现在宗教环境中。表示尊敬的最普遍动作是俯身鞠躬。"俯身"这个词在阿卡德语和希伯来语中一样表示对诸神的尊敬。④ 亚伯拉罕（Abraham）在耶和华面前"俯伏在地"。⑤ 向安拉祈祷时，穆斯林会额头触地。在希腊语词汇中，宗教性和日常性的词汇是一样的，比如"摸膝盖""亲吻""伸出双臂"等。下跪祈祷在希腊是否普及，对此尚有争议；至少在特定情况下，是要下跪祈祷的。⑥ 一些崇拜者在

①参见本书第 100 页注释④。

②这儿似乎将两种不同形式的行为融合在了一起，使得阐释变得比较困难；见 W. Pötscher，"Die Hikesie des letzten Ilias-Gesanges（Hom., *Il.* 24，477 ff.），" *Würzburger Jahrbücher* 18（1992）5-16。

③Burkert 1979，46 f；埃及图像中出现了同样的姿势：E. Swan Hall, *The Pharaoh Smites His Enemies*, Berlin 1986，fig. 9，参见图像 8（the "Narmer Palette"）；在此感谢 Thomas Kappeler 提供这些参考文献。

④*ThWbNT* VI759-767 s. v. *proskyneo*，参见本书第 101 页注释②；Hebrew *hištahawa*, *HAL* 284，描述祈祷的一个术语，也用于描述在强权者面前的行为；Akkadian *šukenu* before king and god, *AHw* 1263；*laban appi* 见本书第 101 页注释①；参见 Schrank 1908，58 f。

⑤Gen. 17，2；17.

⑥F. T. van Straten，"Did the Greeks Kneel before Their Gods?" *BABesch* 49（1974）159-189；M. I. Davies，"Ajax at the Bourne of Life," in *Eidolopoiia. Actes du Colloque sur les problèmes de l'image dans le monde méditerranéen classique*（Rome，1985），83-117，esp. 90-96。

极度痛苦中会拜倒在偶像或祭台前。① 拉丁语中的 *supplex* 和 *supplicatio* 的意思，毫无疑问就是下跪，甚至亚述国王也会下跪祈祷。② 基督徒更加重视跪拜上帝——尤西比厄斯把下跪称为"我们常见的崇拜方式"——至少在新教徒反对天主教的仪式前的确是这样。③ 顺从动作的普遍存在，并不能排除足以区分不同团体和宗教教派的其他行为模式的养成。④

表达卑微的更进一步的方式是与神或诸神直接交流。在面对危机时，古代人会向神祈求怜悯，这时候披头散发、伸出双手、尽情流泪都是合适的。在希伯来诗篇和后来的基督教祈祷和赎罪中，经常提到流泪；在苏美尔和阿卡德人的祈祷中，眼泪已经成了标志。⑤ 伸出双臂，手心向上，在东方和希伯来，以及希腊和罗马，都是崇拜中常见的祈祷姿势。⑥ 但是，基督教的习俗与这种公开的祈祷相反，要求祈祷双手合拢进行。⑦ 值得注意的是，鞠躬就避免了盯视。在《新约》的典型情境中，众信徒"不能抬头望天"，他们一边"捶打胸部"，一边说："垂怜我这个罪人吧"。⑧ 在基督教的仪式中，忏悔成为礼拜仪式，这遵循了更加古老的原则。当伊南娜从阴间带着随从回到人间，所有那些拜倒在女神脚下或谦恭地坐在地上的人得到了宽恕；相反，仍然"正襟危坐"的牧羊神杜穆兹被消灭了⑨。在神面前

---

①参见 Aesch. *Sept.* 95；Soph. *Trach.* 904；*OC* 1157。

②关于亚述巴尼拔，见 Streck 1916，346 f；参见 *AHw* 43 s. v. *kamasu*；Schrank 1908，59-65。

③Euseb. *Hist. eccl.* 5，5，1。

④基督徒在教堂会脱帽（戴上帽子使人显得更高），而犹太教徒在祷告时会戴上帽子。

⑤在 *Gilgamesh und Huwawa* 中，太阳神接受了吉尔伽美什的眼泪，将其看作"吸引人的礼物"，见 D. O. Edzard *Zeitschrift für Assyriologie* 80（1990）184，line 34；关于亚述巴尼拔，见 Streck 1916，40 f；116 f；约塞亚受到神的保佑是因为他在神面前哭泣，II Kings 22，19。在希腊宗教中极少有演示性的哭泣，但是在七十子希腊本《圣经》中，至少出现了两次"他哭泣"，而在希伯来语《圣经》中则是"他祈求"（上帝的保佑），Jud. 15，18；16，28。

⑥在苏美尔语中，这是"举起手来"，在阿卡德语中，是 *šu ila = našu qat*，*AHw* 762；在希伯来语中，是 ns'jd，*Psalm* 28，2；在荷马时代的希腊则是 *cheiras anaschon*；拉丁语是 *manus tendens*。参见 [Aristt.] *De mundo* 400a 15-18，见本书第 98 页注释②。

⑦在此背景下，罗马这种奇怪地戴上手套列队行往斐德斯女神神殿的宗教仪式也变得可以理解了（Wissowa，1912，133 f.）。

⑧Luke 18，13.

⑨Bottéro-Kramer 1989，276-295；参见第 64 页注释②，第 72 页注释①。

保持谦恭，这是远在基督教之前人们就得到的教益。[1]

　　宗教专业的学生试图清晰地区分尊敬和服从。但是，他们这样做，也许是要把彼此密不可分的两种东西强行分开。大多数的古代宗教都表现了对神的畏惧。在阿卡德语中，害怕或恐惧是面对神时的基本情感；用所罗门的格言来说就是"智慧始于畏惧神灵"；对埃斯库罗斯而言，害怕宙斯是"最高级的害怕"。[2]

　　表达卑微有各种极端的方式。有些仪式会预言可怕的结果，然后用清醒可控的行为加以防范：被邪灵追索的人会杀死祭品代替自己受过。[3] 同样，在服从仪式中，参加者会主动地自我贬损。因此，由于害怕恶魔之眼、神的嫉妒和随之而来的灾难，希腊人会在衣服上吐唾沫，这表示向阿德拉斯泰娅（Adrasteia）女神致敬，这位女神的名字，字面意思就是"不可逃避的"。[4] 悔罪者这样做，是希望借衣服上的污点逃避"无法躲避"的事。这种逃避行为包括：撕破自己的衣服、弄脏自己甚至在污泥中打滚。"叙利亚人如果无节制地吃鱼，就会脚肿胃胀。他们会身穿麻衣，坐在街上肮脏处，用自我贬损来平息女神的愤怒。"[5] 巴比伦监狱的诗歌吟咏道："您的仆人躺在泥窟里。"[6] 更加暴烈的自我贬低是自残，这出现在古代的各种崇拜仪式中，并且在其他社会中也能找到。[7] 在克里特岛上卡托·西米（Kato Symi）的一处圣所，最近找到了鞭打自残的证据。[8] 鞭打游街是欧洲中世纪后期在瘟疫猖獗时求上帝垂怜的一个特别仪式。这些忏悔仪式在有些地方一直保

---

①亦参见 Plato *Leg.* 715 *e* = *OF* 23；A. Dihle *RAC* III（1957）735-778 s. v. Demut。

②Psalm 111, 10；Aech. *Hik.* 479. 参见第 33 页注释④，第 33 页注释⑤—⑦至第 34 页注释①—③。

③见本书第 62 页注释①。

④Menander *Sam.* 503, Theocr. 6, 39 with Gow *ad loc.*；Lucian *Apol.* 6.

⑤Menander Fr. 754 = Porph. *abst.* 4, 15；hence Plut. *superstit.* 168c. 关于内疚和忏悔的背景情况，见本书第 138 页注释⑤。

⑥H. Zimmern, *Babylonische Hymnen und Gebete in Auswahl*（Leipzig, 1905）27 nr. 8.

⑦譬如，巴力崇拜中的牧师，I Kings 18, 28；乌鲁克地区对伊什塔尔的崇拜，*Erra* IV 57 f., Dalley 1989, 305；对米特和贝隆那的崇拜，见本书第 105 页注释①。

⑧A. Lebessi, *BCH* 115（1991）99-123；我怀疑是否可将此理解为创世背景中的一部分。

持到现在。人类适应并滥用忏悔仪式的能力是惊人的：女祭司（*galli*）和男性祭司，苏美尔、叙利亚的被阉割牧师（Mater magna）和安纳托利亚女神，祭司通过公开自残和鞭打自己得到旁观者献上的礼物。他们宣称，在进行超凡的祭献时得到神的馈赠。① 在这样的情况下，表现卑微是获得神拣选的一种手段。

自甘卑微也可能采取另一种形式，即性服从，这是指男性认同女性角色。这可用来解释前面提到的男性祭司，被阉割的男性自我祭献给神，作为他的同性恋伴侣。② 祭司们有时被要求禁欲或装扮成异性：赫拉克勒斯的祭司装扮成女性。依据神话传说，赫拉克勒斯曾穿着女性的衣服逃跑躲藏，这是对他性别的彻底改变。③ 依洛西斯（Eleusinian）的祭司必须通过喝毒芹实施药物阉割。④ 早期苏美尔的仪式祭司有时以裸体出现——裸体祭司的雕像现在还有遗存——这与犹太教和基督教的传统相反，后者不允许祭司表现裸体或与性有关的任何暗示。⑤ 我们必须承认，在所有社会中，关于性的地位存在非常多矛盾的观念，与各种各样的拒绝、隐秘和压抑相伴随的，是勇敢的性别改变。⑥ 对于女性祭献的态度，既有崇拜也有蔑视，但一般的宗教宣称它是神圣的。反过来讲，宗教仪式可能会通过给男性的神奉献一个妾，甚至是一位合法的、永久的妻子，寻求与其维持友好的关系。最近发现的文献中对女性祭献有详细的记载，埃及的忒拜祭献阿门神，青铜时代叙利亚也有这种祭献。⑦ 这种祭献用与神亲熟来代替在神面前的卑微。

---

①关于 *galloi*，见 Burkert 1987，36 with n. 31；*relief of an archigallus with his scourge*，Cumont 1931 pl, I 3；关于贝隆那，见 R. Turcan，*Les cultes orientaux dans le monde romain*（Paris，1989）48 f。

②Parody in Luk. *Asin*. 37 f. / Apul. *Met*. 8, 27-29。

③Plut. *qu. Gr*. 304c。

④Burkert 1983, 284 n. 46。

⑤J. Boese，*Mesopotamische Weihplatten*（Berlin，1971），290 f. pl. XXXI, 1, cf. *ANEP* 597；M. Müller，*Frühgeschichtlicher Fürst aus Iraq*（Zürich，1976）。

⑥在猴子社群中，撅屁股以示屈服，相反，在人类社会中，该动作成了对弱者轻蔑的表达，参见 Fehling 1974, 27-38；*HDA* IV 63 f；H. P. Duerr，*Obszönität und Gewalt*（Frankfurt，1993），148-152。

⑦D. Arnaud，*Emar*《艾莫尔》。*Recherches au Pays d'Aštata* VI 4；*Textes sumériens et accadiens*（Paris，1987）326-337，nr. 369。

赞颂的策略

换个方向，另一种显示卑微的方式是颂神。最常见的颂神方式表现在图像中，图像反过来又反映了仪式。代表统治者的符号和代表神的符号再一次表现出惊人的相似性。神的雕像在游行中会被高高抬起，而在波斯波利斯（Persepolis），国王的宝座也会被人们高高抬起。[1] 神像国王一样，有一个带有脚蹬的高高在上的宝座：以赛亚（Isaiah）看到"上帝坐在高高的、宏伟的宝座上"[2]。锡拉岛（Thera）的壁画描绘了位于基座顶部的神的座位。[3] 青铜时代的神住在山顶上，神最终被高高敬奉至天上。

在古希腊和近东，伟大的女神头戴一个称作 polos 的高高的头盔而显得与众不同。[4] 其他的神头戴王冠来增加身高，美索不达米亚的神头上有金字塔形状的角。美索不达米亚和中美洲神圣建筑的一个共同的显著特点是，神庙最终发展至高塔形式。崇拜就是要颂扬我们俯身崇敬的上层阶级，他们被抬得越高，我们的卑躬屈膝则越低。

颂神中还产生了新颖独特的语言游戏。这就取得了在仪式中不可能取得的效果，也就是说，颂神无须苦干，借助语言游戏，还能把对神的服从和颂扬结合起来。这种效果是仪式行为不可能取得的。这就是赞颂产生的根源。

赞颂的前语言阶段，我们称作欢呼，也就是指在搏斗中用呼号支持其

91

---

①K. Koch in P. Frei, and K. Koch, *Reichsidee und Reichsorganisation im Perserreich* （Freiburg, 1984），79-90，98-105. 与此结构相颠倒的另一种结构出现在玛雅文明中。玛雅国王不能触碰地面，须由他的臣民将他提起；但是在图像中出现的常是他将一个人提起放在他的肩膀上。

②Isaiah 6；cf. Ezekiel 1，26. 关于美索不达米亚国王的登基大典，见 *RlAss* VI 148；*AHW* 515 s. v. *kussu*。

③见 Marinatos 1993，206。

④V. K. Müller, *Der Polos. Die griechische Götterkrone* （Berlin,1915）；Hepat at Yazilikaya, E. Akurgal, *Die Kunst der Hethier* （Munich,1961）pl. 76/77；赫梯的石刻，在西皮罗斯山下，受到风雨的严重剥蚀，即所谓的"尼俄柏"，ib. Pl. XXIII。

中一方，鼓励获胜者。希腊人崇拜阿波罗时的哭泣仪式，也是前语言形式①；虽然几乎没有基督徒理解哈利路亚和和撒那（hosanna）的意思，但这样的语音还是具有强烈的音乐性。② 富有音乐性的赞颂在许多文明中是常见的。崇高的诗作在赞颂统治者和神的时候，最初肯定遇到了挑战。诗人的工作在某种意义上是双重的巧技。诗人作为表演者，明确承认神或王与人之间的等级差别，身处凡俗而仰望高远壮丽的上界，借助其语言的力量，诗人不仅在想象中飞升至最高界，而且成功反转了注意力方向：（不是人赞美神，而是）神注意到了下界的歌咏和赞颂。赞颂被认为是在至高者面前发出声音的基本形式，如果形式足够精巧，就会发展成音乐。赞颂之声飘至高处，如同香味袅袅。因此，借助于赞颂，高低层级之间的紧张既得到了缓解，又被激化了，个体作为地处低位者，在一个被强化的系统内确定了自己的位置。赞颂很少是教导性的，而更多的是一些赞美词的重复—— 92
我们赞美你，我们祝福你，我们热爱你，我们荣耀你……为你伟大的荣耀——但在人群的声音回响中，人的心的确飞举至高处。在至高荣耀的向上维度中，荣耀意味着颂扬。③ 颂扬的语言甚至可能是反逻辑的："宙斯是宇宙——是比这一切都要高的。"④

这里还不能对赞美诗的类型进行详细分类，可以确定的是，在近东和地中海文明圈，赞美诗自古至今非常普遍。⑤ 对统治者和神的同样的比喻，尤其是那些古老的形式，出现在苏美尔和埃及的文献中。赞颂高高在上者，可见的对象就是太阳，太阳高悬在大地之上；因此，在不同的语言中，赞

---

①Callim. *Hy. APoll.* 102 f.

②Mark 11，9 f. 并列遵循了 Psalm. 118，25。

③Luke 2，14；和撒那响彻云霄 Math. 21，9；*ThWbNT* VIII 604 f.。

④Aeschylus Fr. 70 *TrG* f；见本书第 98 页注释②。

⑤See *SAHG* 1953；J. Assmann，*Aegyptische Hymnen und Gebete*（Zürich，1975）；Lebrun 1980；M. Lattke，*Hymnus. Materialien zu einer Geschichte der antiken Hymologie*（Fribourg，1991）；*L'inno tra rituale e letteratura nel mondo antico.* Atti di un colloquio Napoli（Rome，1991）（A. I. O. N. 13）；W. Burkert and F. Stolz，eds.，*Hymnen der Alten Welt im Kulturvergleich*（Freiburg，1994）.

颂神或王，太阳是最好的比喻。① 但是，颂扬中仍交织着恐惧之情。在上者既能剥夺生命，也能赐予生命。无尽的赞美会打动他去仁慈地行使权力，消除他的敌意。一首希腊的赞美诗写道：希望他有"善意的幽默"。

赞颂国王的表演者常会有直接的报酬，圣所也要以赞美环绕，赞美者在此可领取报酬。克拉罗斯的阿波罗发出神谕，定期要求歌手们到他的神殿表演。② 神通过这种方式，组织起自己的节日。赞颂使等级和权力得以巩固：国王宣称能提供安全保障和美好的生活，而神则维持着这个世界。宗教通过赞颂最高的原点，使已经被接受的秩序得到巩固。

音乐常与赞颂相伴。歌曲这种音乐形式，融汇不寻常的声音，具有音调清晰、余音缭绕的特点，使听者如痴如醉。人类共享的精神世界或许在音乐中找到了其最有力的表达，而曲调的重复进一步强化了其公共性。因此，赞美歌在表达情感、吸引注意力方面是许多宗教形式最有力的方式之一。

93　　　　神的世界也认可等级制度："天上的神向你俯首，地上的神向你俯首，无论你说什么，众神都会拜倒在你面前。"这是对赫梯神最高的赞美。③ 甚至当诸天讲述着永恒上帝的荣耀时，对唯一神耶和华的赞美也不乏相同的效果。④ 赞美的等级性一再复现，高位的神越来越欣然接受低位信徒的崇拜，使他们通过唱赞美的颂歌对自己的地位有安全感。

双层结构的权力

把服从作为宗教的主要特点，的确是片面的。另一方面，在基督教传统中显然一直存在着借助宗教之力或以宗教之名攫取权力、滥施强权的现

①譬如，赫梯对伊什塔鲁的赞美诗，Lebrun 1980，93-111；美索不达米亚对沙玛什（Shamash）的赞美诗，*SAHG* 240-247；Psalm. 19，6 f；阿肯那顿的大赞美诗，Assmann（n. 88）215-221。

②见 S. Sahin，*Epigraphica anatolica* 9（1987）61-72；*SEG* 37，957-980；参见 *SEG* 33，1056。

③Hymn to Ishtanu，Lebrun 1980，102，lines 32-38. 参见 Luke 7，8；Matth. 8，9；古罗马百人队队长认为，耶稣裁决魔鬼的方式与其所在军队中的统治方式极其相似，"我服从于我的上级"，就像"我的士兵服从于我一样"。

④Psalm 19.

象，虽然教会对此予以否认和谴责，但问题始终显得无比突兀。

古代世界中公开宣称政教合一。亚述国王萨尔贡二世自夸其如何通过"教导他们畏惧神和国王"，把首都讲各种语言的人联合起来，并将亚述的管理者置于他们之上。① 结果是，古代受启蒙的怀疑者们认为，宗教是为了掌权者、统治者和国家的利益而产生的。古代希腊历史学家波里比阿斯（Polybius）发现，宗教——或者说迷信（*deisidaimonia*）——与罗马共和国融为一体；他说，宗教仪式已精细化为一种主宰私人和公众生活的戏剧形式。② 他认为：宗教仪式是"为民众举行的……其中充满不合法的欲望，非理性的愤怒和暴怒"，必须用"不可见的惧怕"来维持。亚里士多德也说过同样的话。③ 这种理论至少可追溯到公元前 5 世纪的智者学派。现实中同样有许多事实显然支持这种观点。

在地中海城邦兴起之前很久，东方的专制君主已习惯于向他们各自尊奉的神祈求特别的保护。法老是神的儿子，是神赐予他胜利，事实上，神作为神话故事中的胜利者，人们相信其本身掌握着权力。神话故事讲述了 ⁹⁴ 神如何狂暴地征服了他的敌手——一条龙、美索不达米亚原始之水的化身提亚玛特（Tiamat the Sea）或是埃及旱灾的化身提丰（Typhon）——并建立了宇宙秩序。任何时候，只要统治者在用武力和残忍手段进行征服，他就是在重复神做过的事。④

世俗权力是由神直接传下来的，虽然是象征性的。著名的汉谟拉比（Hammurapi）石碑上的浮雕展现了太阳神沙玛什（Shamash）把皇室的徽章

---

①柱体碑文§74，Luckenbill 1927，II 66；对神的畏惧，见本书第 33 页注释④，第 33 页注释⑤—⑦至第 34 页注释①—③。

②Polyb. 6，56，6-12. Cf. Burkert 1985，247.

③Arist. *Met.* 1074b3：该卜辞涵盖了自然中的一切，"为劝服大众，有益于法律和部分人的兴趣，余下部分以神话的形式给予补出"。

④一个典型的例子是 Ptolemy V，*OGI* 90，26 f 中罗塞塔石碑上的铭文：国王"征下都城后，残杀了所有非神居民，包括赫耳墨斯和何露斯——伊希斯和俄塞里斯的儿子，镇压了该城以前的反叛者"；参见 E. Hornung，*Geschichte als Fest*（Darmstadt，1966）。

交给汉谟拉比，《汉谟拉比法典》的引言中宣称，当至高无上的神安奴（Anu）和恩利尔（Enlil）确立马杜克和巴比伦城的最高地位时，他们也"任命我提高人民的福利，我，汉谟拉比，神的虔诚的信徒，畏惧神的国王，使正义遍布大地，摧毁邪恶……照亮大地"（I:1－41）。^① 国王照亮大地的正义理想固然没错，但要使理想付诸实践，却必须用权力"摧毁邪恶和罪恶"。由谁来决定该摧毁谁呢？与汉谟拉比一样，在保存于贝西斯敦的伟大宣言中，波斯国王大流士（Darius）宣称："根据阿胡拉马兹达（Ahuramazda）的旨意，我是国王，阿胡拉马兹达把王位赐给我。"^② 大流士也毫不犹豫地摧毁错误、邪恶和罪恶之源：毒药。现代学者甚至怀疑他施了诡计，杀死合法国王司美迪斯，把他称为骗子。他的神与他是同在的。在萨珊的浮雕中，保留并表现了阿胡拉马兹达授予国王权力的传统。^③

希腊没有"伟大的国王、众王之王、众国之王"。但是，即使是以较温和的方式，"手握权杖"的国王也会宣称他从宙斯那里获得权威王权，他的荣誉正如荷马所传唱。国王仅是贵族中的第一位。^④ 雅典僭主皮西斯特拉图（Pisistratus）最接近东方的统治模式，他宣称女神雅典娜亲自指定他来统治雅典。希罗多德描述的化装政变（装扮成雅典娜的女孩引领皮西斯特拉图返回雅典）是否为历史事实仍有争议。但是，一些关于雅典娜对僭主皮西斯特拉图给予特殊保护的宣传一定有其渊源，虽然民主理性的市民发现其中的关系并不可信。^⑤ 亚历山大大帝（Alexander the Great）与此不同，在证

---

①*ANET* 164 f；*ANEP* 246.

②Weissbach 1911，10 f.§5；cf. G. Ahn，*Religiöse Herrscherlegitimation im achämenidischen Iran*，Leiden 1992. On the Bardiya problem see Frye 1984，96-102；J. M. Balcer，*Herodotus and Bisitun*（Wiesbaden，1987）.

③R. Ghirshman，*Iran*，*Parther und Sassaniden*，（Munich，1962），132 fig. 168；cf. 131 fig. 167；167-8 fig. 211；176 fig. 218；Frye 1984. 371-373.

④Hom. *Il.* 1，279.

⑤Hdt. 1，60；F. Kiechle 等人对此研究较深，著有"Götterdarstellung durch Menschen in der altmediterranen Religion，"*Historia* 19（1970）259-271；参见 W. Connor"Tribes，Festivals and Processions；Civic Ceremonial and Political Manipulation in Archaic Greece，"*JHS* 107（1987）40-50；评论见 J. Beloch，*Griechische Geschichte* I 2²（Strassburg，1913）288。

明其权威性方面他运用了埃及模式。他宣布宙斯神［或者宙斯·阿蒙（Am-mon）神］是他的生父，因此他的继承者有义务服从他的领导。[①] 罗马世界改信基督教后，基督教的上帝被宣布为胜利和权力的来源，所以统治者是由"上帝的恩典"（*dei gratia*）确立的。在欧洲，每一位君王的称号都与上帝的恩典相关。[②] 在巴勒莫（Palermo）的马赛克上，表现了基督把西西里岛的王位赐给国王罗杰（King Roger）的传说，这个传说即使与肖像传统没有直接联系，也与汉谟拉比石碑传达的信息一样。[③] 圣·安布罗斯（St. Ambrose）在给瓦伦提尼安国王（Emperor Valentinian）的信中写道："在罗马统治下的所有人民为你、世界的君王和主教服兵役，你本人侍奉全能的天主，服务于神圣的信仰。"[④] 不论汉谟拉比还是大流士、萨珊王还是君士坦丁，都没有仅仅依靠祈祷建立王权，但他们的确是从宗教、从神的权威和力量中寻求王权合法性的。神支持他们行使世界权力；反过来，国君是"领袖"，他要"全身心投入祈祷"。[⑤]

服从和君权具有同样的内在等级结构。对不可见权力的依靠反映了真实的权力结构，但是，神权是君权的模本，并为其提供合法性。在这一结构中得到巩固的是双层的权力，上帝之于统治者，正如统治者之于其臣民一样。[⑥] 这为统治者提供了理论支持，统治者作为可能受侵犯的对象，不再独居金字塔顶端。事实上，在侵略和忧虑的持续辩证宣传中，当权力游戏玩不出新花样时，在人类精神世界稳定的权力结构中，神权与王权就会清

---

①Cf. Christian Habicht, *Gottmenschentum und griechische Städte*（Munich 1970, 2nd ed.）.

②See J. R. Fears, *Princeps a Diis Electus. The Divine Election of the Emperor as a Political Concept at Rome*（Rome, 1977）; idem, *RAC* XI（1981）1103-1159 s. v. Gottesgnadentum；关于对皇帝的膜拜仪式的文献，见 P. Herz in *ANRW* II 16, 2（1978）833-910。

③Palermo, Martorana Church.

④Ambros. *epist.* 17, 1; J. Wytzes, *Der letzte Kampf des Heidentums in Rom*（Leiden, 1977）. 214. Cf. Liban. *or.* 22, 41，宫廷中的一位高官"像皇帝服从诸神一样地服从皇帝"。

⑤对 Assurbanipal 的确切表达，见 Streck 1916, 300 f。

⑥x: a = a: b，见本书第 29 页注释④Cf. M. -J. Seux, *RIAss* VI 168："Le Roi d'Assyrie a donc, par rapport au dieu national, la position qu'avait un gouverneur par rapport à son roi." 在猴子社群中个体受到威胁后便会威胁更底层的猴子并不令人感到惊奇。

晰地分离开来，这就导致统治者一方面对神充满恐惧，另一方面则随时准备压制底层民众。但这种紧张会被虔诚的道德意识缓解。

苏美尔国王古德（Gudea）为"他的王"即神修建了一座神庙。这位世俗国王以此方式把不可见者定型为至高王的雕像。① 当耶和华通过先知许诺永保大卫王王位时，大卫王奉上他的谢礼，当即宣称是上帝的"仆人"——这不仅没有改变，而且更确认了这样的事实，即大卫和他的后代将永远凌驾于其他人之上并继续为王。② 《新约》中重复引用的一首希伯来的诗篇："耶和华对我主说：你坐在我的右边，等我把你的仇敌放在你的脚下。"③ 因为"我主"得到至高无上的主的恩赐，我主高唱赞歌发现自己处于受称颂的地位。

权力的双重结构也可能通过戏剧性的反转来表现。在巴比伦新年时，国王被领到马杜克的神庙。祭司拿走国王的权杖、王冠和宝剑，把它们放在"神的面前"；祭司会一路扇国王耳光直至来到神像前，还要揪住国王的耳朵使他俯伏在地。国王必须说："我没有罪。"然后祭司会安慰道："不要害怕……神将提升你的王权……他将摧毁你的敌人，打败你的对手。"国王重新拿回他的权杖，但还要再次被扇耳光。如果国王流下眼泪，说明神对国王是友好的，如果没有流下眼泪，说明神生气了，这样，"敌人必将兴盛，而国王必然垮台"。④ 国王俯伏在地、挨耳光、流泪的服从方式，为他赢得了至高无上者巴比伦神的喜爱；神的喜爱将会摧毁敌人，因为在这个充满纷争的世界，没有国王可以幸免，敌人或者建立起新政权推翻国王的政权，或者被摧毁。在《但以理书》中，巴比伦国王尼布甲尼撒（Nebukadnezar）由于神的话语被驱逐出巴比伦城，甚至被逐出人类社会。他不 得不像牛一样吃草，在露水中度过夜晚，直到他承认权力永恒的最高神。

---

① *ANET* 268.

② Ⅱ Samuel 7；David 所用的词是 *'äbäd* = *doulos*。

③ Psalm 110, cf. Matth. 22, 44.

④ 著名的文本是 Thureau-Dangin 1921, 127-148；*ANET* 334。

然后，神赐予尼布甲尼撒比以前更强大的王权。对最高权威神的反抗和服从能够巩固统治者的世俗权力。①

我们必须降低身份去赢得神的擢升。在古代世界的另外一隅即奥古斯丁时代的罗马，贺拉斯（Horace）曾说："因为你从属于神，所以你统治着帝国。"② 神统治罗马，神的力量征服世界，神的权力掠夺和摧毁敌人。贺拉斯，这位奥古斯丁时代的诗人说，奥古斯丁不是通过自以为是的傲慢，而是通过对神的崇拜而实现罗马帝国的统治的。看一看他们每次胜利归来时供奉的神庙就能明白了——这些神庙正是在奥古斯丁恢复重建的。波里比阿斯注意到罗马宗教的伟大戏剧性特点。每位地方治安官既有统治权又有对占卜的知情权，即管理权和了解神的意愿的特权，没有征求神的赞成，官员们什么事都不能做。强大者服从更加强大者，这样可以怀着善意和必胜心态合法地行使权力。

在王权阴影之外，两层权力结构似乎并非难以忍受。公民平等的思想基于这样的假设，即权力应该对等地生效，由被统治者实行统治。③ 宗教的两层权力结构还表现在普通的家庭结构中。由于父母崇拜神，他们会教育孩子："首先要尊敬神，其次尊敬父母。"④ 在基督教的僧侣秩序中，对僧侣和上帝的服从是最主要的义务。《希伯来书》中说："服从他们，因为他们致力于救赎你的灵魂，因为他们负有责任。"⑤ 几乎在所有的宗教顺从中都可以看到，屈身敬神的人会使其他人以他为榜样，这样，就可确保自己的领导地位。

语言之力：信使

语言交流的基本功能之一是发出指令。⑥ 人类权力的本质是发出命令并 98

---

① Dan. 4.

② Hor. *carm.* 3，6，5.

③ Solon in Diog. Laert. 1，60；Arist. *Pol.* 1277b14. From a: b = b: a，there follows a = b.

④ Ps. -Phokylides *Sent.* 8. Cf. in the *Avesta*，*Gatha* 9，7 = *Yasna* 44，7：儿子对于父亲的顺从紧随人类对宇宙法则的遵从，亦见本书第 32 页注释④⑤。

⑤ Hebr. 13，17.

⑥ 见本书第 74 页注释②。

使其得到遵守。在权力等级的系统中，由于命令可以在相互依赖的链条中传递，发出指令的机会便会增加：A 告诉 B，C 该做什么，B 急忙告诉 C。灵长类动物知道，在他们的等级系统中，如果靠近高等级的个体，就会具有优势，因为高等级个体的影响力会扩展到系统维护者那里；在这样的等级系统中，可以把同伴作为"社交工具"。[1] 但只有借助于语言，一个充分发展、广阔延展的命令系统才能建立起来。至上者的意志借助语言便成为可传达的。这种情况反过来催生了信使这个角色，信使告诉其他人该做什么，所传达的不是自己的命令。他执行更强者的权力而无须冒险负全责。

随着权力链条的扩展、分化，依赖体系便形成了，这就使得个体无论在肉体上还是智力上都不能通达权力之源。想想卡夫卡的小说《变形记》（*The Process*）和《城堡》（*The Castle*）。甚至在不太复杂的系统中，一些看不见的上层成员无须现身就可获得权威并发号施令。权力来源不明会给发令者带来明显的优势，使其免受攻击；仅仅攻击信使不会有多大的收获。托名亚里士多德的著作《论世界》（*On the World*）描述了波斯国王如何在皇宫里的所有人面前隐身，大小门户和窗帘把他掩藏起来，但他依然可通过密探、执政官和战队与他的王国实现交流；作者说，这种统治方式只是用来想象神即宇宙中不可见国王的一种不完美方式。[2]

在两层权力的系统中，国王的言行能以神圣法令的形式出现。公元前1700 年，巴比伦国王萨姆苏伊鲁纳（Sam suiluna）的一份文档显示，最高的神恩利尔，对他的儿子扎巴巴和女儿伊什塔尔传达信息，他们"欢欣鼓舞地把信息传达给国王：众神之父恩利尔使你的命运伟大；我们将会和你在一起；我们正杀死你的敌人……但是你要把基什的墙建得比以前更高。"国王遵从了旨意，发动战争后赢得了胜利，然后在基什修建了扎巴巴和伊

---

① Sommer 1992，83-88.

② ［Arist.］ *De mundo* 398a.

什塔尔神庙。① 我们只是不知道国王是怎样接受神的命令的，是通过梦还是神谕；稍晚，神从圣所把信息传给亚述国王，有感召力的先知和祭司是神与国王之间的媒介。② 许诺和命令的链条是清晰的，信息始于最高的神，低等神担当使者将其传达给统治者，国王依令行事。而真实情况是，毁掉城市并给巴比伦带来战利品的战争，的确是服从命令的结果。

我们不能详述天使在犹太教和基督教中的信使角色。③ 重要的是要看到，宗教的创立者们一再地选择以神的特使身份现身。耶稣依靠"我的父派我来"④，施洗者约翰已经提到"他派我给人们施洗"⑤。耶稣派遣他的门徒作为第二等级的特使："如同我父派遣我一样，我派遣你们。"⑥ 摩尼教的创始人摩尼（Mani）在给波斯的沙普尔（Shapur）国王的信中写道：

> 神的特使不断带来智慧和劳作，世代永续。他们降临的时代
> 与佛陀本人作为信使派往印度的时代完全同时；在另一时代，查
> 拉图斯特拉作为神的特使被派往波斯的国土；又在另外的时代，
> 耶稣被派往西方；然后这种信使……出现在我们时代，最后，我，
> 摩尼，真神的特使，被派到巴比伦国土。⑦

在《古兰经》中，伊斯兰教的传播，是安拉直接指派信使穆罕默德作为他的代言人完成的。虽然神启变成文字记录，但使者的角色保留了下来。伊 <u>100</u>
斯兰教的基本信条是宣称穆罕默德为"安拉的使者"。⑧

---

①Cf. Burkert in F. Stolz, ed. , *Religion zu Krieg und Frieden*（Zürich, 1986）, 67 ff.

②有关阿巴拉地区伊什塔尔神庙的铭文，见 *ANET* 449 f。

③*RE* Suppl. III 101-114 s. v. Angelos; *ThWbNT* I 72-86; J. Michl *RAC* V（1962）53-258 s. v. "Engel."

④John 5, 23; 6, 44; 12, 44; 14, 24 etc.

⑤John 1, 33

⑥John 20, 21; cf. 17, 18.

⑦A. Boehlig, *Die Gnosis* III（Zürich, 1980）155 cf. 83; A. Adam, *Texte zum Manichäismus*（Berlin, 2nd ed. 1969）nr. 3a.

⑧*Quran*, Sura 33, 40 etc.

在希腊世界，这种权力系统虽然不太详细，但通过特使传达的神的指令依然无处不在。在赫西俄德（Hesiod）笔下，宙斯拥有三万个看不见的护卫，他们在世界漫游，控制人的行为。[1] 后来的《变形记》（*Daimones*）据信也起到神的使者的作用。[2] 一般的宗教习俗包括神谕、梦、幻影和声音等，这些都是不同形式的命令。另外，以神的名义发号施令的解释者，会运用特殊的知识和技巧，在出神状态中或以迷狂形式，对这些信息做出解释。他们宣告神的意愿，在这种明显非理性的氛围中，语言的基本功能再清楚不过了。预言家会郑重宣布"阿波罗如是说"。他从阿波罗那里得到权威，而阿波罗又是宙斯的代言人。[3] 无数祈愿奉献的碑文和诗篇宣称，人们给神的祭品，是在"神的要求"下奉献的。在希伯来文《圣经》中，先知一词是 nabi'，意思是"那个说出话的（人）"。"耶和华对亚米太的儿子约拿说：到尼尼微去……去那里布道吧"[4]，约拿告诉尼尼微的人民该做什么——出乎意料的是——他们听从他的指导。拿单（Nathan）对大卫说："耶和华如此说。"[5] 在命令的链条中不变的是，先知－特使是传达神的信息的媒介。阿里斯托芬在喜剧中戏仿这种命令链条，他让预言家说出贝克斯说的话，而贝克斯说的又是仙女所说的——每增加一个链环，命令链条就越发显得成问题。[6] 在公元前102年的罗马，培希努的众神之母伟大女神贝特克斯（Battakes）的一个祭司登台宣布，他"是遵女神之令来这里的"，借着女神的权威，他命令罗马当权者举行公众净化典礼。一个不为神圣权威所动的下级官员受命把祭司赶下了论坛——三天后这个官员死了。[7]

---

①Hes. *Erga* 253-255.

②关键文本是 Plato，*Symp.* 202d-203a；对于人类通过精灵与神沟通，柏拉图的原话是"遭遇并说话"，*homilia kai dialektos*。

③Aesch *Eum.* 19 "洛克西阿斯（Loxias）是父神宙斯的先知"。

④Jonah 1，1.

⑤Ⅱ Sam. 12.

⑥Aristoph *Pax* 1070 f.

⑦Diod. 36，13；Plut. *Marius* 17，8-11；参见本书第129页注释④。

预言家总抱怨人本性狡猾且不愿乖乖服从。仪式可能被模仿，甚至服从仪式也不例外，只要能让其他人感到并接受最高权力的存在就行。① 但是，个人的需要和欲望常会使人漠视那看不见的主宰者的威胁和要求。如何使这种彼世的信息和命令变得不可抗拒呢，这个问题把我们重新带回到基本的问题上来，即如何证实不可见的存在。② 使看不见的权威得以表达的等级体系、各种神圣预言、宣称通过出神来与神交流的直接经历，乃至于萨满、秘教等这些主张和努力，可能会成功，也可能不会。③ 这些有感召力的人不是伪君子。他们中的一些人受不可抗拒力量的驱使，不顾一切地传达神的信息，为了使命，他们通常做好了死的准备。一位孟他努派（Montanist）的女先知宣布："上帝派我来……无论是否情愿，都必须……"④ 信使是命令链条中的纽带：*pherei pheronta*。用古希腊谚语来说，当负重者把重担压到别人身上时，他的身上仍有重负。⑤

---

①关于"角落里的猛兽"，亦见本书第 27 页注释①。

②见本书第 30 页注释①。

③见本书第七章内容。

④此语出自 Maximilla, Epiphan. *Panar.* 48，13，1；主教 Epiphanius 批评此语对人过于约束；但圣保罗的经历似乎印证了此语："如果不能传播此福音，简直是太不幸了！"（I Cor. 9，16）。

⑤Aesch. *Ag.* 1562.

第五章　罪和因

宗教的治疗与寻找罪源

　　希腊文学的开端是《伊利亚特》，而《伊利亚特》以瘟疫的故事开篇。祭司克律塞斯到亚该亚人的营地赎回他被俘的女儿克律塞伊丝。在被阿伽门农拒绝并羞辱之后，他求助于阿波罗，祈求他惩罚亚该亚人——作为祭司（areter）他有能力操纵 ara。ara 这个词包括祈祷、赐福和诅咒。阿波罗于是降下瘟疫，并因此挑起了阿喀琉斯和阿伽门农的争吵。我们不必追随《伊利亚特》里的精彩情节发展，阿喀琉斯的愤怒及其结果，我们要关注的不是荷马的叙事艺术，而是诗人推动情节发展的一系列事件。这是从日常生活中的疾病经历和预料、控制疾病这一模式开始的。

　　如果我们把无所不知的叙述者放到一边，想象事件是如何呈现在亚该亚人营地的普通人眼前，最主要最引人注目的事件就是这场瘟疫。人们逐渐死去，火葬用的柴堆正在燃烧——这是生活中常见的灾难的经历。人们觉得它更加恐怖是因为，对于瘟疫根本没有认可的药物治疗方式。但是人 必须要有所行动。阿喀琉斯首先认为（也期望他人同意）这场灾难是有起因的，原因就是主神阿波罗的愤怒。阿波罗是治愈之神，也是瘟疫之神，很明显他对亚该亚人非常不满。于是阿喀琉斯建议"询问先知、祭司甚至是释梦者……为什么福玻斯·阿波罗如此愤怒？"[1] 先知卡尔卡斯（Kalchas）告诉众人的即是诗人告诉读者的：神之所以如此愤怒是因为阿伽门农

---

　　[1]Il. 1, 62-64：mantin, hierea, oneiropolon；见 Parker 1983, 207-234，论这一过程参见 Delbos-Jorion 1981。

侮辱了他的祭司。因此必须要有双倍的祭祀。必须把克律塞伊丝归还给她父亲，同时必须在祭司克律塞斯的家乡和亚该亚人的营地中举行祭祀仪式，在克律塞城举行的应是百牲祭（Hecatomb）。在献祭前必须净化（apoly-mainaesthai），要唱一整天的专门在仪式上所唱的派安赞歌（the paian），同时要伴有舞蹈。这是在希腊诗歌中第一次遇到的包含预言、斋戒、牲祭、祈祷、舞蹈在内的宗教仪式。

我们现在讨论的是迄今为止超越了《荷马史诗》甚至希腊文明的可以被称为普世的事件。这个过程中有四个标志性的步骤：第一个步骤是具有威胁性的、引起恐慌的灾祸、灾难、剧变，这很快会引起人们发问：为什么？为什么是现在？为什么是我们？[①] 这就需要有第二个步骤：一个具有超人知识的专门的预言者、先知、祭司或者释梦者的干预。第三是诊断。灾祸的起源必须被解释和确定。通常是通过找到"罪"，确定是谁、什么时候（现在还是以前）犯了什么错。知道了原因就找到了赎罪的方法。因此，第四个步骤就是正确的赎罪行为。通过仪式上的或者实际的措施来逃脱灾祸得到救赎。这些措施包括宗教仪式，也不排除理性的做法。因此，亚该亚人需要做的是，归还祭司的女儿，同时也唱祭司派安赞歌。[②]

《圣经》中有个非常相似的非利士时期的故事。[③]《萨迦》或者编年史这种文学类型比英雄史诗更接近事实，当然并不是所有的细节都是历史事实。亚实突的非利士人打败了以色列人并把约柜作为战利品、祭品带回大衮神庙，因此"上帝之手在亚实突人头上变得沉重，他在他们周边散布灾难，以瘟疫使其受苦"。这又是一场瘟疫，无所不知的叙述者先告诉了我们起因。非利士人感到上帝之手就像阿喀琉斯觉察出阿波罗的愤怒一样。要

104

---

①Hdt. 9，93，4：在阿波罗尼亚（Apollonia）"他们向先知们问祷现世罪恶之源的神谕"；参见6，139，1：佩拉斯基人（Pelasgians）在德尔斐（Delphi）神谕处问询如何"驱逐现世的罪恶"。

②波斯人（Persians）宣称麻风病患者必定是犯下了有违太阳之意的罪行，因此"罪犯"必须被驱逐出城，任何人不得与之联系；宣布病患犯下所谓的"违太阳之意"的罪行，一定程度上控制了病情的传染，因此这一宣言看似无情却也颇有合理之处，Hdt. 1，138，1。

③Ⅰ Sam. 5.

做些什么？最初的、最简单的措施没有奏效。他们把约柜送到了第二个、第三个城镇，但瘟疫如影随形，整个城市的悲痛直达天际。所以非利士人召集了"祭司、先知、巫师"。这是七十士希腊本《圣经·旧约》中记载的，希伯来版本中只提到了"祭司"和"预言者"。[①] 非利士人问：我们应该拿约柜怎么办呢？回答是你必须把它归还给以色列。另外他们必须献祭给耶和华五个金痔疮和五只金鼠来纪念这次瘟疫。[②] 通常老鼠和瘟疫之间的联系非常有趣（那时候还没有老鼠）。而臀部与鼠疫有关，同时也是对非利士人的嘲弄。非利士人遵从了，瘟疫也随之结束了。这个故事和《伊利亚特》开篇的相似不言自明。这两个故事都叙述了相同的灾难，相似的寻找起因的过程，相似的关于起因的发现，相似的救赎方法，虽然在《圣经》中没有提到非利士人舞蹈或者宴会，事实上在荷马时期，希腊人和非利士人无论在时间上还是空间上都相去不远。非利士人是公元前 1200 年左右在爱琴海上漫游的"海上民族"中的一员。他们在巴勒斯坦南部定居，留给考古学家的是一件粗糙的迈锡尼陶器，一种假设认为非利士人就是希腊人。[③] 因为没有文字记载，我们也就无从得知了。

　　我无意于研究文化遗产或者文学上的借鉴。我们关注的是一种模式的普遍有效性。在青铜时代的安纳托利亚有更早的例子，是关于公元前 1340 年左右"穆尔西里的瘟疫祈祷"的文字记载，穆尔西里是赫梯国王。[④] 瘟疫在赫梯这片土地上横行。流传下来的文本提到了我们所说的自然原因：因和外邦人交往而被传染（俘虏把瘟疫带进赫梯）。但是这样的认识没起到丝

105

---

　　①*Kohanim and qosemim*；关于这一术语，尤其是箭 – 神谕，见 *HAL* 1041 f；七十士希腊本《圣经》中的 *hiereis*，*manteis*，*epaoidoi*，I Sam. 6. 2。

　　②*'opel*，*HAL* 814；七十士希腊本《圣经》中有 *hedrai*，即"臀部"。在 *SEG* 29（1979）nr. 1174 中"臀部"是还愿物之一。

　　③T. Dothan，*The Philistines and Their Material Culture*（New Haven，1982）；J. F. Brug，*A Literary and Archaeological Study of the Philistines*（Oxford，1985）；L. E. Stager，*Ashkelon Discovered*（Washington，1991）。

　　④*ANET* 394 ff；Lebrun 1980，192-239，esp. 203-216，the second version；here 212，29 f；32；38：

毫作用。国王"把神祇的愤怒当作神谕的主旨"。就像阿喀琉斯觉察出阿波罗的愤怒,穆尔西里也承认了神祇的愤怒。他们采取了相同的措施:询问神使或者先知。穆尔西里是生活在有文学系统文明时期的国王,却把目光投向了古老的记载。结果是不明确的,需要神谕加以确认。他发现了两个"罪"的起因:两次发生过的犯罪——忘记了对幼发拉底河的献祭,在《伊利亚特》中也是如此,阿喀琉斯怀疑阿波罗之所以如此愤怒是因为没有得到还愿的祭品或者百牲祭。第二个罪是,穆尔西里的父亲苏庇努里乌马什违背了条约,所以国王尽力赎罪:"瘟疫的原因已经确定……我已经消除了他们。我已经做了充分的补偿……我为曾经对哈提风暴神立下的誓言还愿献祭……我承诺给幼发拉底河的祭品。"① 这是一系列事件:灾难,通常推测是起源于神祇的愤怒,神使的调停,宗教或道德上的罪的陈述,通过宗教仪式赎罪。这套模式在青铜时代似乎就已建立起来。

但是我们不必只关注过去或者文学。几年前,在一个临近特拉维夫的叫作基尔贾特·玛拉基(Kirjat Malachi)的小村庄里,几周之内有六人先后死去。② 被这种巧合惊呆了的村民求助于耶路撒冷的著名拉比,他宣称起因一定是该村曾经犯下的罪。于是居民们记起了最近在村子里的公用建筑里举行了一场脱衣舞表演。他们决定通过一天的斋戒和献祭来忏悔。报纸记者觉得这很可笑,我们也可能会一起发笑,因为我们知道是细菌或病毒而不是脱衣舞表演传播疾病。但是这个事件展示出与古代故事几乎相同的时间顺序:疾病和死亡,神使调停,打破宗教道德禁忌的罪恶的声明,仪式表演,赔罪。

文学经典中最典型的例子莫过于索福克勒斯的《俄狄浦斯王》(*Oedipus Rex*)的开篇了。一种全世界流行病 *nosos* 肆虐忒拜城。植物逐渐枯萎凋谢,女人和动物流产,死亡无处不在。英明的统治者俄狄浦斯恪尽职守,派使

---

①Lebrun 1980,211,12;213,8;13;19.
②*Tages-Anzeiger*, Zürich, Jan. 21, 1986.

者到德尔斐神庙去询问缘由。① 答案指向了很久之前犯下的罪孽：拉伊俄斯王之死。俄狄浦斯无论是在仪式方面还是在理性方面都采取了措施，他诅咒并追寻原因，最终指向了他自己。索福克勒斯的艺术手法确实让人在结尾时几乎忘记了开头，我们不会问瘟疫是否结束，俄狄浦斯是否立即被放逐。② 索福克勒斯也许杜撰了开头部分。《俄狄浦斯王》的模式是现成可用的，荷马用过。这是一种很容易就发展成故事的有效模式。

赫拉克勒斯杀死伊菲图斯后患病，他在德尔斐神庙求问神谕如何才能恢复健康。他和阿波罗关于神庙中的青铜三足鼎陷入争吵，但是最后他不得不屈服，按照阿波罗的命令卖身为奴三年。③ 在经历了耻辱后，赫拉克勒斯恢复了健康和身份。

维吉尔在他的《农事诗》（*Georgics*）中讲述了阿里斯泰俄斯（Aristaeus）是如何在突然而至的虫害中失去了蜜蜂。他听从母亲的建议求助于海神普罗透斯（Proteus），询问蜜蜂生病的原因。结果阿里斯泰俄斯犯了罪：性侵犯了欧律狄刻，导致她死亡。通过丰盛的牛羊献祭，女神的愤怒得到平息，神奇的黄牛诞生仪式（ritual *of bugonia*）重新带来了蜜蜂。④

这种模式不仅限于神话。在公元2世纪，一个重大事件就是167年帕提

107 亚战争中由东方扩散的瘟疫。医生放弃之后，盖伦（Galen）离开了罗马，整个城市求助于神谕。那个时期的各种神谕保存至今，都提到了神祇的愤怒，并给出了献祭仪式的指令。⑤

更近的例子发生在现代非洲，维托利·兰特纳里（Vittorio Lanternari）

---

①荷马已经指出，"众神"使得俄狄浦斯的行迹"广为人知"，*Od.* 11，274。

②Cf. Burkert, *Oedipus, Oracles, and Meaning. From Sophocles to Umberto Eco*（Toronto，1991）。

③Apollod. 2，130 f. 围绕"三足鼎"展开的争论是最早见于古希腊艺术的神话主题之一，见 Schefold 1993，47 fig. 20。俄瑞斯忒斯在杀死他的母亲之后，也受到折磨，后来借阿波罗神谕之助恢复了健康。参见 Burkert 1992a，56f。

④Verg. *Georg.* 317-558，可能追溯至 Eumelus，T 2 Davies；*morbi causam* 4，397；532；参见 Varro r. r. 2，5，5；*bugonia* 这种仪式在 *Geoponica* 15，2，22-29 中有所描述；参见 *RE* III 431-450 s. v. Biene。

⑤参见 F. Graf, *ZPE* 92（1992）267-279，esp. 275-277。

目睹的事件。① 一个小孩儿生病了，他的妈妈求助于巫医，这个智慧的女人一开始没有看孩子，而是询问母亲家庭状况以及和一些几乎被忘记的亲戚的冲突。她发现孩子的母亲本该在上一年就为守护灵魂举行神圣酒祭仪式，可是至今仍没有举行，有一个叔叔已经多年没有履行他对自己妹妹及其后代的照顾义务。巫医让孩子的妈妈去和这位叔叔修补好关系，并立刻举行酒祭仪式。只有这样，巫医才在第二次见面的时候给生病的孩子做检查并进行治疗，几天之后孩子恢复了健康。疾病不仅仅是个体生理学上的特殊状态，也被看成是围绕在母亲、孩子、亲人、仪式周围的社会领域的糟糕状态。我们可以反对这是干预他人的借口，但仔细想想我们会承认孩子的疾病可能和紧张的家庭关系状况有关，我们至少应该意识到这是建立"祛除灾祸，恢复健康"意识的一种途径。

从因纽特到非洲，从大洋洲到美洲，这种类似的疾病治疗事例不难找到。我们再来看一个发生在李维（Livy）身上对这种罪和因模式模仿的例子。② 公元前331年，一种致命的疾病横行罗马。一个女奴告发说某些已婚女人在调制毒药。于是这些女人被迫喝下自己调制的毒药而死。结果一百七十多个女人被处死——"这件事被看成奇事"。根据古时的习惯，"钉钉子的独裁者"被选定，完成了这个奇怪而又简单的仪式。即使这场灾祸的起因看上去清晰明了——虽然如李维所说还有疑点——事情必须通过与超自然力量有关的仪式来解决。

现世的苦难

到现在为止，我们谈到的都是疾病的例子。疾病也是触发罪和因机制的原因。事实上在大多数文明中疾病与宗教的关系最为紧密。③ 如果问到他

---

① Lanternari 1994，262 f.

② Livy 8，18.

③ Cf. Sullivan 1988；*ER* s. v. "Diseases and Cures," "Healing."

们为什么还固守这种奇特甚至怪诞的宗教仪式，这些所谓的原始人通常会回答，如果不这样做会招致疾病。通常认为，疾病紧随犯法违背神，如果神圣警告没被留意到，疾病便变得最具震慑性。①

即便如此，疾病仍然不是启动这一模式的原因。再回想一下，埃斯库罗斯的《阿伽门农》中生动描述了希腊舰队在奥利斯的情况：强劲的北风日复一日吹来，船只被毁，士气低沉，直到先知卡尔卡斯提出原因，"阿尔忒弥斯宣称，另外一种对抗风暴的办法，更聪明的办法"②。这是阿伽门农的错误，所以必须牺牲伊菲革涅亚。

逆风的灾难也同样出现在《奥德赛》中。③ 墨涅拉俄斯发现自己和同伴被困在法罗岛上，他们却不知道为什么会这样。在这件事情上找到合适的预言者颇为不易，因为墨涅拉俄斯必须在海神的女儿厄多忒亚的帮助下抓到海神普罗透斯。普罗透斯的确知道是哪里出了错——不出所料，是忘记了祭祀。墨涅拉俄斯必须返回埃及完成被他遗忘的献祭。荷马轻松地运用这种罪和因的结构来讲述普罗透斯及其封印的精彩故事——他的想象力如此自然地遵循着这种模式。

约拿的故事更具戏剧性。先知约拿为了躲避耶和华，没有去尼尼微，而是驶向西北，到了他施（Jaffa）。一场可怕的风暴来袭，水手们陷入绝望。

109 灾难的原因必定是他们之中有人犯了罪，必须通过神圣调停来做些什么，但是由于没有先知，"让我们抽签来看看这灾临到我们是因谁的缘故"④。这

---

①Livy 2，36，390 B. C（评论见 Arnob. 7，39-43）：朱庇特在 Titus Latinius 的梦中传唤他，告之在斗兽场的表演开始前大肆惩罚奴隶污染了 Roman games，斗兽场的表演必须重新再进行一次；Titus Latinius 没有遵行这一旨意，他的儿子因此死亡，他自己也患病了。后来他终于向元老院传达了这一旨意，身体立即康复。参见 *Tages-Anzeiger*，Zürich，Feb. 27，1990 中的一则故事：在印度尼西亚，一次在修建一条公路的过程中，一名工人梦见必须宰杀一头水牛做祭祀品，当地的亡灵才会安宁；之后他便患上重病，只有在一场祭祀和基督教弥撒之后才得以康复。

②Aesch. *Ag.* 188-217. 埃斯库罗斯并未说明阿伽门农到底犯下了何种错误；相似的事情原因可能不尽相同。

③*Od.* 4. 351-586；对于"丢失的"祭祀的一些明显的怀疑，亦见 *Il.* 5，177 f.

④Jonah，1，7；参见第二章。

124

种措施很有效，应受处罚的人被确定。约拿承认了他的过错，同意作为祭品被扔入海中，其他人获救了。

不太戏剧化的例子，在多多纳神庙中有一块简朴的铅刻写板上，记载着这样一个问题："神祇是因为某个人的污染而降下寒冬（风暴）的吗?"①这是公元前4世纪对于神谕的官方询问文献。我们有些不安地推测，肯定的回答是否会导致询问者所处社会中出现某种形式的"替罪羊"。无论如何，大风和严冬会带来贫瘠和饥荒的威胁。曾经有一次严重的饥荒席卷吕底亚，"他们求助于先知"，先知宣称神祇要求国王为达斯克洛斯（Daskylos）之死赎罪。因此国王被流放并向受害人的儿子们做出补偿。②

也有其他的灾难经历。强有力的征服者亚述国王萨尔贡二世（Sargon II）。他在战斗中被杀，尸体却迟迟找不到。这让他的儿子也是继位者——自称为"谨慎的人"的辛那赫里布（Sennacherib）开始沉思神祇的方式。③"我心中思索众神的行为，思考了我父亲萨尔贡的死亡，他在帝国战死却没有在自家安葬，我对自己说，通过占卜再查看一下萨尔贡的罪孽吧。"他很清楚灾难的起因是罪，所以他进行了调查。辛那赫里布把召集来的预言者分成三到四个分开的组，这样他们就不能互相交流询问。他怀疑也许是由于萨尔贡把亚述的神祇置于巴比伦众神之上。看吧，这就是神祇们一致同意的答案。从此，辛那赫里布对神祈祷，感到了宽慰。为了"理清亚述和巴比伦的仪式和法令"，他在巴比伦为马杜克（巴比伦人的主神）建立了一座精美的雕像，同时也为阿舒尔（古代亚述人崇拜的主神和战神）建立了雕像。他给他的儿子这样的建议："绝不要在没有占卜者的情况下做决定。" 110

---

①H. W. Parke, *The Oracles of Zeus*（Cambridge, 1967）261 f. nr. 7；*SEG* 19, 427.

②Nikolaos *FGrHist* 90 F 45 参见 15，可能出自 Xanthos。

③A. Livingstone, *State Archives of Assyria IV: Court Poetry*（Helsinki, 1989），nr. 33, p. 77（我并不是指缺失及修复）。你可将克洛伊索斯（Kroisos）验证古希腊神谕的方法（Hdt. 1, 46）与在安菲阿拉奥斯（Amphiaraos）向德尔斐神殿问谕后的验证方式相比较，Hypereides 4, 14 f；同样地，一位希腊的将军会将祭祀中的占卜者聚集在一起，接受他们当中较为普遍的意见，Eurip. *Heracl.* 340；401-407。

他还说是阿舒尔的书吏家阻止他给马杜克应有的尊敬。此处涉及一些政治问题：老中心巴比伦和亚述的中心阿舒尔/尼尼微之间的关系一直比较紧张。辛那赫里布的解决办法至少在神学层面上承认二者权力相当。在尼尼微的"书吏家"和站在巴比伦一边的"占卜者"之间也存在敌意。在强化宗教团体而反对政治统治中，平衡得以实现。国王把先知分成了三到四组来检验他们预言的真实性，实现了理性的控制。

最坏的灾难就是战败。当迦太基人被阿加索克利斯围攻时，他们感到了神的愤怒，进行各种形式的祈祷。他们想起了先前本应在泰尔就进行的祭祀，于是重新举行了原来给克罗诺斯的骇人的儿童祭。这是狄奥多罗斯（Diodorus）的描述。祭祀或先知没有被提及，但在寻找战败原因和决策的过程中他们是不会缺席的。①

还有两个希腊历史上的例子。公元前464年一场灾难性的地震摧毁了斯巴达，有一种解释说斯巴达人曾把在波塞冬神殿寻求庇护的奴隶引出神殿并杀死。他们相信正因此事斯巴达才会发生地震。这些是修昔底德（Thucydides）的说辞。② 我们可以推测先知指出了这个犯罪的行为，并要求对波塞冬这位"救赎堕落者的神"（asphaleios）献祭。

公元前373年，整个赫里克城（Helike）陷入了科林斯湾，相似的解释出现了。米卡尔的爱奥尼亚人崇敬赫里克的波塞冬，想在赫里克城的波塞冬神庙中取得一些圣物。但是亚该亚人拒绝了他们的请愿。看哪，接下来的冬天里灾难降临了，波塞冬显示出他的愤怒，这是由现代作者讲述的故事，讲述者很明显是站在米卡尔的泛爱奥尼亚神庙祭司和先知的角度。③

保塞尼亚斯有个关于奥林匹亚赛会的失败与成功的更古老的故事。亚该亚人想知道为什么他们的运动员很长时间都得不到奥林匹亚赛会的胜利。

_111_

---

① Diod. 20, 14（zetesis §4）. 有关摩洛哥的献祭，见本书第63页注释②。

② Thuc. 1. 128. 1；见本书第130页注释⑤。

③ Herakleides Fr. 46a Wehrli = Strab. 8 p. 384 cf. Diod. 15, 48；Paus. 7, 24, 5-12；R. Baladié, *Le Péloponnèse de Strabon*（Paris，1980）145-157.

他们求助于德尔斐神谕，被告知很久以前，一个运动员奥伊鲍塔斯（Oibo-tas）在公元前688年赢得了奥林匹亚赛会的胜利，却没有得到同胞们的尊敬。因此他诅咒亚该亚人以后再也得不到胜利。从那以后，亚该亚人在奥伊鲍塔斯的墓前表现出敬意，并在奥林匹亚为他建立了一座雕像。在此之后的公元496年，亚该亚人又品尝到了胜利的喜悦，"直到现在这种习俗依然存在：将要参加奥林匹亚赛会的人会给奥伊鲍塔斯献上祭品。如果赢得了比赛，就会在奥林匹亚奥伊鲍塔斯的雕像上放上花环"①。

罗德岛的阿波罗尼奥斯·诺狄乌斯的帕拉伊比奥斯（Paraibios）的故事则是更普遍更私人化一些。这个人觉得自己生活很不幸，他求助于先知菲纽斯，询问先知是不是有什么特殊的原因。菲纽斯发现上一辈的人犯了冒犯罪。他父母砍倒了山中的一棵树，伤害了树上的树精。于是他让帕拉伊比奥斯为水泽女神建立一个祭坛，并献上祭品以宽慰女神。"他从此脱离了神降下的不幸。"②

先知墨兰普斯（Melampus）的神话中有个更加私人的变体。③ 菲拉考斯（Phylakos）问为什么他的儿子伊菲考斯（Iphiklos）无法生育，很明显他是性无能。墨兰普斯在鸟的对话中得知，很久以前，菲拉考斯阉割公羊的时候，血淋淋的刀吓坏了他的儿子。于是他把刀放在神树上，让生长的树皮覆盖住那把刀。墨兰普斯找到了那把已经锈迹斑斑的刀，把锈迹混进他调制的药物中，让伊菲考斯喝十天这种药物。用这种方法，他儿子恢复了生育能力。我们可以首先把它看成弗洛伊德精神分析的例子：发现隐藏的创伤（和父亲以及对阉割的恐惧有关），让他逐渐熟悉原来令他恐惧的物体从而治愈创伤。例子中的治疗方法更像医学而非宗教。但是只有预言者能指导这种治疗。事件顺序是相同的：灾难，先知，隐藏的原因，相应的治疗。精神分析在20世纪如此有效并广泛地被接受，是不是因为它遵循了古老的

112

---

①Paus. 7, 17, 13 f.

①Paus. 7, 17, 13 f.

②A. R. 2, 463-489.

③Apollod. *Bibl.* 100-102；Pherekydes *FGrHist* 3 F 33 = *Schol.* Od. 11, 287；Eust. p. 1685, 33；*Schol.* Theokr. 3, 43 cf. *Od.* 11, 291-297；15, 231-238；Hes. Fr. 37.

惯例呢？这么说来，在现代变形中，巫医（medicine man）所说的过错并不是病人自己的，而是其父母的，父母应该为此付出代价。①

像希罗多德所说的，问题是关于"现时灾祸的起因"的。② 在欧里庇得斯的作品片段中，这被称为"特殊活力"。"为了那些想预知苦难的人，死去的人被召唤，它们（苦难）从哪里来？灾祸的根源是什么？向哪位神祇献祭才能安抚他从而结束苦难？"③ 人们需要一普通人能力所不及的知识来寻找灾祸的根源并指出合适的祭礼。或者就像柏拉图在《斐德罗篇》（Pha-edrus）中所说，"当疾病和更大的苦难由于神的愤怒在某些家庭中出现时，迷狂和预言为那些需要它们的人而寻求解放，在祈祷和对神的崇敬中寻求庇护"④。在这样的语境中，柏拉图强调作为一种调停方式的迷狂，但却几乎把苦难、预言、罪和愤怒的发现、补救办法一笔带过。

这种模式很容易发展成为故事。"为什么"这个问题就需要故事来说明。人们看到奇怪的行为会问"告诉我，你为什么这样做？"⑤ 怎样逻辑清晰地讲述这件事就有了意义。一个结果可能就是典型劝诫故事的出现。但是这种故事却好像颠倒了实际生活中事件的前后顺序：从最初的过失或错误开始，是否触犯了禁忌，违反了法律、命令或道德，或者仅仅是某些轻率的行为。这解释了为什么发生灾祸，进而怎样以恰当的方法克服灾祸。⑥ 故事允许变体，包括把灾难放在结尾。但在实际生活中，我们乐观地坚持认为我们可以战胜灾难。

113

---

①对弗洛伊德诊断的评论见 Grünbaum 1984。争议较大的是精神分析学不承认人的罪恶感而认为创伤来自外部原因。

②Hdt. 9，93，4 参见本书第 119 页注释①。

③Eur. Fr. 912，9-13. Hdt. 6，91 有一则关于伊吉纳人（Aeginetans）的故事：虽然他们试图通过祭祀来消除污染，可是没有成功。

④Plato. Phdr. 244 de，cf. Burkert 1987b，19。

⑤在希腊语中，这是 prophasis 的问题，通常该词与 Thuc. 1，23，6 同时讨论，但是在 Thuc. 1，133 中可以更明显地看出其原始功能。见 H. R. Rawlings III, A Semantic Study of Prophasis to 400 B. C., （Wiesbaden, 1975）；A. A. Nikitas, "Zur Bedeutung von Prophasis in der altgriechischen Literatur," Abh. （Mainz, 1976）4。

⑥Dundes 1964 有这样的一种故事模式：禁令—违背禁令—后果—试图逃脱。

祭仪的建立

这种模式有两方面尤其吸引宗教历史学家们的注意：从这种虚构但强有力的"因果关系"中建立起祭仪以及在此过程中预言者的角色。

"灾难带回了宗教"（*adversae res admonuerunt religionum*）。[1] 此处我们关注的模式具有普遍性，可以看作是宗教习俗及机构的基础之一。一个犹太传说讲述了最后一个巴比伦王那波尼德（Nabonid）如何承认真正的神。他被手上的溃疡困扰了七年，一个犹太先知解释了他病痛的原因：他没有尊崇正确的神。他承认了过错并向神祈祷，最终被治愈了。[2] 犹太教从而被确立。

异教徒的宗教仪式和机构更可能在预言者的帮助下在灾难中出现并得到巩固，以宗教上的罪来解释、解决灾难性事件，预言者也随之为祭仪的形成起到了积极作用。像被反复教导的那样，罪通常是因为宗教禁忌的打破、对祭祀的忽略[3]或对神圣规则的违反[4]。

在希腊神话中，祭仪或者节日的标准起因是：因谋杀打破禁忌，瘟疫或饥荒横行，询问神谕，神谕指示举行宗教仪式，从此这种仪式代代相传。以多利安人特有的卡尼亚节（Karneia）为例。卡尼亚节是在赫拉克勒斯返回伯罗奔尼撒途中意外杀死一位叫卡诺斯（Kavnos）的预言者时建立的。 <u>114</u>虽然故事的细节有所不同，但模式仍然是固定的。[5] 狄奥弗拉斯图（Theo-

---

① Livy 5，51，8．

② Meyer 1962；F. García Martinez, *The Dead Sea Scrolls Translated*（Leiden，1994）289．

③ 见本书第 124 页注释③。

④ 见本书第 104 页注释⑤，第 116 页注释⑦；概述见 Delbos-Jorion 1981。Ov. *fast*. 4，747-762 有关牧人违反禁忌的详细情况，比如：擅坐在圣树下，擅闯入圣林等；*da veniam culpae* 755。叙利亚人视鱼为圣物，认为如果一个人吃了鱼便会立即生病，见 Menander Fr. 754。希腊语中，用以表示犯了宗教错误的最典型的词是 *aliteîn*［关于此，见 H. Vos, *Glotta* 34（1955）287-295；E. Tichy, *Glotta* 55（1977）160-172］。公元前 102 年，一位罗马官员因冒犯了"神圣母亲"的一位祭祀，被惩治而死，此事可参见 Diod. 36，13；Plur. *Marius* 17，8-11。

⑤ Burkert 1985，235 f；Krummen 1990，108-116；M. Petterson, *Cults of Apollo at Sparta*（Stockholm，1992）57-72．

phrastus）更详细地讲述了一个有关雅典节日布弗尼亚节（Buphonia）的故事。一个农民"谋杀"了他的耕牛，结果发生了一场瘟疫。因此神谕指示，每年都要在奇怪而复杂的仪式上重复这种"犯罪"。① 荷马介绍了与瘟疫有关的派安赞歌，历史记载萨里塔斯（Thaletas）因一场流行病把派安赞歌带进斯巴达。② 罗马农业神（Ceres Liber Libera）神庙和阿波罗神庙都是在流行病肆虐时建立的。③ 我们已经看过了维吉尔描述的关于罪和为抚慰神灵进行名为 bugonia 的祭祀的神秘仪式的复杂故事。④ 由于一场大瘟疫，对阿斯克勒庇俄斯的崇拜在 420 年传入雅典。虽然修昔底德对其中的原因有自己的看法，普遍认为这场瘟疫源于对佩拉斯基墙（Pelargian Wall）的禁忌的打破。⑤

　　补救仪式还包括修建庙宇：希罗多德讲述在吕底亚国王阿里亚特（Alyattes）围困米利都期间，因疏忽导致雅典娜神庙被烧毁。阿里亚特开始被疾病困扰。因久治不愈，他询问德尔斐神庙疾病的原因。答案让他记起了被焚毁的神庙，他必须重建一座。他真的在米利都重建了两座神庙，这是对上天的愤怒和恩惠的纪念，也是阿里亚特的故事发出的警告。⑥ 李维也记录了与罗马宗教崇拜起源和节日起源相似的故事。奥德修斯的同伴打破了赫利俄斯岛上牛群的禁忌，认为他们返回后应建太阳神神庙来消除冒犯之罪。这样说的话，他们没有成功。⑦

---

①Burkert 1983，136-143.

②Plut. *mus*. 42. 1145 BC，referring to Pratinas *TrGF* 4 F 9；cf. L. Käppel, *Paian. Geschichte einer Gattung*（Berlin，1992），349-351.

③Ceres：Dion. Hal. *ant*. 6，17；6，94，3；Apollo：Liv. 4，25，3；4，29，7.

④见本书第 122 页注释④。

⑤Thuc. 2，17：他不认为违反禁忌是瘟疫发生的原因，但他不质疑神启智慧及先见之明的存在。亦见 S. B. Aleshire, *The Athenian Asklepieion*（Amsterdam，1989）。

⑥Hdt. 1，19-22；为瘟疫之神 Namtar 建造一座神庙，参见 *Atrahasis* I 401, Dalley 1989，19。关于"合二为一"的原则见 Thuc. 1，134，4；花瓶上的题字指的是圣坛上的那些花瓶："两只供奉给阿芙洛狄忒女神的花瓶，已经打坏了一只。"G. A. Koshelenko et al.，eds.，*Anticyne gosudarstva Severnogo Pricernomorja*（Moscow，1984）142 nr. 4.

⑦*Od*. 12，345-347.

考虑到神祇的未卜先知，叙事顺序应该有所改变，把神的主动行为放在开头。例如斯特拉托尼可王后在梦中被指示建造一座叙利亚女神的庙宇。她忽视了此事，并且不出所料地生了一场大病。于是她下定决心告诉了她的丈夫，两个人建造了神庙。[①]

不仅仅是国王和王后有这样的经历。克里特岛上的一个洞穴中有一首 115 短诗叙述了萨尔维乌斯·麦纳斯（Salvius Menas）曾和妻子一起定期祭祀赫耳墨斯。妻子死后他就停止了祭祀，但经过磨难坎坷之后他终于明白人必须尊敬神。于是他重新开始献祭并决定终生照管圣所。[②] 同样的，小亚细亚的寺庙的许多忏悔铭文里都有诸如此类的故事。[③] 通常都记载着献祭者受病痛困扰，意识到他在某些道德上的（某种形式的欺骗或者不正当的性行为）或者仪式上的（砍伐了神圣树木）冒犯，进行忏悔并承认施恩治愈他的神的伟大。石碑表明了人的感激之情。

同样的系列事件在希腊世界的边缘同样适用。希罗多德讲述了埃特鲁斯坎人（Etruscan）的一个类似的故事。大约公元前 540 年，福西亚人（Phocaeans）在阿拉里亚（Alalia）战役后逃离了腓尼基人的领地，被卡西里（Caere）附近的埃特鲁斯坎人用石头砸死。"从他们被杀陈尸的地方经过的任何人、任何事都会变得反常，人、羊和驴都是，变得或跛或瘸。"而后，受德尔斐神谕指示，人们开始建立了一个节日——有竞赛和赛马的英雄膜拜，以显示对比之下的动物和人的完美身体。[④] 很可能节日就在被杀陈尸的地方举行，这种病因属于典型的希腊式的病因，但不局限于希腊世界。希罗多德追溯了斯基泰人由于劫掠了阿斯卡伦（Askalon）的阿芙洛狄忒神庙而招致的"女性疾病"。现代观点也许会把这看成是一种萨满宗教。[⑤] 一

---

①Luk. *Syr. D.* 19，参见本书第 55 页注释③。

②*SEG* 33，736；IC II xxviii 2, Hermes Tallaios.

③见本书第 138 页注释⑤。

④Hdt. 1，167. 罗马人从 Caere 中得到了 *caerimonia*。

⑤Hdt. 1，105 cf. Hippocr. *aer.* 22；see D. Margreth. *Skythische Schamanen? Die Nachrichten über Enaress-Anarieis bei Herodot und Hippokrates*（Ph. D. diss. , Zürich, 1993）.

个更近的例子是在巴伐利亚（Bavaria）的上阿默高（Oberammergau），因为在 1634 年瘟疫中立下的誓言，耶稣受难复活剧（passion play）仍在上演。这个节日已经成为旅游资源——但我们仍能确信原因是真的。

一个时代更久远的例子来自直接观察。[1] 加纳的恩济马人（Nzima）信奉多神教，每位神都有一群专门的信徒，他们由能够在迷狂状态下表演舞蹈的祭司指导。每位神都会这样"挑选"新的信徒：如果一个人生了一场大病或者有亲人死亡，或者做了奇怪的梦或看见幻象，他会向年长的预言者求助。预言者会以一种令人恐惧的语气告诉他："如果你不遵从召唤你的神的旨意，你会遭受更大的厄运，甚至是死亡。"预言者找出"召唤"新的信奉者的神灵是谁，这个人于是成了这个神灵的信奉者中的一员，并以这种方式恢复健康，找到宽慰。

调解人：冒险和机会

预言者的角色需要我们格外注意：先知、神使、萨满、巫医、拉比——简而言之，这些"知道更多"而能帮人们抵御这种现时灾祸的人可以化险为夷，转危为安。[2] 因为在实际经验中，灾祸往往隐而不显，也正如后世警谕故事清晰地显示，预言者不可或缺。即使困难起因于罪，始作俑者也可能不自知。[3]

对于那些身为看不见事物的调解人来说，这是个绝佳的产生关键影响以及把握权力的机会。但是风险与机会是并存的，调解人也会因为泄露不快事件而招致敌意。阿伽门农怒斥卡尔卡斯是"邪恶的先知"，而俄狄浦斯对忒瑞斯阿斯则更加苛刻。但是最大的风险在于，他们可能会做出错误的预言。预言者之间可能会有结局惨烈的竞争。《但以理书》调侃所有的低级的先知都会

---

①Lanternari 1994，256 f.
②在 Plato *Resp*. 364bc 中，"乞丐和观众"声称他们有"权（*dynamis*）""做好事（*akeîsthai*）"。
③赫梯族对太阳神的赞美歌，参见 Lebrun 1980，104 f："qu' il me dise mon péché."亦见 van der Toorn 1985，94-97："为了寻找隐藏的罪行。"

被处斩，比迦勒底人更甚。① 辛那赫里布把占卜师分成两组，只有他们都一致地决断才会有效。那么如果他们有分歧会怎么样？② 希罗多德记述了国王生病时斯基泰人是怎样做的。③ 他们召集了三位占卜师，其中总有人"以国王的名义"发下了虚假誓言而导致国王生病。如果被指控的人宣称自己无罪，就会再有六个占卜师被召集。人数会不断增加直到大多数人认定真正的罪犯，而另外小部分占卜师会被烧死。 <u>117</u>

对占卜师来说，更直接的问题是对神的怀疑。即使是所谓的原始人也不是不知道狡诈、诡计和欺骗。通过对希腊的研究，希罗多德确定德尔斐的帕提亚可能被贿赂，并提供了历史事例来证明。④ 忒瑞斯阿斯认定，国王俄狄浦斯是杀死拉伊俄斯的凶手，国王立刻怀疑这是犯下叛国罪的科瑞恩的阴谋，是他操控了先知。⑤ 阿里斯托芬在他的喜剧中嘲笑了手捧神谕之书的先知，很明显他们在为自己谋利。《伊利亚特》中的卡尔卡斯认为，粗暴对待祭司冒犯了神灵，这不就是典型的例子吗？

最不谨慎的对神谕的操控在欧里庇得斯已失传的悲剧《艾诺和帕里克斯》（*Ino and Phrixos*）中上演。庄稼歉收，神谕指示必须把帕里克斯作为祭品献祭，事实上是帕里克斯的继母艾诺让女人们在播种前炙烤谷物，从而使庄稼颗粒无收，也是她贿赂了神谕的发布者而导致了继子的死亡。⑥ 从灾难到祭祀的整个过程都是被操控的。欧里庇得斯也许杜撰了这个版本的帕里克斯神话，他接受了历史久远的替罪羊和寻找罪犯的机制，并把这种机制运用得游刃有余。

在世界另一边的因纽特人，如果捕不到足够的海豹，萨满就会去询问

---

① Daniel 2，12 f；24；"巫师，驱魔者，男巫士和迦勒底人（Chaldaeans）" 2，2。
② 见本书第 125 页注释③。
③ Hdt. 4，68.
④ Hdt. 6，66；6. 75，3；5，66，1；cf. 5，90，1.
⑤ Soph. *OT* 380-389.
⑥ Eur. *Phrixos* A, Apollod. *Bibl.* 1，80-82, Hyg. *fab.* 2, cf. C. Austin, *Nova Fragmenta Euripidea*（Berlin，1968）p. 101 f.

动物女神塞德娜（Sedna）。通常萨满会发现这是因为"女人"触犯了禁忌，塞德娜会变得愤怒。这些女人必须站出来认罪，只有这样塞德娜才会再次变得洁净善良，人们才能顺利地狩猎。[①] 这不是一个通过为女人设下禁忌来稳定父权制体系的绝佳计策吗？

118   自启蒙运动以来，声称宗教被教士操纵，成为其谋取私利的工具，这种说法一再有人提出。但是，尽管古时和现代都存在怀疑，人类之间毫无疑问地存在着狡诈和诡计，解释不了宗教是纯粹欺骗的假设。"现世苦难"显然存在，而获得的救赎却同样令人印象深刻。即使是在 20 世纪人们不光需要那样或那样的神授能力，而且在委托人眼中，以神力求得救赎往往是成功的。他们通过超越个人的怀疑、欺骗与被广泛分享和接受的传统、仪式、知识和信仰保持一致，确实为那些面对灾祸的人们提供了一种理解的方法。调解人赋予那些似乎不可把握的绝对偶然以意义。

调解人通常通过某些迹象来证实他们的发现。除了碰巧出现或人为操纵的直觉、梦或萨满式的出神状态，很多迹象都是由先知人为做出来的。[②] 要知道调解人都不太可能操纵或预言结果，因此信息必须以某种专门的语言或更先进的文明的隐喻即能被解读的"文字"来传达。调解人的成就就是使它有意义：把细节融入当时情况、当时人的过去或未来秉承的观念中去。这也许能够找出真相，通常被认为是神的旨意。实际上我们在精神世界的建构中不断这样做，把无数令人困惑的信号融入精神世界。而在危机面前，精神世界会崩溃，只有克里斯马型领袖人物可以恢复这一精神世界。

解释的模型：束缚、愤怒、污染

人们有各种解释和相应的策略来应对灾难。描述灾难经验的最简单的方法就是被束缚、羁绊和困在陷阱中的印象。"我像一只逃离猎人陷阱的

---

①参见 Burkert 1979，88 f.。
②*Divinatio oblativa and impetrativa*，见本书第 179 页注释④。

鸟，脚镣被打破，我们就逃出来了"，这首感谢耶和华的赞歌中如此唱道。①
与此对应的希腊术语是 lysis，即"赦免"。佩拉斯基人因灾祸向德尔斐神庙
求取赦免。② 克吕泰墨斯特拉惊恐于有凶兆的梦，派她的女儿去阿伽门农的
坟墓"寻求豁免于谋杀罪的办法"。③ 人们甚至会"以杀止杀"。④ 希腊净化
祭司提出解除仪式 lysioi teletai——以提出 "Lysios" 这一说法的狄俄尼索斯
的名义使个体免遭灾祸的一种仪式。"告诉珀尔塞福涅，巴克齐俄斯已经赦
免了你"是色萨利（希腊东部一地区）金盘中的文字，是对刚刚死去的人
说的话。⑤ 这里的赦免被称为在来世长期有效；但是同样的仪式对活着的人
有益，使人免于困难，就像柏拉图在《斐德罗篇》中描写的一样。⑥ 在被逆
风禁锢的情况下，也许献祭可以实现赦免。德国文学一篇最古老的文献是
关于"束缚"和"挣脱束缚"的咒语。⑦

　　被灾祸束缚的经验可以归因到超自然代理人身上。这就是所谓的"黑
巫术"假说，即攻击乃是对邪恶黑势力予以反击报复的假说。任何干扰都
可以推测为是由外部的代理人，一些与灾祸紧密相连的人引起的。这在美
索不达米亚尤为普遍，有关咒语和仪式的书大量存在，用于"解放"那些
阴谋的受害者。⑧ "那攫住我、追赶我、缚住我身体、血肉而不肯松手的无
明灾祸"——这一定是反巫术的解除，很明显与希腊的解除仪式一致。⑨ 而

---

①Psalm 124，7.

②Hdt. 6，139，1，参见本书第 119 页注释①。

③Soph. *El.* 447.

④Soph. *OT* 100 f.（*lyein*）. 拉丁语 *luere* 和希腊语 *lyein* 相关，意为"赎罪"。

⑤K. Tsantsanoglou, G. M. Parassoglou, "Two Gold Lamellae from Thessaly," *Hellenika* 38（1987）
3-16；*SEG* 37，497；cf. Burkert 1987，19；F. Graf, "Dionysian and Orphic Eschatology：New Texts and
Old Questions," in T. H. Carpenter and C. A. Faraone, eds., *Masks of Dionysus*（Ithaca，1993）239-
258.

⑥见本书第 128 页注释④。

⑦First "Merseburger Zauberspruch," cf. M. Wehrli, *Geschichte der deutschen Literatur* I（Stuttgart，
1980）22-24.

⑧尤见 *Shurpu*（Reiner 1958）系列牌匾 II-III；术语是 *pašaru*（意为"释放"），*AHw* 842，与
"*rakasu and kamû*"（意为"联结"）对比，*AHw* 946；433。

⑨阿卡德语的咒语文本在 Ebeling 1931 nr. 30 A III 63，p. 132 f.

在希腊，大量证据表明，这种邪恶阴谋不仅仅被猜测，更被刻意和依情况而定地实施。在合适的专家的帮助下，人们给敌人戴上脚镣来限制其行动，甚至有性的目的，这被称为"捆绑"（binding），希腊语中被称为 *katadesis*，拉丁文中是 *defixio*。[①]

这种熟悉的模式在基督教和异教背景中同样有效。一个男孩被难以忍受的手脚疼痛折磨，圣徒居鲁士（Kyros）和约安尼斯（Ioannes）给予奇怪的建议：他应该让渔夫到海边钓鱼。他们找到了一个装着与男孩相像的玩偶的盒子，玩偶的手脚被钉子钉住。这个玩偶上的钉子一被拔出，男孩的病痛就消失了。[②] 4 世纪著名的演说家利巴尼奥斯（Libanius）突然思维迟钝，身体活动出现障碍，直到在他的教室发现一只残废的变色蜥蜴的尸体，他才得以痊愈。这是有人对他施恶意巫术的证据，从那之后他才开始好转。[③] 我们注意到这种从现世灾祸，通过诊断发现原因，到最终消除灾祸的过程。这里巫术的解释避免了自我招致的罪，推测不知从何而来的恶意侵犯，即使无辜受害者必须要经历的治疗可能是偶然的、不快的、代价高昂的。

相反，这种"捆绑"和"解除"的模式不怎么涉及终极原因，而是一种实事求是的态度，感觉到了束缚，从而要摆脱它。事实上这种受束缚、抑制而奋力挣脱的经验是一种基本的生物学经验，逃脱真正危险状况的需要，伴随着忧虑，同时也有各种对抗它的计划，这比人类本身要古老得多。这种如果被诱捕进陷阱或镣铐，努力挣脱，做出疯狂的举动想要逃走，或

---

①A. Audollent, *Defixionum Tabellae* (Paris, 1904); R. Wünsch, *Defixionum Tabellae Atticae*, *IG* III 3 (Berlin, 1897); D. R. Jordan, "A Survey of Greek Defixiones Not Included in the Special Corpora," *GRBS* 26 (1985) 151-197; see also C. A. Faraone, "The Agonistic Context of Early Greek Binding Spells," in C. -A. Faraone and D. Obbink, eds., *Magika Hiera. Ancient Greek Magic and Religion* (New York, 1991) 3-32; F. Graf, *La Magie dans l'antiquité gréco-romaine* (Paris, 1994) 139-198.

②Sophronius, *Narratio miraculorum SS Cyri et Ioannis sapientium Anargyrorum*, *PG* 87, 3, 3541-3548 (see Audollent, n. 75, p. cxxii).

③Liban. *Or.* 1, 243-250; C. Bonner, "Witchcraft in the Lecture Room of Libanius," *TAPA* 63 (1932) 34-44.

找到束缚或病痛从何而来——最终也许会成功的尝试——是大多数动物都熟悉的状况。猿能够拔出刺进肉里的刺，认识到是这种东西引起了疼痛。恐慌之下人类为了逃出灾难、困境也可能会有不知所措的行为。但是他们的大脑机制使他们更能认清灾祸的根源。他们处理着有多种选择的可能性和能够创造意义、结构庞大的精神世界。忧虑、兴奋，对犯罪的恐惧仍存在，但是时间变短了。这会使人明白明显的或不明显的解决办法，满怀希望接受绝境中的任何赦免。调解人在传统角色中表现出帮助性：他们会教人们表示感恩的赞歌。

　　第三种处理灾祸起因的模式更加私人化，即愤怒的至高者在惩罚他的臣民。我们可以假设其为正当的侵犯。神的这种行动方式肯定在人类文字记载之前就出现很久了，但是我们确信所有的神灵、祖先、魔鬼都有类似的行为。《伊利亚特》开篇生动的场景中，阿波罗从天而降，"心中充满愤怒"。"为什么他如此愤怒？"阿喀琉斯问。先知会找出原因及对策，最后阿波罗在派安赞歌中变得喜悦。非利士人感到了上帝之手。穆尔西里询问"神祇的愤怒"的原因并向神祈祷："我们冒犯了哪位神祇才遭逢这场苦难？"希腊人会痛苦地问。[①] 即使处于愤怒之中，神祇仍然希望能够交流。公平的惩罚并不阻断交流，而是要重建交流。神祇的愤怒一定是有原因的，而其原因应能用平常的语言表达和理解，后果的程度也是可协商的。即使是面对极端愤怒且极具威胁性的远比人类强大的神祇时，人也可以用语言祈祷，并举行表示归顺和谦卑的所有众所周知的仪式。[②] 这紧随在对灾祸的认知之后，包括祈求、在烂泥中打滚、自我惩罚、自我伤害等。[③] 受害者可能会对代替他的祭品感兴趣："杀死这些祭品，神祇的愤怒和被冒犯感会被

---

①Hdt. 6，12，3.

②见第四章。

③Plut. Superst. 168 d："他经常在泥地里赤裸地翻滚，一边坦白自己各种错误"；参考本书第104页注释⑤。

平息。"① 但是神祇也可能会对我们露出笑容，尤其是音乐会使其心灵愉快。在希腊信仰里，认为仪式可以使神祇心情愉悦；*hilaskesthai* 在阿卡德语中表示让愤怒的神 "心灵平静"。② 或者人们会祈求一种普世的、不可更改的神圣公平的观念。从这个角度来说，人类的所有苦难都可以解释为神的惩罚。希伯来先知在历史上所有的灾难中都发现了上帝之手。其他宗教提出灵魂转世来在个人层面上证明因果报应的观点。③

122

在语言的王国中，归顺的有效证明就是忏悔，它意味着惩罚者和被惩罚者就某种共有准则达成一致。穆尔西里在瘟疫祈祷中明确地表示："如果仆人犯了罪，必须对他的主人进行忏悔……如果他的主人平静下来，就不会惩罚那个仆人了。"④ 在很多治愈祭仪中，都要求人们忏悔所犯的罪，尤其是小亚细亚和埃及的伊希斯崇拜也是如此。⑤ 希伯来《圣经》中有表示忏悔的赞美诗，巴比伦文化中也存在。据报道，美洲原住民在生病时也会忏悔。⑥ 穆尔西里和现代的土著居民在这方面一致。这种文化模式指示人们在面对地位高和杰出人士时表现得体，即便在危机时刻也表现出高等和低等的差别，维持着身份和地位。

这种忏悔行为在古希腊，至少在官方层面上，很显然是缺失的。只有

---

①Arnob. 7，5（异教徒，这被认为是他的对手的假说）。这和在第二章中所描述的计划很接近。

②*AHw* 716.

③参见 Iambl. *V. P.* 85 中毕达哥拉斯（Pythagorean）的言论："那些生来将得到惩罚的人必须得到惩罚。"

④*ANET* 395；Lebrun 1980，214，24-28；见本书第 120 页注释④。在基督教传统中，父母、孩子的关系更像是前者的关系，而不是主仆关系。

⑤F. Steinleitner, *Die Beicht im Zusammenhang mit der sakralen Rechtspflege in der Antike*（Ph. D. diss.，Munich，1913）；R. Pettazzoni, *La confessione dei peccati*, 3 vol（Bologna，1929-1936）；H. Hommel,"Antike Bußformulare," in *Sebasmata* I（Tübingen，1983）351-370；越来越多的来自小亚细亚西的铭文现在已经由 Petzl 于 1994 完成收集整理；亦可参见 G. Petzl.，"Lukians 'Podagra' und die Beichtinschriften Kleinasiens," *Métis* 6（1991）131-145. 美索不达米亚的例子见 Schrank 1908，46 f；M. Jastrow, *Die Religion Babyloniens und Assyriens* II，Giessen 1912，71ff；S. Langdon, *Babylonian Penitential Psalams*（Paris，1927）；*SAHG* 18-19；埃及方面的例证，可参见 Roeder 1915，58；H. I. Bell, *Cults and Creeds in Greco-Roman Egypt*（Livepool，1953），13。

⑥For example, A. I. Hallowell, *Culture and Experience*（New York，1967），266-276（On Saulteaux Indians）.

138

阿里斯托芬简单地提到过，例如："我们错了，请原谅我们。"① 很明显希腊社会的风格对于忏悔所表现出的耻辱持否定态度，在一种没有国王或最高君主、公民对自我负责的政治体系中，信仰体系以忍耐力为傲（"不明智的人不能承受，而高贵的人可以"②）或者指向完全无望的悲剧性的洞察力，如同索福克勒斯的《俄狄浦斯王》结尾时一样。不出所料，我们迄今为止讨论的跨文化的行为模式确实存在明确的差异，单个文明中有着不同的选择。

古希腊文明中占统治地位的思想是污染和净化的观念。同样这不是希腊文明所独有的。其他宗教中，尤其是所谓的原始宗教中，对污染的恐惧 123 和净化仪式也发挥着重要的作用。③ 20 世纪初禁忌成为流行词汇。

很明显，看似普世的对污染和净化的机警有其生物学根源。保持自身清洁对所有高级动物来说都是必要的，因为灰尘扰乱了正常的身体机能，必须被除去。虽然不幸的是，它们还会回来并更加难以去除。擦拭、洗净身体甚至对人类也是有效的。很久以前用硫黄熏蒸身体成为一种仪式，像所有仪式一样具有示范性、夸张性、重复性的特征，并因被专门人士遵照特殊的传统进行而趋于复杂化。

罗伯特·帕克（Robert Parker）在其《瘴气》（*Miasma*）中评估了来自希腊世界中的证据。④ 20 世纪初，学者们曾经惊异于原始迷信中内在的传染性污染的思想，而今天我们更倾向于审视他们的社会、心理过程并欣赏他们的细微之处。找到污染就是为不甚舒适的现状赋予意义并设法祛除这种现状。污染的可传染性是试图努力去分离已经混淆的事物的必然结果。就像马丁·韦斯特（Martin West）概括帕克的观点："断定污染是正式宣称一

---

① Aristoph. *Peace* 668 cf. *Clouds* 1478；*Wasps* 1001.

② Pind. *Pyth*. 3，82 f.

③ See *Guilt or Pollution and Rites of Purification*. Proceedings of the XIth International Congress of the International Association for the History of Religions Ⅱ（Leiden，1968）；*ER* XII 91-100 s. v. Purification；a standard work is M. Douglas，*Purity and Danger*（New York，1966）.

④ Parker 1983. Cf. also Pfister *RE* Suppl. VI（1925）146-162 s. v. Katharsis.

种不正常的状态，从而可以用恰当的宗教措施将其解决。"①

这种阐述使我们想起熟悉的一些事件。通过对罪或者污染的诊断，不安甚至灾难的状态变得清晰明了且可被控制。发现或断言这种状态的人是专门的预言者——在希腊被称为净化者，*kathartes*——的工作，但也可能是先知。墨兰普斯是神话中的例子。埃庇米尼得斯（Epimenides）是历史上的例子。除了作为伊菲托斯（Iphitos）的心理治疗师，墨兰普斯还净化了普罗托斯（Proitos）因犯罪而疯的女儿。埃庇米尼得斯净化了因杀掉在雅典娜神庙中寻求庇护的基伦（Kylon）的追随者而陷入困境的雅典城。② 当然，这种治疗是通过仪式进行的。这种净化仪式大约发生在公元前600年，但这种观念和去除肮脏的做法（*apolymainesthai*）早在《伊利亚特》开篇就出现了。历史上一个相似的例子是保塞尼亚斯这位斯巴达王室成员、波斯战争的胜利者犯了叛国罪，在饥饿中悲惨地死于斯巴达卫城雅典娜神庙。一种不安、忧虑的状态弥漫于斯巴达。普鲁塔克说幽灵在那里出现过，人们求助于费加利亚的能够"召唤死者"（*psychagogoi*）的人。修昔底德只提到了人们询问德尔斐神谕，阿波罗在神谕中称有污染，而且必须献祭给雅典娜"两具尸体"，"而不是一具"，意思是保塞尼亚斯临死时被粗暴地拖出神庙。因此建立起来两座雕像。③ 我们再次见到这种模式：苦难、超验的诊断、超自然的措施和公共层面的措施，也就是召唤死者和树立雕像。

关于这些做法的功能和意义，一位名为马加·那迪格（Maja Nadig）的现代民族学家的经历非常有趣。墨西哥的一个印第安村庄里认为疾病源于*mal aire*，或者糟糕的空气。一位智慧的知晓现实治疗和仪式治疗的女人给

---

① M. L. West in his review of Parker, *CR* 35（1985）92-94.

② Epimenides *FGrHist* 457 T 1；4；Burkert 1992a, 60；62f.

③ Plut. *De Sera* 560 ef（*Italias corrected to Phigalias* by Mittelhaus RE XIX 2084）；Fr. 126 Sandbach；Thuc. 1, 134, 4. 提到灵魂使人想到第三种模型，着魔的愤怒。在《诗篇》4, 1, 3 中涉及修辞练习的地方，这几种模型被混合使用。谋杀的受害者"将复仇灵魂的敌意留到……后面"，那些没能成功执行正义"将复仇灵魂的敌意带来，不应该带进他们自己房间的一种污秽"。参见 J. D. Mikalson, *Athenian Popular Religion*（Chapel Hill, 1983）, 50-52。

出诊断，事实上这些治疗和古希腊的净化者类似。人种志研究者发现，在村庄生活环境中，这是一种策略，"旨在确认并用超个体的方式处理社会矛盾，并且在那种特殊的文化中被认可……有一种社会共识认为疾病来自犯罪，有一种文化模式指明他们之间的联系，把犯罪的始作俑者置于黑暗之中，从而把这种联系变得不那么具有爆发性"。[1] 疾病被认为起因于私人，但是 *mal aire* 的观念被用来确定并掩饰冒犯者。

这种分析为重新思考长期以来在希腊文明史中占支配地位的观念提供了很好的理由，即污染和罪的观念代表了人类精神发展的两个阶段。因此，在文明发展历程中，对污染的恐惧应该更原始也更早。相反，罪的观念更现代，反映着自我意识的觉醒。罪与个人化了的道德准则相关联，而污染可以追溯到石器时代。库尔特·莱特（Kurt Latte）1920 年发表了一篇内容丰富、令人困惑的文章《希腊宗教中的内疚和赎罪》。在这篇文章中，他从非个体的原始的"禁忌"开始谈起，试图描述希腊人是如何在晚期即成熟期打倒对个人化的罪的理性观念。[2] 在《希腊和非理性》（*The Greeks and the Irrational*）的最重要的题为"从耻感文化到罪感文化"（"From Shame Culture to Guilt Culture"）一章中，多兹（E. R. Dodds）以普遍的暗示的方法表达了作者对个人意识方向发展的信念。[3] 这个标题对接下来的学术发展产生了重大影响，也遭到了人类学家和伦理哲学学者的严厉批评。[4]

也许"精神史"的发展进程既不是线性的也不是清晰明确的。总有另一种选择同时存在或不规则地轮流出现。从我们迄今为止的发现中，可以

125

---

[1]Nadig 1986，223，cf. 220 f.，225-229，381f.

[2]Latte 1920/1.

[3]Dodds 1951，28-63 following R. Benedict, *The Chrysanthemum and the Sword. Patterns of Japanese Culture*（Boston，1946），222ff. 对 Latte 注明不纯洁这一概念和相关净化的尝试是原始的，因此非常古老，然而，多兹将发现罪恶和古代，后荷马时代人净化时的利益联系在一起。一直需要强调的是，在《伊利亚特》和《奥德赛》中，关于净化的内容特别少，谋杀中没有任何净化；第二种分类使其出现在 *Aithiopis*，p. 47，lines 11-13 Davies 中。

[4]参见 Cairns 1993，27-47。

得到结论：在灾难情势中由超验的诊断建立起来的因果关系模式和罪的模式是普世的、历来存在的、典型的人类心智和行为，是受捕猎者追赶的或在陷阱中的动物行为的化身。从这种意义上说，预言和罪的经验绝不会是特殊的，也不可能形成太晚。另一种几乎普世的特征是把罪集中到某个人身上，从而产生了替罪羊。[①] 与自由意志和责任明显不同的特殊司法体制当然是高级的、进步的、文明的产物。但是在我们谈论的大多数例子中，罪的宣判、因果关系并不比模糊不明的污染的陈述更理性，更明了。没有合理的起因能够给非利士人或者基尔贾特·玛拉基的人解释，在阿伽门农或约拿身上到底发生了什么。这些故事表达了一种趋势——一种不惜代价找到联系，为了找到能够解决灾难的固定点而把注意力集中到某个人或某种行动上的趋势。这种过程和确定罪的过程几乎一模一样。从必须要找到起因的困境中或现世罪恶开始，以这两种方式陈述因果关系。情势危急，时间紧迫。污染或罪是这两种解释导向相似的实践。

这就导出了一个结论：这两种因果关系的模式在情形和功能上是相似的，如果"起因"不一样，"行动"也是相似的——回想《伊利亚特》，污染引起不安的感觉，就像被困于陷阱时的恐慌感一样。但是一种解释能很好地取代另一种解释，使它们可以互换，这只是治疗的第一步。重要的是建立一种关于起因和可能的信仰的结构。这种吸引力可以是针对个人领域的（表达悔悟并进行补救会取悦神），也可以是对渎神的意向的（静止不动一会，屈从于令人不快却必须的治疗会帮助你重新得到原来的地位）。差异存在于语言表达的层面。如果说罪、愤怒、惩罚的概念需要一个故事，那么断言污染需要沉默。仅讨论肮脏是没有用的，需要用实际的办法将其去除。

判断是罪还是污染或者恶意侵略，取决于社会或社会团体间公认的相互作用的方式，可能极具攻击性，也可能很有礼貌、很文雅。我们又回到

---

①见第二章；esp. Girard 1972 and 1982。

了文明的类型这个问题。如果保全面子和羞耻非常重要，污染的建构很可能会成为使重要的人免于降级，以间接的方式使其负责的办法。任何人都有可能失足，他会暗中采取恰当的措施来恢复洁净。如果一个谋杀犯必须被流放，这仍然是一种严重的惩罚，其他形式的净化也可能令人非常不快。127真正的"殴打"被称为 katharmos："揍得他半死！"① 虽然这可能不能叫作惩罚，仍然是被承认的结果之一。甚至神祇也有可能被断定为不洁净并经历净化的过程，就像关于净化之神阿波罗的神话那样。② 但是希腊众神是不会"忏悔自己的罪"的。③ 如果荷马之后古代净化变得重要，那不是因为迷信的增长，而是因为崇高品行和个体责任需要这样。污染的概念因此成为保全面子的策略，绝不是它原始的意义了。沿着同样的轨迹发展，后来对阿斯克勒庇俄斯的崇拜广泛流传起来。阿斯克勒庇俄斯的特点是温和、友善，即 epios。他从来不断言罪或污染，也不追溯原因。对他来说重要的是结果和成功的治疗，这也让感恩阿斯克勒庇俄斯的人尊崇。

针锋相对的解释直到今天依然共同存在或者彼此冲突，这令人吃惊。面对难以处理的灾祸，比如说艾滋病，许多人会发现科学不足以解释，他们求助于另一种假设：侵略——一些秘密组织调制病菌——或者罪，不合法的性行为赫然呈现，疾病正是对此的惩罚。公众用礼貌的、不明朗的劝告来结束它。

简而言之，我假定存在一个从所谓的原始文明到高度文明的不同文明和时期都会起作用的动态程序，一个处理灾祸起因的程序。它通过我们称之为超验诊断的方法吸引那些无形的力量，它趋向于建立、重申宗教仪式，以此来恢复先前的正常状态，它是实施宗教实践的主要因素之一。

---

①Aristoph. *Fr. dubium* 940 Kassel-Austin；Menander *Dysc.* 114；Theokrit 5，119；Hsch. s. v. *katharthenai*：*mastigothenai*. Prov. 20，30："一次好的打击能够净化心灵"（尽管诠释和翻译有矛盾）。

②参见 Parker. 1983，378。

③参见 Eur. *Ion* 367：伊翁，阿波罗神殿的奴仆，对克瑞乌萨（Kreusa）说，此人已经违背了神，"他为自己的行为感到羞耻：不要惩罚他"。

128 这种程序可能是普世的，但不是原始的。它是一种因果关系的原则的复杂体，康德称其为可能的经验的超验基础，但现代科学逐渐将其抛诸脑后。[①] 在过失、结果、治疗之间建立联系，这样就创造出意义和假设的语境，一个人们能健康悠闲地居住的有意义的宇宙。实际上这种假设和对世界上过剩的意义的接受与经验主义科学的减少截然相反。这不是纯粹理性或默然沉思的产物，但它却是人们试图从灾难陷阱中解放出来，寻找灾祸的根源，或至少找到一些"为什么"的答案的最初的动力。和不明确的污染的陈述一样，罪的发明也是这种背景下的一个解释。在这种场合中，在我们眼中设计出的或重新使用的仪式或许是不合适的、迷信的，但它们仍然"有意义"。希腊派安赞歌或者加纳人的舞蹈团体在必要的、有意义的经历中同样地积极发挥作用，增强了仪式活动的意义，从而带来欢乐和满足。在建构、重构意义世界的过程中危险被克服。这个过程虽然是虚构的，却常常是有效的。

对于马丁·尼尔森（Martin Nilsson）而言，宗教是"人类对于时间无意义的反抗"。[②] 人们倾向于接受自己的罪，这是一种让事件进程可理解并提供一种掌握或重塑自己命运的方法的乐事，与机会和必然的压迫性负担截然不同。因为非理性的联系和期待，尤其涉及健康、疾病时，时至今日仍然存在。在这个多元文化的社会中，意义的世界被分割、摧毁，被没有原因的混乱束缚的现代科学不会轻易获胜。人们更倾向于对原因和意义的一味寻求，其中也不乏探索隐藏关联的预言者。

---

①亦参见 Kelsen 1982。

②M. P. Nilsson, "Religion as Man's Protest against the Meaninglessness of Events," *Opuscula Selecta* Ⅲ（Lund, 1960）, 391-464。

第六章　赠予的互惠性

从礼物入手

现存最早的古希腊祭献文，雕刻在一尊阿波罗铜像上，这尊铜像现在存 129
放于美国波士顿美术博物馆。其历史可以追溯到大约公元前 700 年，铜像上面
刻着："曼提克洛斯从他的获益中拿出十分之一，将我敬献给你这身背银弓的
神射手；阿波罗神，请赠给他满意的回报吧。"[1] 这句话清楚地指出，神和他
的虔诚崇拜者之间的关系是基于礼物交换之上的。"曼提克洛斯"（Mantik-
los）的意思是"以预言家著称"，这可能是职业占卜师的代称。这个人把一
件稀世珍品敬献给他所崇拜的神，将其矗立于神殿，祈求神的回报，即神
回赠的礼物；这种交易也需要一个融洽的氛围，一个会心的微笑。

在《奥德赛》中，女神雅典娜化身为门托尔（Mentes）去奥德修斯的
故乡伊萨卡拜访他的儿子忒勒马科斯（Telemachus）。她自称是"你父亲在
世时的座上客（xenos）"。忒勒马科斯在接待她时表现出了应有的尊重，并
送给她一件礼物——多伦（doron），这将会成为一件"密室珍宝"（keime-
lion），但是这位朋友的赠礼却是在下次到访时才送上的。门托尔说："我要
选一件上好的礼物"，"它将足以偿还你的赠予"。[2] 正如曼提克洛斯寻求回
报一样，忒勒马科斯也期待在赠予别人礼物时能获得相应的报偿。它将足
以偿还：axion 这个词让人想到天平的形象，暗示交换的对等性。 130

曼提克洛斯的碑文和《奥德赛》中的叙述可能发生在同时代。正是通

---

[1]CEG 326；Jeffery 1990，90 f；94nr. 1；LIMC "Apollon" nr. 40.

[2]Od. 1. 187 f；311-318；doron 311，316；axtion…amoibes 318. See Scheid-Tissinier 1994，165 f.

过赠予和回赠，友谊关系建立起来并得以维系，不论在人与人——至少是贵族——之间，还是人与神之间都是如此。在这两种关系中，其表述和观念完全相同，即都是基于礼物的等值交换。交换的双方都会对礼物的本质，即它的价值有一个预期，互惠性是社会关系建立的基础，不管这种关系是友好的还是强制性的。社会规则和宗教规则是一致的。

马塞尔·莫斯（Marcel Mauss）于1924年首次出版的名著《礼物》将学术界的注意力引向了赠予现象、互惠原则及其对社会制度的重要性。① 道德、社会和经济三者的一体性，与自由和义务的悖论性关联，使人们对赠予现象产生了特殊兴趣。礼物赠予建构起了公正的标准，促成了合作伙伴关系，引发了货物的流通。在现代来看，经济活动可能已完全成为交换的主导方面，而实际上礼物的互换也已构成了古代社会和原始社会经济的基础。礼物互换同时也是对等级地位最重要的表达，因而与各种社会活动相伴。送出礼物就可期待回赠，甚至要求必须回赠，这是礼物互换的基础。每送出去一件礼物都要有回赠。②

礼物交换是人类文明现象之一。"给予"在大多数语言中都是基本动词，予格是印欧语系的一个名词变格。实证研究一直致力于赠礼的原则及其在所谓的原始社会中的体现。③ 互惠原则在任何情况下都是存在的，当然暴力获取财物的现象同样常见，甚至更为普遍，虽然很不体面。在讲究互惠的社会中同样存在着打劫、掠夺、偷牛、争夺战以及各种欺诈。但这些现象彼此之间又是截然不同的。是"给予"这种行为建构了等级和荣誉系统，从而保证了社会内部的稳定。"给予"既不是完全的无私，也不是纯粹

131

---

①Mauss 1923-24（Eng. tr. 1967）；亦参见 K. Planyi, *Primitive, Archaic, and Modern Economy*（Garden City, 1968）；Cheal 1988, 19：他称给予为"在道德经济中，一种剩余产品交易的体系，使社会关系的广泛扩大成为可能"。

②Satirically stressed by Martial 5, 59, 3：*quisquis magna dedit, voluit sibi magna remitti*，"无论谁呈现了伟大的礼物都希望这个礼物能返还给他"。

③Gregory 1980；cf. Schieffelin 1980；Gouldner 1960；Sahlins 1970.

的自私自利。① 它在这两者间建立了某种动态的平衡。

　　给予的现象对从青铜时代到古希腊文明的研究都产生了深远而重大的影响。摩西·芬利（Moses Finley）在其有关《奥德赛》的著作中专门辟出一章，阐释礼物在荷马时代所起的重要作用。尼古拉斯·科尔德斯特里姆（Nicolas Coldstream）写了一篇有关《公元前8世纪礼物交换》的考古学证据的论文。② 在文章中他提到了，即使在青铜时代，无礼物互换就无合约可谈。③ 在《荷马史诗》讲述的一场战争中，当格劳科斯（Glaukos）和狄俄墨得斯（Diomedes）知道彼此是客友关系时，他们不得不互换礼物，他们交换的是盔甲。④ 送礼这种行为是最古老也是使用范围最广的贿赂方式，"礼物为赠予者提供了空间，引领他与那个了不起的人相识"。⑤ 有意思的是，在"一位公主写给乌加里特（Ugarit）长官的信"中提到，送信的人由于缺银子，便对收信的人说："多给我送些银两来，越多越好"——信中没有列出数目，也没有告知价位；授受的平衡是在接下来的持续接触中得到调整的。⑥ 雅典娜对忒勒马科斯说："送一件上好的礼物吧——你会得到回报的。"商业贸易至今仍然采用交换珍贵礼物的形式进行。礼物交换系统在像《奥德赛》这样的诗歌中有大量的描写，在实际生活中同样普遍存在。

　　自由市场的形成、货币的产生、商品定价体系的建立等，给交换系统带来了变化。尽管交换行为使授受双方被一种纽带连接起来，但是金钱交

---

　　①参见 Mauss 1967，72 f.

　　②M. Finley, *The World of Odysseus* (New York, 1954; 2nd ed., 1978) 61-65 (qualifications in J. T. Hooker, "Gifts in Homer," *BICS* 36 [1989] 79-90); J. N. Coldstream in R. Hägg, ed., *The Greek Renaissance of the Eighth Century B. C.* (Stockholm, 1983), 201-206; Scheid-Tissinier 1994. See also L. Gernet, "Droit et pré-droit en Grèce ancienne," in Gernet 1968, 175-260; S. Humphreys, *Anthropology and the Greeks* (London, 1978); Herman 1987; Ulf 1990, 211 f.

　　③See M. Weifeld, "Initiation of Political Friendship in Ebla and Its later Developments," in H. Hauptmann and H. Waetzoldt, eds., *Wirtschaft und Gesellschaft von Ebla* (Heidelberg, 1988) 345-348.

　　④Hom. *Il.* 6, 230-236; *epameipsomen* 230; *axion* 的标准在这个案例中被违背，正如用黄金来交换铜，235-237。朋友之间互赠礼物的奇特记述，包括其中一位的妻子，出现在 Hdt. 6, 62。

　　⑤Prov. 18, 16. 论贿赂，希腊的 *dorodokia*（接受礼物），见本书第163页注释①。

　　⑥C. F. A. Schaeffer, *Le Palais royal d' Ugarit* VI (Paris, 1970) 9-11, A 12-14, *RS* 17. 148. Cf. Liverani 1990, esp. 211-217.

易是没有人情味的。不过，不管是以物易钱，还是以钱易物，交换仍然是最基本的手段，而且都是在自主选择与合作的基础上展开的，更理想的则是这种手段能为授受双方带来利益。即使是国家出资也会收取一定的税费，公民在付出之后也会期望得到回报，不论它是特权也好，荣誉也罢，哪怕仅仅得到人身安全的保障。珍贵的礼物在现代社会依然保留着，有时被称作"赞助"；这是一种形式上的浪费，但赞助者并非对"愉快的回报"毫无期待。

132　　皮埃尔·布迪厄（Pierre Bourdieu）阐述了一个"实践论"，他认为，社会交往总体来说就是资产的转让，因此送礼便成为一种投资，是象征资本的积累，来日必有回报。[①] 布迪厄以对摩洛哥卡比利亚地区的研究为出发点，指出即使是在原始社会的交往中也已存在资本主义的运行方式。给予行为的普遍存在，至今仍是社会等级和经济交往的基础，社会系统正是在此基础上运作的。[②]

　　如果给予的互惠性是人类学的普遍现象之一，那么其中所蕴含着的人类学特征便很值得我们仔细研究。给予行为是以人的双手进化到能自如"操控"物品为前提的，这一特征促成了人猿揖别；另一个前提则是，人的智能进化到足以将身外之物看作可以轻松给出的对象，通过给予，人类不仅确认了竞争者，也确认了能通过换位思考实现思想、利益互通的同等地位的伙伴的存在。交换同样意味着时间意识的自觉：能预计到先前出于责任的付出，在将来会有价值确定的可靠回报。在此过程中，数数、计算、测量和称重等智能活动得到了更明显的发展。交换过程必然是基于平等和测量——荷马所谓的 *axion*——的概念的。难怪在精神世界的建构中互惠的

---

①Bourdieu 1972，227-243："Le Capital Symbolique."

②除了给予物品，也有其他表达友谊稳固性和等级的相互作用的形式：眼神的交流，弯腰，或者亲吻——在猿中也很常见。给人类的语言增加了更多可能性，比如说"口头上的敲击"（见本书第107页注释③—⑤、第108页注释①—③）。我们说给予和交换甚至在这个情境中，是测量"亲吻的单位"。

原则得到了极高的认可。

人们常会发现，把互惠原则扩展开来并不具有逻辑必然性，甚至在某些方面根本就是非理性的，但这并不妨碍人类对它的普遍接受。这个原则可适用于不同领域和活动，使其成为可控的、可预测的和可接受的。

礼尚往来的原则也主导着性与婚姻。性是最古老的生物性行为之一，它虽非专属人类，却和人类密不可分，并受到个体的高度重视。性通常被认为是非理性的，因为它不受人类意识的主导。礼物互换是使性理性化的途径之一。由于重男轻女的观念，女性成了交换的"对象"。新娘被她的父亲"送给"追求者——这在希腊语中被称为"送出去的"（*ekdidonai*），在拉丁语中则被称作"给求婚者的礼物"（*in matrimonium dare*）。通过女子的交换，家族与家族、部落与部落之间便建立了友好的关系。在家族之间，婚姻很大程度上是一种产权合同：新郎可能会为得到新娘而付出代价，但也可能新郎还指望同时得到丰厚的嫁妆，或者兼而有之。不同社会里婚姻的具体情形各异；在荷马时期，甚至婚姻这个词的意义都模糊不定。[①] 无论如何，在婚姻中给予现象肯定是存在的，但爱情能稍稍削弱古板的物品交易。可是当一个女子"给出"她的童贞并要求回报时，即使是最亲密的男女关系也会涉及礼品的施受；*anakalypteria*，指的就是洞房花烛夜之后女子应得的报酬。[②] 但是贵重物品的交换也是全球性卖淫现象的基础。在希腊语中，妓女就被称作交易品，*porne*。[③]

互惠性原则的另一适用领域，表现在惩罚性司法中。[④] 惩罚是作为一种

133

[①]On Homeric *eedna* see S. West, *A Commentary on Homer's Odyssey* I（Oxford, 1988）110 f.

[②]"Give me part of your virginity" Ps. -Plato *Anth. Pal.* 5, 79, 2. See also M. I. Finley, "Marriage, Sale and Gift in the Homeric World," *Revue Internationale des droits de l'antiquité* III 2（1955）167-194, repr. in M. Finley, *Economy and Society in Ancient Greece*（London, 1981）, 232-245；J. P. Vernant, *Mythe et société en Grèce ancienne*（Paris, 1974；repr. 1981）57-81.

[③]词根是 *pera-*，交换。

[④]参见 Burkert 1994。亦参见 Seaford 1994 关于互惠、礼物和复仇的两种形式。

因果报应形式为人们接受的。报应可以被看作是行为的回馈：为恶者恶果自食。[①] 即使在恶果自食的对应性中，也包含客观冷静的观念。但复仇原则（lex talionis）是有限制的。[②] 赠礼互惠的观念，其应用范围是非常广泛的。在希腊语中，接受惩罚被说成是"给予公正"（diken didonai）；也可以说是罪犯在"给出"冒犯之后"得到"应有的"回报"；在现代英语和德语中仍有这种表达。[③] 对蓄意挑衅或残暴行为与其后果的对等关系，也用互惠原则来说明，会显得有些生搬硬套。对付残暴的典型模式很简单，那就是"以牙还牙"，并把惩罚量化，比如要暴揍几拳，或者禁闭几天等。[④] 在荷马传唱的《奥德赛》中，当奥德修斯的同伴在特里那喀亚（Thrinakia）岛上吃掉赫利俄斯的牛时，赫利俄斯要求得到"相应的赔偿"。所谓的"相应的

134 赔偿"不是指赔偿那些被杀的牛——奥德修斯的同伴的确承诺过会赔偿这些牛的——而是指杀牛的人要被处死。[⑤]

尽管互惠性原则的适用范围广泛且历史久远，但却并不是人类生而知之的；也就是说，每个人都必须重新习得这一原则，文化的演进并没有改变人的基因。现代人在内心深处总是梦想有这样一个伊甸园，在那里人们可以无偿得到各种美好的事物；更理智一些的人则会尝试用小伎俩避免承担义务，正如阿里斯托芬的喜剧《云》中的老农斯瑞西阿得斯（Strepsiades）所想的那样。他说，高等的教育应该教育人们如何不偿还债务，如何不履行义务，在他看来，履行义务总让人不爽。[⑥]

---

①这是"拉达曼提斯的正义"，通过灵魂转生实现，Arist. *EN* 1132b25。P. Marongiu, G. Newman, in their book *Vengeance：The Fight against Injustice*（Totowa, N. J., 1987），对互惠的理解基本上是这层意义，"复仇"取代了"顺从"，出于"不正义的最初含义"。

②见 e. g. Ex. 21，23-27。

③这是用来表示处于十字路口忏悔的罪犯，NT Luc. 23，41。在阿卡德语中，相关的表达是 *gamalu, gimillu* 和 *riabu*，即"回报"之意，这既可以用在友好互动中，也可以用于复仇的情形中，*AHw* 275 f；978 f。

④Deut. 25，2f；Ioseph. *Ant. Iud.* 4，8，21，238；NT II Cor. 11，24；Plat. *Leg.* 845a。

⑤*epieike' amoiben*，*Od.* 12，382。

⑥Aristoph. *Nub.* 245 cf. 118。

动物之间只有很少的相互给予行为。成年动物哺育幼崽这种最明显的互相给予，可以暂且不论。因为这是动物界母子之间最本能的行为，有时也会将雄性成年动物包含在内。成年动物有哺育幼崽的天性，幼崽正好借此向他们求食。正是在这样的神灵的恩惠（charis）中，动物母子相互亲近，其乐融融。但是，成年人对于孩子的溺爱与人们期待中的长辈"板着面孔"的态度还是不同的。另外，在狩猎中就需要合作。猎狗会叼住在它的帮助下捕获的猎物，但也会屈从于主人而放弃猎物。有些动物，尤其是昆虫或鸟类，为了求偶或是交配，也会常有"礼物赠予"的情况发生。这是为达目的而采取的手段，是为了引起对方的兴趣，降低焦虑。但这种行为中并不能产生互惠原则。捕食中的黑猩猩之间会有食物共享的情况①，也会有简单的蓄意报复行为。② 礼物互换的系统则远远超出这些，可以说是人类社会的普遍成就。

宗教中的赠予

在宗教交往中，礼物交换的现象简直是无处不在。③ 这似乎是人类学和宗教史的另一个普遍的历史事实。曼提克洛斯模式，即与"满意的回报" 135相伴的礼物赠予，在古希腊铭文中反复出现，譬如科林斯城刻有虔诚文字的石板上，或是士麦那城的石座上都有这样的文字。④《荷马史诗》中也出现了礼物交换——化身门托尔的雅典娜向海神波塞冬祈祷说："因这宏大的百牲祭，请赐予所有派罗斯人（Pylian）满意的回报吧。"同样，一位歌手兼诗人向上帝祈祷说："想听我的颂歌，就请赐予我美好的生活吧。"⑤

---

①参见本书第 170 页注释④。

②参见 de Waal 1989，38f；Burkert 1994，12。

③See S. A. J. White，"Gift Giving"，*ER* V 552-557；Linders and Nordquist 1987；F. T. Van Straten，"Gifts for the Gods，" in Versnel 1981，65-151. In Greek，*anatithenai* prevails，but *didonai* is not absent；for Latin，the normal votive formula is DDD，*dedit donavit dedicavit*. For "giving sacrifice" in Akkadian，see *AHw* 1525s. v. *zibu*.

④Corinth：*CEG* 359/60；with variation，*aphorman for amoiban*，"a pleasant fresh start" *CEG* 358；Smyrna：*CEG* 426. Cf. Lazzarini 1976 and 1989-90.

⑤Hom. *Od*. 3，58f；Hom. *Hymn*. *Dem*. 494.

难怪在柏拉图的《游叙弗伦篇》（*Euthyphro*）中，"虔诚"的第一个也是最引人注意的定义就是"祭品与祷告"，也就是"要求和给予"的意思，因此宗教也成为一种"贸易手段"（*emporike techne*）。柏拉图对此曾予以批评，质问道："我们到底如何给予诸神呢?"[1] 但在《会饮篇》（*Symposium*）中，他又让狄欧蒂玛（Diotima）解释说，由"精灵"实施的人神"交易"，包括来自一方的祈祷和献祭，和来自另一方的支配与回报。[2] 因为神对人的支配常常与祭品相关，献祭活动也就能很好地用来解释宗教活动，即这是一种"祭品交换系统"。早在柏拉图之前，希波克拉底学院文献的作者所写的著作《论果实》（*Peri aeron*）里就认同欧里庇得斯的观点，神应享受尊奉并"回馈供奉者"。[3]

人神之间礼物交换的历史可谓源远流长。印欧语系中的诗歌便是最好的一个例子。这些诗可以从希腊语和梵语的文本中找到，其中说到，在荷马所处的希腊时代，神被认为是"世间美好事物的给予者"。[4] 从这说法可以看得出，荷马接受了一种在他以前已经存在近两千年的传统思想并传诸后世。在迈锡尼语中，Theodora 这个名字的意思就是"诸神的礼物"。[5] 波斯国王大流士宣称，天与地的创造者阿胡拉马兹达"把所有美好的事物都赐予人类"，并"将王位赐予大流士"。[6] 德谟克利特（Democritus）同样认为，"无论过去还是现在，众神将所有美好的事物赐予全人类"，而不幸的发生，都是由人类的"盲目和无知"造成的。[7] 神赐恩惠的观念并非只在印欧－希腊存在，也不只是它们的特性。希伯来《圣经》曾反复强调耶和华是所

136

---

① Plato *Euthyphro* 14 ce. 参见 *Leg.* 716e：神不接受污染给予者的礼物。
② Plato *Symp.* 202e.
③ Hippocr. *Aer.* 22, quoting Eur. *Hippol.* 8.
④ R. Schmitt, *Dichtung und Dichtersprache in indogermanischer Zeit* (Wiesbaden, 1967) 142-149.
⑤ MY V 659, 4; A. Morpurgo, *Mycenaeae Graecitatis Lexicon* (Rome, 1963), 324.
⑥ Persepolis inscription g, Weissbach 1911, 85.
⑦ Democr. B 175.

有美好事物的给予者，他将食物给予众生，特别是赐予其生息繁衍能力。《新约》中也存在类似的说法，并自成一个体系，绵延至今已有两千年的历史。詹姆斯在信中说："每一个完美的恩赐以及美好的馈赠都源于上天，源于众光之源"，源于上帝。①

不论是源于上天的礼物，还是来自一个神或是众神的礼物，都只是人神交易的一个方面。人类还须对这些恩赐予以回应。这是我们表达感谢或是"感恩"的方式，即希腊人所说的恩惠（charites）。② 异教徒撒路斯提乌斯（Sallustios）曾经说过："既然我们拥有的一切都来自诸神，那么我们只需将赐予我们的物品所产出的第一批东西敬献出来即可。我们会建造纪念碑以感谢诸神赐予我们万物，通过敬献毛发来感谢诸神赐予我们身体，通过奉献祭祀物品来感谢诸神赐予我们生命。"③ 耶和华训诫道："你们不能两手空空来见我"；所有人都应手持礼品来觐见耶和华。④ 在一个西闪米特文献中，神哈达（Hadad）"将牧场和水源赐予各城之人，把人们敬献给他的祭品与兄弟诸神分享"（礼物的循环同样存在于诸神之间）。⑤ 曼提克洛斯将所获十分之一敬献给神。苏格拉底将祭品看作人献给神的礼物，同时祷告以求得神的回报。⑥ 回赠是授受双方的义务。在《伊利亚特》中，宙斯觉得他应该帮助赫克托耳，因为"他（赫克托耳）焚烧掉许多的牛腿，在伊达山上为特洛伊城祈福"。同样，在《奥德赛》中，雅典娜催促众神助奥德修

---

①James 1，17. Cf. also theon eis anthropous dosis Plat. Phil. 16cd.

②SVF II nr. 1081：The Charities（传统上被尊奉为女神们）是"我们为报答神之恩赐所献初果祭以及回报"的拟人化。

③Sallustios 16，1；参见本书第170页注释①。

④Ex. 23，15；Psalm 96，7 f；礼物祭品用希伯来词汇来表示是 minhah，参见阿卡德语 kurbanu 和 muhhuru。

⑤Stele of Fekherye, A. Abou-Assaf, P. Bodreuil, A. R. Millard, La statue de Tell Fekherye et son inscription bilingue assyro-araméenne（Pari，1982）17（Assyrian version line 2 f.）cf. 24（Aramaic version lines 2-4）.

⑥Plato Euthyphro，参见本书第152页注释①。

斯一臂之力，因为"他给诸神敬献的圣物比其他人都多"。① 一个更典型的例子出自古巴比伦史诗巨作《阿特拉哈西斯》（*Atrahasis*）。在大灾荒时期，人们独独向雨神表达了前所未有的精诚之心，以求得到他的庇护。他们为雨神修建了一座神庙，敬奉上大量祭品，只为了"让雨神感到受之有愧"——最终他们如愿以偿：雨神被人们表现出的诚意打动，并施以援手。②

　　这种反复公开表达的宗教态度，在曼提克洛斯的小雕像被发现之前已经演变成为一个对等原则（*do ut des*），即"礼尚往来"。③ 最明白无误的表达可见于印度《吠陀经》中，里面明确说到"你给我，我才给你"④。同样，在坦桑尼亚大丰收后的祭神仪式上，人们举起第一杯酒时要说："喝下这杯酒——给予我们祝福……赐予我们生命、生命、生命！"⑤ 在近东的智慧文学中，我们可读到这样的句子："给神一天的时间，你便会收到你的回报。"⑥ 我们甚至可以看到像"贷款"或是"投资"这样非常明确的字眼，一句所罗门的谚语说："怜悯卑微的人就是向耶和华借贷，而耶和华也必会给他回报。"根据《马太福音》，耶稣也鼓励人们多施舍，并承诺说："上帝……将给你回报。"⑦ 更加谨慎的人则会立誓做出承诺。在古希腊诗人埃斯库罗斯的悲剧《俄瑞斯忒斯三部曲》（*Oresteia*）中，合唱队向宙斯承诺："你会得到两三倍的回报"——这就像是资本家给投资者的许诺。⑧ 能想到

137

---

①Hom. *Il.* 22，169-172f；*Od.* 1，66 f.

②*Atrahasis* II ii 14；20，Lambert-Millard 1969，libašma ibiš，cf. Dalley 1989，21. For Kroisos' reproach to Apollo in Herodotus，参见本书第 160 页注释③。

③See G. van der Leeuw，"Die Do ut des-Formel in der Opfertheorie，" *ARW* 20（1920/1）241-253；Widengren 1969，280-288；*ER* VI 197-214；Grottanelli 1989-90；for qualification，see Festugière 1976，418："beaucoup plus complexe que la notion du contrat."

④*Tittiriya-Samhita*，Widengren 1969，284；*ER* V 554.

⑤参见本书第 36 页注释①。

⑥Lambert 1960，104；*qiptu*（loan，credit）147 f.

⑦Prov. 19，17：NT Math. 6，4 cf. 6.

⑧Aesch. *Lib. Bearers* 792 f.

进行投资的通常是祭祀的人。向神灵祭祀会带给祭祀者一百头牛的收益，这也是百牲祭最原本的意思，即"一百头牛的祭祀"①。"给得多，得到的也就多。"② 在宗教奉献的仪式中，我们常常能发现一个交换不断循环的观念，之所以要祭献神是因为他曾回赠过，也是为了他能反过来继续回赠。再比如："少女雅典娜啊，泰尔斯诺斯（Telesinos）给雅典卫城敬立了一座你的雕像。对此你感到高兴吧，那就给他机会让他再立一尊吧。"还有，"米南德已经履行了诺言，敬献了什一税来作为回报；宙斯之女啊，请救救他，作为回报吧"。③ 在罗马，人们将什一税作为礼物敬献给赫拉克勒斯，希望他"经常督促他们能这样做"④。对于农民来说，春耕夏种秋收冬藏的一年也是一个给予的循环。粮食是农业之神德墨忒耳赠予人类的礼物。粮食成熟季节，人类第一时间向农神奉上第一批收成，以确保赠予的循环永不断绝。对早期的农民来说，当冬天即将到来之时，将可以食用的粮食撒进土地里一定经过了一番心理挣扎⑤——同样，为确保来年的丰收，人类必须播撒种子。⑥ 现实和观念中的循环交换是一致的。

　　正如我们所看到的那样，对等原则有不同的表达方法：在曼提克洛斯那里，称作 *da quia dedi*；对于《奥德赛》中的雅典娜来说，称作 *do quia dedisti ut des*，即在祭献循环中"一报还一报"。⑦ 对等性原则最终稳定下来：托勒密国王和他的王后"继续在全国的圣殿大量祭献圣俸，以荣耀神灵　138

---

①P. Thieme, "Studien zur indogermanischen Wortkunde und Religionsgeschichte," *Berichte der Sächsischen Akademie der Wissenschaften zu Leipzig*, Phil. -Hist. Klasse 98, 5（1952）62-76.

②*Anth. Pal.* 6, 152, 3 f; 6, 238, 5 f.

③*CEG* 227；275.

④*CIL* I²2, 1531 = *CLE* 4, *donu danunt... orant se voti crebro condemnes.*

⑤K. Ehlich in S. Döpp, Hg., *Karnevaleske Phänomene in antiken und nachantiken Kulturen und Literaturen*（Trier, 1993）, 293 f.

⑥希腊语 *ploutos*（富裕）一开始意味着谷物，储藏在隐蔽的宝库（*thesauros*）中；在神话中，普路托斯（Plutos）是谷物女神德墨忒耳的儿子，被称为冥王的冥界之神。

⑦亦参见 Widengren 1969, 288。

……作为回报，众神确保其国土安宁，保佑其子民永世衣食无忧。"①

历来对严格互惠性的反对并不少见。最值得注意的反对意见来自耶稣，他说："赠予比获得更应蒙恩。"② 上帝恩泽不均，人类也就不要苛求了。③ 然而基督教传统在恢复交易的公平公正性上还是多少取得了一定成功。伊斯兰教对互惠性的反对很明显："真主安拉从他的信徒手里索走了他们的生命与财产，是为了还给他们一个天堂。"④ 交易之得失已经确定了，人类凭信付出，静待相应的回报。

从人类学和宗教现象学的角度来看，一个双重问题便出现了：①在人类个体贪婪成性、多取少予的状况下，互惠原则是如何与生存竞争的法则相协调的？在一定意义上，提出这样的问题也是要问协作何以可能的问题，更一般地说，是道德起源问题。②互惠原则是如何在宗教中居于主导地位的呢？不要忘了，这个交易的一方必然始终隐而不显。这似乎又内含第三个问题：为什么社会捐赠和宗教给予这两种现象会紧密交织在一起呢？

道德的系谱学？

互惠是一种道德形式。道德是如何在达尔文主义适者生存学说主宰下的世界里发展形成的问题，在当代通过博弈论分析和计算机模拟受到重新

---

①Canopos Decree of Ptolemy Ⅲ, 239-38 B. C., *OGI* 56, 8 f., 19 f.

②Acts 20, 35. Thucydides 2, 97, 4 论述了取予的不对等性，借以指称那些有权"索取而不给予"的色雷斯人。

③不期待回报的邀请 *antapodosis*：Luke 14, 12；给予不同的劳动相等的酬谢：Matth. 20, 1-16；挥霍的儿子和不诚实的斯图尔特：Luke 15, 11 ff；16, 1-9；给予富有的人：Mark 10, 21。"如果你有金钱，不要以利益为由借出去，而是给那些你不会得到的人手里"——这是诺斯替教派多玛福音的版本（95），马太福音里提到，"它成为不要从要求你去借的人那里转变而来"（5, 42），然而，Luke "已经给了每一个要求你的人，不要从拿走你的东西的人那里声称返还到"（6, 30）。*Didache* 1, 5, 结合 Luke 6, 30 和 Acts 20, 46, 甚至声称："向拿走他的人悲痛"。主祷文第五节，Mt. 6, 12, 通常翻译为"原来我们所做的错事"，含有词 "*opheilemata*"，它一开始是"借贷"的意思，理解为"就像我们放弃亏欠给自己的债务一样"；犹太教义方面的材料也支持传统的解释，参见 *ThWbNT* V 565。耶稣模型是孩子向父母祈求的行为。弥补（*amoibe*）在马可·奥勒留伦理中也被否定："如果你做了善行，其他人也对他做了好事，你还期待什么呢？"（7, 73）。

④Quran, *Sura* 9, 111.

审视。这些研究结果不仅解析了 20 世纪初被称为社会达尔文主义的群择理论，更阐释了涂尔干和莫斯的研究方法。涂尔干和莫斯曾经明确反对达尔文，试图证明社会相对于个体的优先性。[①] 很明显，合理公正和团结协作会使"群体"具有生存优势，因此被视作群体具有适应性和成功的标志，但是那些没有资本投资而仅靠着欺诈获取报酬的人则具有更大的优势，这是人类本身的"自私基因"在作祟。[②] 是选择协作还是欺诈，著名的"囚徒困境"对这一抉择做了一个很好的诠释。[③] 如果你不知道你的同伴将要做什么，并且单次的欺诈会付出更大的代价，哪一个是更为明智的选择呢？基于这些假设，人们制作了一套电脑游戏，其结果显示：从长远角度来看，采取"友好"策略要比采取欺诈性、攻击性策略能更快更经常地取得成功。要取得更大的成功，参与者一开始应该团结协作，但是一旦遭遇背叛便立即要以牙还牙施以报复。这也被称为"怨恨者策略"或是"一报还一报"，同样也可以称其为"愉悦回报策略"。[④] 我们是不是因此就可以认定团结协作、互惠互利和对等回报的方法更具优势，并最终会演变成为文化传统的价值观呢？进一步假设，我们是不是就可以认为这些策略将会一再重复并最终普遍化为人类的共识呢？这样说并非无视这一事实，即这种游戏只是数千年来人类社会多因素发展过程高度简化的模型。

被称为最早的外贸形式的"无声贸易"在此特别值得一提。[⑤] 希罗多德

---

①参见本书第 12 页注释①。以下的讨论绝大多数和社会生物学辩论能相提并论（见本书第 11 页注释②），但是得到的成功在所获得物品的意义上而不是在基因的繁殖上。

②Dawkins 1976.

③This goes back to Rapoport-Chamnah 1965；cf. R. Axelrod and W. D. Hamilton，"The Evolution of Cooperation," *Science* 211/4489 （1981）1390-1396；D. R. Hofstadter, *Scientific American* （May 1983）14-20；Axelrod 1984-1988.

④有关怨恨者的策略，参见 Dawkins 1976，199 f. 同时参见 Boyd-Lorberbaum，1987 的反对意见。

⑤P. J. Hamilton Grierson，"The Silent Trade," in D. Dalton, ed., *Research in Economic Anthropology* Ⅲ （Greenwich, Conn. 1980）1-74；A. Price, "On Silent Trade," ibid. 75-96；R. Hennig, "Der stumme Handel als Urform des Aussenhandels," *Weltwirtschaftliches Archiv* 11 （1917）265-278；D. Veerkamp, "Stummer Handel. Seine Verbreitung, sein Wesen," （Ph. D. diss., Göttingen, 1956）；A. Giardino, "Le merci, il tempo, il silenzio. Ricerche su miti e valori sociali nel mondo greco e romano," *Studi Storici* 27 （1986）277-302；*RlAss* s. v. "Markt."

在这方面曾做过经典的描述。在直布罗陀海峡以南非洲地区，腓尼基商船抵达海岸后，商人会锚定船只，然后：

> 取出自己的货物，把它们整齐地摆放在沙滩上。然后他们退回到船只上去发出烟雾信号。当地人看到烟雾之后便会来到沙滩上，放下金子之后便从存放货物处撤退。商人回来检查金子的数量，如果与货物的价值相匹配，他们便会带上金子离开；否则他们还会撤回到他们的船上，待在那里，当地的人就会带着更多的金子再来，直到他们放够令对方满意的数量。这期间没有欺诈现象的存在。①

后来，学者们认为中国的丝绸贸易也受到了这种方式的影响。② 类似的形式也在世界各地出现。它们好像是同时出现的，尤其是在那些彼此之间不存在信任且交流极其受限的情况下。互惠原则一开始便得到认可，即使没有直接的接触，更不用说讨论，这使得后续的合作得以可能。这种原则当然又被交易行为巩固强化，当然，如果发生过多欺诈和暴力行为，这种系统就会立即崩溃。换句话说，这是人类尝试发展出"友好"策略的过程，策略最终被证明很成功。持续交易所获得的回报要远比一次性欺诈或是抢劫所获得的利益大得多。值得注意的是，这种现象从人类学角度来说是非常普遍的。这种现象在不同时代不同地区出现，相互之间并没有承续关系。这完完全全是人类的行为，猩猩是办不到的。

无声贸易的程序与某些向神敬献礼物的形式有明显的相似性。供品被放置于神的正常栖息地以外的某个地方，然后供奉者退出，有时都不回头

①Hdt. 4. 196.

②Pomp. Mela 3，60；Plin. *n. h.* 6，88；Amm. Marc. 23，6，68；最详细的 Eustathius，*In Dionys. Perieg.* 752，他也提到了希罗多德。

看一眼，而是默默等候"尊贵回报"的降临。在希腊，这种方式在敬献第一批成熟的水果时尤为常见。在水果丰收季节，时令性果品（*horaia*）通常会被置于某个简易的祭坛上或是就摆放在地面上，以敬献当地的英雄或是仙女，或是各自信奉的神灵。这也是在维护生命赖以依靠的供奉－回报循环。但有一点与无声贸易是截然不同的，即恩惠通常会涉及向诸神敬献的供品，比如说，除了有礼品还会再附赠一些鲜花。①

但是这看似无懈可击的类比却将"囚徒困境"以独有的力量带回我们的视野里。当看不见明显的回报时，供奉礼品的习俗是如何风行起来的？互惠原则看似一遍又一遍地控制着人神之间的交易，但它却并不是基于确定无疑的实际经验，更无可靠的数据予以证明。我们也不应该将赠予看作是感恩的表达，因为人们是依照传统而行事的，而传统也强化了这种行为。互惠给予原则不能验诸神灵——也不能验诸死者，而在人类一方，往往是毫不吝惜地给予，而且这种现象实际上在人类社会中普遍存在。这种现象绝对不是"自然的"或者说"符合生物学规律的"，但它似乎在宗教中占据主导地位，特别是在原始社会和远古时期。

互惠失效：宗教的批判

"看看这些奉献的礼物吧"，在萨莫色雷斯岛供奉着伟大神灵的圣殿中，有人对希腊无神论哲学家狄雅戈拉斯（Diagoras）这样说，"本应该有更多的。"这个无神论者毫不畏缩地反驳说，"如果那些淹死在海中的人们能够有机会建立纪念碑的话"。② 没有相关的数据证明宗教给予的相关性，即使有，可能其证明结果也会与我们预想的相反。

事实上，倒是有极端的反例显示人们对神灵怨声载道。虔诚的信徒反

---

①有关一个不同的给予品质，*do ut abeas*，参见本书第 173 页注释②。

②Diagoras（5th century）in Diog. Laert. 6，59，Cic. *Nat. Deor.* 3，89 = Diagoras Melius, Theodorus Cyrenaeus ed. M. Winiarczyk（Leipzig，1981），T 36/37.

而遭受灾难的最典型例子便是约伯（Job），而在近东也并不缺乏相似的例子。① 在希腊文学中，我们可以发现相似的叹惋之言，有人抱怨说给神进献祭品完全是白费劲。"噢，我父亲在神灵前供奉的祭品啊，那些被屠杀的牧羊啊，全都无济于事。"② 在公元前 547 年，当吕底亚王国最后一位国王克洛伊索斯（Croesus）遭遇不幸时，相关的谈论蔓延开来，人们说克洛伊索斯"给不朽的神灵"敬献的供品比世间的任何人都要多，但却在与波斯王的一次战役惨遭杀害。希罗多德描述了他曾派遣使节去德尔斐神庙询问"是否它（神）已习惯了失信于捐助者"③，神真应该"为接受了那么多的祭品而感到愧疚"④。神却回答，这一劫数是克洛伊索斯命中注定的，因为他的祖先巨吉斯（Gyges）曾冒犯了神，并且神为了照顾克洛伊索斯还将这一惩罚推迟三年才执行。神灵没有精心编织好一个理由，却列出了三个漏洞百出的借口。但是恩惠在某种程度上得以保存。

对于想保持虔敬之心的人可以提出以下忠告：人们可以有选择地看待互惠原则，同时保持积极向上的态度。这也是狄雅戈拉斯的事例最终要告诉我们的：死者已矣，唯待生者。雅典人必须要承袭祖先祭祀的传统，"因为只有这样，好运才会降临到他们头上"⑤。在《伊利亚特》结尾处，普里阿摩斯说道："供奉神灵还是很有好处的。"⑥ 众神不会忘记虔诚的信徒；尽管赫克托耳供奉那么多祭品，宙斯还是没有救他一命，但是宙斯设法为他安排了盛大的葬礼仪式。这场交易最终还是完成了。

尽管存在神灵失信于人类的情况，但是这并不能妨碍人类相信他们生命中的所需和所得——食物、健康和成功——是神灵的恩赐，来自"美好

---

① 参见 Lambert 1960，75。

② Cassandra in Aesch. *Ag.* 1168 f.

③ Hdt. 1，90，2 cf. 4；有关历史传统的发展阶段见 Burkert，"Das Ende des Kroisos. Vorstufen einer Herodoteischen Geschichtserzählung," in *Catalepton*，*Festschr. B. Wyss*（Basel，1985），4-15。

④ 关于 *Atrahasis* 中的表述，参见本书第 154 页注释②。

⑤ Lysias 30，18。

⑥ *Il.* 24. 425 f.

事物的给予者"，或者如信徒所说，是"来自上天"的。希腊斯多噶派哲学家爱比克泰德（Epictetus）说道："人啊，不要忘恩负义，要感激宙斯使你们能看、能听，感激神赐予你们生命，感激帮助生长的一切力量，感激神赐予你们玉米、葡萄酒和燃油。"① 春耕夏播秋收冬藏的循环，被看作礼物交换的循环。② 在人类文明发展演变的早期阶段，狩猎中所捕获的猎物被视为超自然者——例如某一个动物之神或是动物女神——赠予人类的礼物。当然这种赠予也是需要回报的。当感到不满意时，这位神灵或是女神便会拒绝人类的礼物，灾难也随之降临。③

对宗教中礼物交换理论的批评在其他层面更有说服力。一方面，宗教祭献耗费巨大。在吕西阿斯（Lysias）的演说词中有一篇名为《诉尼克马科斯》的演讲稿，这篇演说词中提及，负责收集和刻制雅典圣律的尼克马科斯（Nicomachus）曾列出过一个长长的祭品清单，如果真的按照这个清单准备祭品的话，那么整个城市便会破产。④ 在阿里斯托芬的喜剧中，当那些出于利益自保心态的市民拒绝按照妇女议会通过的共同财产法规将自己的私有财产充公时，他们嘲讽道："看看这些神灵，看看这些雕像的手：如果我们向他们祈祷赐予我们东西时，神就只会站在那里，伸出空空的手，好像并不是在给，而是在索要着什么。"⑤ 德尔图良（Tertullian）评价异教神灵时轻蔑地说："这些神灵可不是白白就能知悉的，而是要想交钱的。"⑥ 基督教确实是出身"卑贱"，但别忘了，耶和华也并不喜欢两手空空的朝拜者。埃斯库罗斯曾语出惊人："在众神中遗世独立的死神，是不喜欢任何礼物

143

---

① Epictetus 2, 23, 5.

② 参见本书第 155 页注释⑤—⑥。

③ See e. g. I. Paulson in I. Paulson, A. Hultzkrantz, and K. Jettmar, *Die Religionen Nordeurasiens und der amerikanischen Arktis* (Stuttgart, 1962), 67-100.

④ Lys. *Or*. 30, cf. Burkert 1985, 226.

⑤ Aristoph. *Eccl*. 779-783.

⑥ Tert. *Apol*. 13, 6.

的。"① 一般神灵则正好相反，他们都非常贪婪，在任何情况下都会向人类索要礼物。

因此在人类企盼一个公正合理的"好的报偿"的时候，风行于世的却似乎是不公正。其实在很久以前就曾有人提出这样的问题：利益交易怎么能与众神主持的绝对公正的律法并存呢？如果真有对等的回报，那么富人在与众神灵做交易时岂不占尽了先机？因为盛大的仪式又必然少不了奢侈的祭祀品。② 这个问题可以追溯到很早。赫西俄德说，每个人都可以"按照自己的方式"祭祀。③ 还有一些其他的事例证明：相较于富人们穷奢极欲的祭品，其实神灵们更喜欢虔诚的穷人所供奉的粗陋的祭品，不论是初结的果实还是廉价的乳香。④ 从史前时期我们就能发现，通常是一些黏土制作的廉价而简单的物品作为供奉的礼物被摆放在圣殿里，其实这些东西明显只是被我们所谓的真正的礼物的粗陋替代品。这种现象可以被称为象征手法、虚构或是欺诈吗？塞尔维乌斯（Servius）曾写道："你必须要明白在与神灵做交易时，通常假的东西会被当作真的来接受。"实际上确有其事，月神梅恩（Mēn）就曾接受过一个石碑而不是一头公牛作为祭品；而当大力神赫拉克勒斯看见孩子们把一个苹果当作一只公羊"敬献"给他时，他甚至感到相当高兴。⑤ 从道德角度来看，一个更可信的说法是：神比较看重信徒们的所感和所想，而不是祭祀品的价值，而这一说法在《圣经》以及希腊伦理学中也都有依据。⑥

---

①Aesch. *Fr.* 161 *TrGF*.

②见 Hippocr. *Aer.* 22，Ⅱ 80 L. 对此讥讽的讨论很明显富有的人应该从诸神那得到酬谢，因为他们的奉献；当谈及穷人时，双方都感到不满足。

③Hes. *Erga* 336f.：*kad'dynamin*，cf. Xen. *Mem.* 1，3，3；4，3，16.

④Porph. *abst.* 2，15 = Theophrastus Fr. 584 A，line 145-153 Fortenbaugh；2，16 = Theopompus *FGrHist* 115 F 344.

⑤Servius *Aen.* 2，116，有关伊菲革涅亚作为祭品在祭坛前被杀害。——E. Lane，ed.，*Corpus Monumentorum Religionis Dei Menis* I，Leiden 1971，nr. 50。——Herakles Melon：Pollux 1，30 f. 有关替代的献祭可见第二章。

⑥Cf. Latte 1920-21，285 f. = 1968，25 f；I Sam. 15，22；Jesayah 1，11-17；cf. Prov. 21，27；22，11.

对宗教互惠给予的更为彻底的批判是由柏拉图提出的，他认为向神敬献礼物是在行贿。随着成文法推动城市发展，在金钱逐渐主宰市场时，那种旧式的相互债务责任就变得十分可疑了。"收受礼物"演变成"收受贿赂"的代名词了。① 因此柏拉图对赫西俄德居然能够接受"用礼物能取悦神，能说服至高无上的帝王"的说法感到震惊②，荷马居然会发出"即使是神也并非顽固不化"的言论③。如果给冥府女王献上足够的礼品，会不会按照赞美诗中的唱词所说，人类在阴间应受的惩罚就可以全部抵消呢？④ 在他的后期作品中，柏拉图坚称神作为一切善的代表是不能受供品和祈祷影响的。⑤ 这将从根本上取缔宗教膜拜的核心仪式，只留下哲学式的"信靠神"。⑥

否定礼物赠予的观念，也就可以摆脱一个恼人的结论，那就是，礼物的接受者将会被他的捐赠人牵着鼻子走，而上帝也会成为人类的附庸。赫梯语赞美诗礼赞太阳神伊什坦（Ishtanu）道："仁慈地对待他，你的仆人，他就会继续向你供奉面包和啤酒。"在埃斯库罗斯的剧作中，宙斯被质问道："你到哪里去找一个像他这样虔诚供奉你的信徒？"⑦ 基督教祷告词中有这么一句："主啊，赐我恩典吧；否则，我将再不会给您荣耀——等着瞧，看谁会赢？"⑧ 阿里斯托芬在《鸟》中写到，当群鸟遮蔽住整个天空，祭祀仪式便终止了，众神因此而饱受饥饿的摧残。同样的说法在东方的一些作

144

---

① Cf. W. Schuller, ed., *Korruption im Altertum*（Munich, 1982）。

② Hes. *Fr.* 361（Quoted by Plato *Resp*. 390e；对此的戏仿 Ovid *Arsam*. 3, 653 f.）；Plat. *Resp*. 364d, e。

③ *Il*. 9, 497.

④ Hom. *Hymn. Dem*. 367-369, cf. Richardson 1974, 270-275.

⑤ Esp. Plato *Leg*. 905d-907b.

⑥ Plato *Tht*. 176b. 在其后期著作中，柏拉图通过一种神奇的阐释，将献祭确证为一种"通神"（*synaphthēnai theois*）的方式，Sallustios 16 cf. 14, 2f。

⑦ Lebrun 1980, 92 ff., 121 ff；H. G. Güterbock in W. Röllig, ed., *Altorientalische Literaturen*（Wiesbaden, 1978）227. Aesch. *Lib. Bearers* 255-257；cf. *Seven* 174-181, 301-320："还有哪里比此处更好"（304 f.）。

⑧ 我将这个文本归功于 Wyatt MacGaffey, Haverford。Cf. Joel 2, 14：耶和华应该留下足够的祈祷给"提供谷物和提供饮水的人"。

品中也以更激越的语调表达出来。因为大洪水的缘故，众神已经很久没有收到祭品了，以至于当有人在很久之后第一次终于再来供奉的时候，众神"蜂拥而至"。① 一则赫梯神话这样解释："如果你彻底摧毁人类，那么他们就不会再向众神朝拜，没有人会敬奉面包和酒了。"② 美索不达米亚的智慧文学中有这样一句话："你可以让神像狗一样围着你转。"③

145　　尽管有些哲学家基于神的自足性，即他并不依靠人竭力建构一种高深的神学理论，但实际情况恰恰相反，给予行为在宗教实践中并未消失。实际上，人人都明白要想与神沟通，交换、互赠礼物是必不可少的，这在信徒团体内部及上下级之间的礼物交换中也得到了反映。可以说，任何一种宗教组织存在的目的之一，就是向人们征收礼物。一些所谓的新的宗教和教派便是最突出的例子。

互惠失效：关于宗教仪式的一些事实

如果说给予在各种宗教形式上都表现得如此重要是一种矛盾的现象，那么随之而来的另一个悖论是：在现实社会中，即使存在宗教上的给予，也不会有任何人真正受惠。宗教意识形态和宗教行为实践向来存在着显著的歧异。虽然供品这个字眼总会不断明确地让我们想到互惠的原则，但这个原则却并没有在宗教仪式中体现出来。对于前面提到的问题——尽管神界的存在是"不清楚"的、"不确定"的，但互惠给予的原则却又怎么能支配宗教行为——在当下的观察中，我们便找到了一个略显偏颇的初步的答案，那就是：虽然神灵没有赐予人类明显的恩赐，但是人类也并没有将互惠这个原则落到实处。与神之间的交易向来是按照惯例和表象执行的，从长远来看，这近似于要花招。观念与实践的辩证共存可能要追溯到最遥远

---

①*Atrahasis* III iv 35，Lambert-Millar 1969，58 f.，Dalley 1989，33；*Gilgamesh* XI 156 ff.，Dalley 114.

②H. G. G，Güterbock，*Kumarbi*（Istanbul，1946）21.

③Lambert 1960，148 f.

的时代。但是我们也没有理由认为，原始人类就没有看出观念和实践间的歧异。欺骗并不能使人类的虔诚心消退。

其实，人类并不可能真正直接向神赠送礼物。有两种不同的方式来处理这种礼物：它们可以直接从人类的消费清单中彻底划出，或者可以在人类社会中将它重新分配。换句话说，向神灵供奉意味着某种经济盈余；在与神灵或是死者交易时，这种经济盈余就易手了。可以在祭祀仪式中将其销毁，也可以把它循环利用。前者会让人觉得是不理性的，而后者被看作是理性的。现代的讣告通知要求我们将金钱而不是鲜花寄送到国际特赦组织或是某些人道主义组织。但是，葬礼上没有鲜花还是不行的。实际上，这两种形式都已经存在数千年了，我们应当了解其基本的发展演化方式。 146

在祭祀时，销毁贵重物品主要采取以下三种方式之一：或倾倒在水中，或用火焚烧，或是简单地倾洒一些液体。^① 另外，礼品会随死者而葬入墓中。这种风俗习惯可能在史前时期或是旧石器时代晚期就已存在。这种习俗在各个文明中普遍存在，尤以古代宗教中最为显著。被沉浸的祭品比比皆是，并且会留下考古学痕迹，特别是当沉浸的地点被选在沼泽地而不是池塘或河流中时。珍宝、牲畜甚至是人类都可能成为祭品。另外，这些东西在沉浸之前可能被折断或是扭断而变得不能再用。给予的行为必须是不可逆转的，而且很少有人能够解释清楚这些赠品是怎样到达被供奉者那里的。^② 物品一旦被沉浸就很难被人类再复原了，想想在罗马的特雷维喷泉（Fontana Trevi）被沉浸的硬币吧，这是近期发现的值得玩味的沉浸祭品的例子。但是这种现象本不该发生，正如波利克拉特斯（Polycrates）的例子

---

①完全破坏战利品的记录，可见于希伯来文献 *hrm* 中，同样见于凯尔特人，Caesar *b. g.* 6，17，3-5，参见 U. E. Hagberg in Linders and Nordquist 1987，77-81。

②Hdt. 7，54，3 当薛西斯将一个金杯扔到达尼尔海峡时，想到了一个提出来的问题。这是对太阳神的一种奉献（将会走一个错路）吗，或者是赠给海的一个礼物（他以前打了大海）？

所告诉我们的。① 如果可食用的祭品或是贵重物品被放在某个开阔的地方，它被回收再利用的概率就很高，这可以被称作是最早的"回收"的例子。如果人类走开后，动物们可能会趁机享用这些可食用的祭品。有人解释说这些动物是神的化身，比如伊朗宗教就将狗和猛禽看作是神的化身。② 希腊则正相反，如果他们发现祭坛上有乌鸦，则会看作是渎神。亚伯拉罕也将盘旋在切开的牲畜祭品周围的鸟类赶走，以便上帝能通过。③

更为残忍、高调而彻底的破坏是焚烧。人们可以目睹整个焚烧的过程，升到天空的烟好像是直接到达神灵那里。在西闪米特和希腊的牲畜祭祀中，人类只焚烧动物的某些部分，包括不可食用的东西，而不是将其整只烧掉。④ 整只动物的焚烧，即大屠杀（holocaust），在西闪米特的宗教祭祀中有突出表现，尤其是在耶路撒冷圣殿中的日常仪式中；另外还有一些宗教会将儿童作为祭品焚烧，这些现象主要出现在腓尼基和迦太基。⑤ 最为无害的祭拜方式就是焚烧香木尤其是乳香，这种仪式从闪米特世界传到整个地中海区域，通过与产品的主要输出地——阿拉伯南部国家进行贸易往来进行的。⑥ 在戴克里先（Diocletian）时代的罗马，这种方式被看作是市民向众神表示效忠所付出的最小的代价，但是基督教徒则拒绝这样做。

另一个古老而简单但却浪费的祭祀形式便是祭酒。即使泼出去的只是普普通通的水，也是浪费，因为水并不是从龙头中自动喷出来的，而是从远处的井里不辞辛劳挑回来的。但通常祭祀中使用的是更为珍贵的液体，从稀世罕见的精美的容器中倾倒出来；围绕从何处倒出何种液体等细节会

147

---

①Hdt. 3，41 f.

②See Burkert in *Hérodote et les peuples non grecs*. Entretiens sur l'antiquité classique XXXV（Geneva，1990）18，对比 Hdt. 4，61，2。

③Gen. 15，11.

④见 R. K. Yerkes，*Sacrifice in Greek and Roman Religions and Early Judaism*（London，1953）；Burkert 1983。

⑤论以色列的*'olah*，见 A. Hultgärd in Linders and Nordquist 1987，83-91。有关摩洛克的献祭，参见本书第 63 页注释①—③。

⑥Burkert 1992a，20.

有程序复杂的讨论，结果免不了还是浪费。①《新约》中有一个关于"大罪人"的故事，这个"大罪人"通常被认为是抹大拉的马利亚。这人打破了雪花石膏制的盒子，将里面的药膏倒了出来，一些精明的门徒粗略地计算出药膏的价值，约值三百便士。他们抗议说，这些财富本应分发给穷人，但是耶稣却赞成在祭祀中大肆浪费的行为，他的偏颇的理由是：这些供奉的祭品是为祭祀者即将到来的葬礼预先做准备。② 给死者喷香水并不比尼安德特人给死者敬献鲜花的行为更合理。

耶稣门徒主张的祭品回收的做法也是自古就有的。这种做法在近东和埃及等地逐渐演变发展，并且对寺庙体系来说是必不可少的，因此可以称为这些文明能得以形成的必要条件（condicio sine qua non）。③ 寺庙中的所有人都依靠这些祭献给神的祭品度日，以至于最后人们定期向上帝供奉的行为就像是在向寺庙纳税。这样来看，缴纳"什一税"的原则也是很早就有的。④ 在美索不达米亚的一个寺庙中，人们每天定期举行仪式，将众神的塑像移到用餐的地点，摆放好桌子，点燃香炉，让众神饱餐一顿；让教士们欢欣喜悦的是，神对那些饭食分毫不动，于是教士及其家属便可二次享用了。⑤ 这样，寺庙专职人员便能在一个固定的地方凝成一个整体，摆脱生计之忧而专心于事务，这当然意味着可以得到令人羡慕的特权。在埃及也存在同样的情况。在那里，为位高权重的死者准备的食物也会通过某种方式

148

---

① Cf. Burkert 1979, 41-43；关于两河流域见 *RLAss* Ⅶ 1-12 s. v. Libation；Ch. Watanabe，"A Problem in the Libation Scene of Ashurbanipal," in Price Takahito Mikasa, ed., *Cult and Ritual in the Ancient Near East*（Wiesbaden, 1992）91-104；乌加里特与希伯来 *nsk*，*HAL* 664，cf. *ThWbNT* Ⅶ 529-537。

② Mark14，3-10 以及类似的。

③ Meissner 1920/25，Ⅱ 81-90；Oppenheim 1964，106 f.，191 f；Ringgren 1973，81-89；H. Altenmüller, s. v. Opfer, Opferumlauf, *Lexikon der Aegyptologie* IV（1982）579-584；596 f；W. Helck s. v. Tempelwirtschaft, ibid. VI（1986）414-420.

④ Akkadian *ešru*，*AHw* 257；Hebrew 'ašer, e. g. 伯特利的圣所，*Gen.* 28，22；希腊语 *dekate*，尤其是与阿波罗的联系；参见 H. W. Parke，"A Consecration to Apollo," *Hermathena* 72（1948）82-114。

⑤ Thureau and Dangin 1921，61-118. 详细描述了乌鲁克的阿努神庙的祭仪。

167

被生者再次循环利用，尽管宗教的碑文对此事不置一词。那些作为什一税供奉给耶和华的食物，也会"当着耶和华的面被吃掉"，当然这位神并没有动一米一粟。① 在罗马的大祭坛，人们把丰盛的食物作为什一税敬献给赫拉克勒斯，并邀请所有人一同享用。② 尽管实际上享用这些饭食的还是活人，但是为死者准备饭食的传统一直延续至今。在日本或东南亚地区——比如未受伊斯兰教扩张影响的巴厘岛——至今犹存的祭祀活动中，祭祀品主要是食物，而祭祀仪式中主要就是呈献和展示这些供品，但实际上仪式结束后这些祭品还是全部被"回收"利用。③ 这与在米诺斯和迈锡尼的祭祀中摆放在供桌上的供品也必然被活人食用是相似的，也与在希腊一些神庙中的祭祀情形类似，在那里，祭献的肉最终也进了教士腹中。即使晚间被摆放在十字路口供奉给令人畏惧的死亡女神赫卡特的饭食，都会被守候在附近的穷人一抢而光。④

更为直截了当的循环利用方式，是由神的代表以神的名义直接征收礼物。这是一种圣化了的乞讨，主要见于佛教中。僧众们每天都会拿着空钵出去化缘，直到里面装满米饭。无独有偶，在古代，也有以安纳托利亚大母神的名义化缘的"圣母的乞讨者"，但是也有不少各处漫游的先知和涤罪者，或者被称为游僧（agyrtai）。对于别人的饭食赠予，他们以神谕、涤罪、赐福或为之祈祷等方式予以回报，这就是所谓的"愉悦的回报"的神圣礼赠；但是一旦这些先知或是涤罪者在乞讨时被回拒，他们就会威胁那些拒绝的人，乃至于诅咒他们。《新约》中也提及基督使徒的类似组织⑤；但实际上基督教后来很快放弃游僧式的生活，他们"不拿异教徒的任何东西"⑥。

---

①Dt. 14，22 f.，"什一税法律"。
②Latte 1960，215 f.
③*ER* V 554；cf. 555 论中国的情况。
④Aristoph. *Plut.* 594-597 with schol.
⑤Mt. 10，5-15 cf. Mark 6，8-11，Luke 9，2-5.
⑥Ⅲ Ep. of John 7.

处理供奉给神的礼物的第三种方式在古希腊最常见。在这里，祭献的礼物既不会被销毁，也不会被再利用，而是转化成坚固的纪念碑，隆重矗立在圣所，永久归神所有。此种形式称为咒逐（anathemata）。① 金属在当时还是稀有物品，因此最负盛名的神圣建筑通常是巨型的金属构建，特别是作为早期希腊圣殿标志的金属鼎，这些金属鼎与耶路撒冷圣殿里的大同小异。② 这些被看作是财富及供奉者虔诚心的象征，也是能工巧匠们精湛技艺的表现；由礼物转化而来的这些永久建筑，穿越岁月之河留存下来，证明着神的威力，也宣示着圣所的伟大。这些由供奉者耗巨资建成的寺庙和神像本身，最终也被称作神圣建筑，这其中就包括著名的奥林匹亚的宙斯神庙和帕特农神殿。因此，经济富足有助于长期维护并荣耀神的伟大。以神圣建筑荣耀神的现象，出现在神灵观念占主导地位的社会中，人类向神灵表达敬仰，而神灵则"享受被世人敬仰的感觉"③。在这里，滥用寺产的现象不可避免：比如，雅典娜大肆放贷给雅典人。原则上说，建造神圣建筑以纪念神灵本来意在终结交易圈的循环，维护永恒的秩序。但是，从长远的角度看，现实与推想很少一致。不论宣称偷窃神物会受到怎样的诅咒，到头来所有寺产及其昂贵的雕像不是被洗劫一空便是被掠夺殆尽，比如德尔斐神庙的黄金就被用于资助一个所谓的圣战。对于这样的暴力结局，我们或许并不感到惊讶；相反，"友善相待"、双向性恩惠曾风靡一时的事实，反倒更让人费解。

礼物和祭品

前面多次提到祭品这个概念。供奉给神灵的礼物和祭品这两个概念本身有很多重叠之处，但是这两个词却并不能同时出现。古代祭祀的主要仪

---

①"设立"的一个对等表达用于阿卡德语中，*AHw* 209 s. v. *elû*, cf. HAL 785 s. v. *ᶜlh*. 但是东方寺庙最需要食物以供养后代。

②I Kings 7，13-50.

③参见本书第152页注释③。

式就是以神的名义大肆屠杀牲畜来准备祭神用的筵席，但这个筵席中真正供奉给神的份额则少得可怜。在这里和在礼品赠予中一样，真正的仪式和虔诚的观念之间是有差距的。虽然祭品是要全部祭献给神灵的，但是，即使是在希腊，最终祭献上的，连真正的礼物都算不上。① 举行这样的仪式，实际上只是人自己当着神的面吃喝玩乐，而神灵得到的却是骨头和胆囊这些不能食用的部分。普罗米修斯（Prometheus）的神话显示，所谓神灵配享份额之说本就是个骗局，是编造出来欺骗万物之神的把戏；如果这样做不受惩罚，那就可以继续玩下去。赫西俄德说，这就是"人神分离"。②

敬献祭品是祭祀活动的主要部分。这个仪式好像是源自打猎活动，猎人为了生计不得不去打猎，但也因杀戮行为而感到不安，于是他们便用最好的食物来举行这样一个仪式。③ 会饮共宴是打猎中食物共享的一种变式，而食物共享是人类合作关系的基本形式。虽然在黑猩猩的捕食中，个别情况下也发现了分食的简单形式，但猿类通常是不会和同类分享食物的。④ 对人类来说，分食变得极为重要，这正是因为，到了旧石器时代狩猎活动已非常普遍。尽管大部分的食物是由女性采集到的，但是狩猎是一个完全由男性进行的活动。两性在双向交换中的互相依赖解释了人类家庭结构的成因。因此我们在这里探讨的，实际上依然是一个人类文明的普遍现象。许多人会共享一次成功的狩猎中的收获，这就实现了家庭内部以及部落内部的赠礼和回赠。当食物的"份额"按照一定次序分发时，对平等和等级的认知从一开始就形成了，这就是原始社会和古代社会中祭祀盛宴的特点。

①Sallustios 16，1（参见本书第 153 页注释③）使祭祀成为生活的一个 *aparche*，正如头发献祭是人躯体的 *aparche*；cf. *hostia animalis* 的概念，Trebatius in Macrob. *Sat.* 3，5，1-4：*in quo sola anima deo sacratur.* 但是很明显生活不能被转变，只能被摧毁。以色列人称血液为"生活"或者"灵魂"（*nephesh*），Lev. 17，11；Dt. 12，23；这可能被拿走或者驱逐出祭坛。

②Hes. *Theog.* 535 cf. 556 f. Cf. Gladigow 1984. M. Horkheimer and Th. W. Adorno，*Dialektik der Aufklärung*（Frankfurt，1981）67-76，强调了献祭中的欺骗元素。参见本书第 162 页注释⑤。

③尤其见 Meuli 1946 和 Burkert 1983。

④亦见 Fouts 和 Budd 1979，370；Bygott 1979，454；De Waal 1989，209。

在希腊语中，构成希腊世界景观的两个概念命运（moira）和必然（aisa），可溯源至那时的肉类共享。这两个词的意思就是"部分、份额、一份"，但是后来逐渐变为指合适的顺序，或者是世界的秩序，或是命运。①

在《互惠与现实的建构》一文中，席费林提出，赠送礼物（le don）的151原则实际上就是食物共享的引申。② 这就把赠礼追溯到与其同样重要的更简单的行为。简单的食物共享逐步演变成为礼品交换，人们必须要具备某种心智上的先决条件：接受一个可能并不在场的伙伴；要理解时间的流逝以及相应的回赠礼的推延。这意味着一种系于时空观念的稳靠的精神世界的形成，也要求人们具有测量、相等的基本数学概念。③

如果说在有关与神礼物交换的讨论中仍有问题悬而未解，那么在这里，同样的问题又以新的形式出现了。在人类的食物共享中，神灵到底扮演着怎样的角色呢？为什么我们要不断地提及这个看不见的参与者，而这个参与者又是如此重要以至于我们要在祭祀中或是在神圣者授予的情况下才能举行这个盛宴呢？或许我们可以解释说，尽管关于神灵是否真正参加了筵席的问题在某一特定文明中都没有统一的说法，但这是个古老的传统。诸神真的参加了筵席吗？荷马回答说：是的，但只是对处于边缘地带的埃塞俄比亚人（Ethiopians）和费阿刻斯人（Phaeacians）来说的。④ 他们是不是如美索不达米亚神庙中的上神那样先入筵席，等他们享用完了才将剩下的饭食留给侍奉者呢；还是像以色列人和希腊人通常认为的那样，他们只享用升到天空中的青烟就足够了呢？⑤ 无论如何，食用肉类以及（或者）大屠杀都是以神的名义进行的；如果这些行为有渎神嫌疑的话，就会被立即禁

①见 Baudy 1983；Gladigow 1984；cf. Lanternari 1979，196。
②Schieffelin 1980.
③参见本书第 148 页注释②。
④Ethiopians：*Il.* 1，423 f；*Od.* 1，22-26；Phaeacians：*Od.* 7，201-206.
⑤据非权威版本的 *Il.* 8，550-552 载，神灵通常会"吃"青烟，此说见于 Plat. *Alk.* Ⅱ，194de。

止。① 在屠杀牲畜和准备盛宴的同时还会举行诸如涤罪、供奉、抚慰和赔偿等仪式，这些仪式一方面加剧了人们内心的焦虑，另一方面又有助于克服焦虑。这些仪式的举行必须要用到武器，而且还会有流血事件和死亡，除此之外还要不断奉上礼物来将生命归还给生命之神。② 把神灵与普通的饮食融为一体，是为了建构起一个更高的权威来使得人类之间更加团结，从而在危机四伏的生死轮回中能够确保生命不息。新石器时代的人们聚集在最原初的定居点和最早的城市中，这是人类早期共同居住的最早形式，只有

152 这样，人们才能世代安宁。当时，有两种建筑是人们共同居住地的标志：粮仓和祭祀的地方。积累和消费必须保持平衡。这也以某种方式体现了互惠原则。

厌恶和供奉：从恐慌归于稳定

抱持互惠的观念是给予行为的特征。但有些给予行为却并不会使人联想到愉悦的回报，取而代之的则是威胁或是暴力。不情愿的甚至是强迫性给予的例子在实际生活中随处可见。人们或是受蛮横的邻居的欺压，或是迫于当地黑社会团体的淫威，抑或是为烧杀抢掠的军痞、无恶不作的海盗以及形形色色的盗贼所欺，无奈地将自己的东西拱手让人。这些恶行在较稳定的社会中虽然销声匿迹了，但取而代之的是苛捐杂税。希罗多德曾描述过埃及王普萨美提克一世（Psammetichus）如何通过"供奉和祈祷"的方式成功地平息了入侵的塞西亚人。③ "供奉和祈祷"正是在宗教仪式中才用的字眼。

即使是在宗教中，供奉给神灵的礼物也可能被视为是神灵滥用自己的神力勒索的赠品，人们不得不顺从以便"规避"他们的影响。别忘了，在

---

① Lev. 17, 2 f; cf. Meuli 1975, 938; Burkert 1992b, 173 f.
② Burkert 1992b, 174. 此之前假设的动物祭祀的基本观念，详情参见 Meuli 1946; Burkert 1983。
③ Hdt. 1, 105, 1 *doroisi te kai litesi*; *in other words*, *do ut abeas*, 参见本书第 173 页注释②。

印度神话中，举行祭祀仪式是为了平息贪婪的火神阿耆尼。① 简·哈里森通过能"驱邪"祭祀仪式，总结出"破财消灾"（*do ut abeas*）的观念模式。② 神灵有时候是非常残酷的。因此当我们看见人们也会祭拜司瘟疫和热病的神时就不感到奇怪了，因为他们是想和这些神灵搞好关系以求神灵让疾病远离他们。③ "厄里俄斯（Erinys）身着一袭黑衣，从朝拜者的手中接过赠予她们的礼物之后才离开了房间。"④ 塞利诺斯（Selinus）神圣的法则中就详细叙述了一个为摆脱恶魔"埃拉斯托斯"（*elasteros*）的暴虐而准备的仪式，结尾总结道："如果他想为埃拉斯托斯做出牺牲，他就是在为不朽的神灵做出牺牲，但是他将头颅落地。"⑤ 所以即便是对魔鬼，我们也是要和他们和睦共处的。

与向恶魔进贡有关，另一个不合理性的给予行为就是供奉死者仪式的普遍存在。我们同样也能发现对这种现象的解释。人们认为，生者和死者之间的亲密关系会冲破坟墓的阻隔，为生者带来福报，这福报就包括土地中生长的食物。土地本身就是一位女神，她生育万物，配享人类的礼物；生与死也是一个取与予的大循环。⑥ 同时，人们也坚定地认为，死者和英雄一旦生气会变得非常危险，因此，人类最好奉献出财富来换得安宁，使他们远离自己的生活。对死亡的恐怖是产生这些担忧的根本原因。

在犹太教、基督教和伊斯兰教传统中，亚伯拉罕献祭亲子以撒（Isaac）的故事被普遍认为是祭祀仪式出现的基础。这个故事讲的是彻底屈服于威胁而不是通过给予来表达与神的亲密。神的要求无须解释，也不承诺任何

153

---

①参见本书第 49 页注释②。

②Harrison 1922，7；1927，134-138.

③在《阿特拉哈西斯》中，纳姆塔瘟疫之神通过礼拜得到平静，Dalley，1989，24。*Febris*（发烧）在罗马有一个寺庙，Val. Max. 2，5，6；Cic. *N. d.* 3，63；Wissowa *RE* VI 2095 f。

④Aesch. *Seven* 699-701.

⑤Jameson et al. 1993，45，inscription B line 12 f.，cf. pp. 63-67.

⑥Cf. e. g. Aesch. *Pers.* 219；523："献给大地和亡者的礼物。" Cf. A. Henrichs，"Namenlosigkeit und Euphemismus：Zur Ambivalenz der chthonischen Mächte im attischen Drama，" in H. Hofmann and A. Harder，eds.，*Fragmenta dramatica*（Göttingen，1991）161-201.

补偿。亚伯拉罕决意"给予"上帝，想要毁掉自己最心爱的东西。亚伯拉罕的损失被代替，后来在圣殿中，一头羔羊被祭献给了上帝。

　　和在希腊仪式中一样，在西闪米特的仪式中，我们会经常看到在焚烧完祭品之后会有一个祭祀盛宴。人们在同桌共餐前先要做出"荒谬的"放弃——也就是破坏。一只羊或是一只猪被烤之后，肉归人类享用，这样做最大的受益者无疑是人类，但是人类还是先要放弃。[①] 这个程序重在神灵的恩惠，想到神灵欣慰的笑容，享用者在盛宴中也喜形于色。但这样的气氛并不意味着要怀疑祭祀的严肃性，祭祀的意义就在于承认神灵为更高的权威。

　　总之，向神灵或是死者供奉就意味着向构成威胁的力量屈服。这让人联想到类人猿面对焦虑时的反应，他们会在被追赶时感到焦虑而将贵重物品扔掉。[②] 这种反应一定先于食物共享的行为，在公平和互惠的考量之前就存在了。但是，有失必有得：恐慌的情绪会转化为可控的行为，甚至发展成为掌控力，尤其是当有替换物时，它们可以在可预期的收益和明显但有限的损失之间进行权衡。如果一个人能让神"像狗一样围着你转"，所得就非常可观了。在某种程度上，这正是宗教供奉所要达到的目的。在这里，可估算的损失便成为一个诱饵。焦虑也被闪烁不定的微笑掩盖，以保持对将来稳定生活的期待。一条基督教早期的碑文曾记录了一位捐献人曾斥巨资装修一座教堂，原因是教会"宽恕了他和死去的人的罪孽"，捐献人还期待"上帝会赐予他礼物以作报偿"。[③] 捐赠者希望利用这个礼物来偿还他欠下的债并做一项投资，他的这种做法便是"有舍才有得"观念的最好写照。

　　关系亲密的人们通过同桌共食团结起来，共同抵御外来危险，而这种危险又通过给予行为得到控制，逐渐就演变成互惠交往了。由于互惠，焦

154

---

　　①See B. Janowski, "Erwägungen zur Vorgeschichte des israelitischen ŠᴱLAMÎM-Opfers," *Ugarit-Forschungen* 12（1980）231-259；Burkert 1983, 9, 41.

　　②参见第二章。

　　③Petzl 1994, Ⅶ n. 2.

虑感被克服了。互惠原则在处理人与人或是人与神之间的关系时，不仅是一个"友好"而普适的成功策略，而且是一个观念前提，如果能依照这一观念行事，就能创造出一个稳定、合理的可接受的世界，能使人类感到理智和道德上的双重满足，能够防止古人所谓的"终有一死的智能动物"（*zoon logikon thneton*）即人类的灭绝。为神灵举行祭祀仪式并供奉礼物的行为导致对于人类生活变迁史的合理化解释，尽管存在约伯和其他负面例子，但总体上来说这种解释是合理而积极的。这种世界意义解释抹去了值得探究的灾难。正因为如此，宗教界才不断地宣扬并倡导这个"友好"的策略。人活着就要保持乐观的态度，这也可以称作是一种生理需要。

　　奇怪的是，平等和互惠的原则居然与现实社会中的"客观性"法则一致，并且在对当代世界的数学－物理式的解释中被证明是极其成功的。物理学中讲究比例（注意"比例"proportion 这个词中有 portion，即"份"这个部分）和方程式，方程式讲求对称和平等，这也构成数学的基础。因此互惠原则是构成我们这个理性而科学的世界的基础。赫拉克利特（Heraclitus）在希腊哲学的初期曾这样预言："万物都等换为火，火又等换万物，犹如货物换成黄金，黄金又换成货物一样。"在这句话中，赫拉克利特明确地将贸易看作是人世间秩序最好的范例。① 在赫拉克利特之前，阿那克西曼德（Anaximander）也曾指出，万物的生成与再次毁灭是"万物而由之而生的东西，万物毁灭后复归于它，这是命运规定了的，因为万物按照时间的秩序，为它们彼此间的不正义之面相互补偿"。② 这种说法试图利用互惠原则将毁灭甚至是死亡变得能为人类接受。同样，对于柏拉图来说，回归的原则保证了生命的循环往复、绵延不息。"如果事物出现之后便不再变为他物，就像在一个圆环中那样……那么万物都将毁灭。"③ 构成人体的每一个结构都

155

---

① B 90 = Fr. XL Kahn. Cf. Seaford 1994，220-232.
② B 1，cf. Kirk，Raven，and Schofield 1983，117-122.
③ Plato *Phd*. 72 bc.

是"从宇宙中借得的部分拼凑而成的，最终还是要还回去的"①。

我们是否能用康拉德·劳伦兹提出的"知识的进化理论"来解释"平等交易"的普遍道德准则与自然法则的一致性呢?② 互惠原则是不是人类固有的解决现实中所有问题的制胜法宝呢? 或者，是不是乐观原则使人专注于维护稳定性的圆环而无视或规避了不可逆的现实洪流呢? 当今更流行的理论都热情拥抱世界的无序性一面，许多当代的观察家怀疑井然有序的世界与其说是对事情的本质的认识，不如说是人类在寻求稳定性时的心理投射。在以上所有过程中，生物规律一直在发挥作用。生命是基于"公平"交易的短暂的安宁，是在物质和能量的不断变化中取得的动态的平衡。互惠的理性要求适用于生物界，并在宗教传统中得到适时的强化。

---

①Plato *Tim*. 42e.
②Lorenz 1973；Vollmer 1994.

第七章　符号的确定：意义世界

符号的接受：预言

有效使用符号是生命体的基本功能，从最原始的生命组织到灵长类动156物都是如此。[1] 单个生命体与其环境的相互作用可能是间接的、选择性的，这种传递物理信息和化学信息的过程可能会受到环境中其他事物的干扰。一个生物体从周围环境捕捉到某种信息，做出相应回应。反过来，它又发出信号给别的生物，使同种或不同种的其他生物对这一信号继续做出反应。这种以符号进行的交流固有风险：比如，信号发出有误，或者接受者对符号产生误解，即使在植物界，也存在由于符号被无故重复或有意篡改的现象，甚至存在伪装和欺骗。[2] 尽管如此，符号的使用依然至关重要，离开它，生物界复杂的进化过程是不可能的。

动物的感官认知都是通过处理符号而完成的。这些符号会构成一个复杂但结构分明的系统。举一个简单明了的例子：鸟类与人都会不自觉地把群星的分布看成某种形状，也就是星座。这样，群星并非一盘散沙，而是构成了易于记忆的图形，暗夜中给人类和鸟儿指出方向。当古代人提起天空的"动物"，也就是黄道十二宫中各种动物时，他们是以远古猎人的眼光看待星穹的，这些猎人接受了训练，能够在繁星中辨别出星座（动物），并157

---

①这不是解决现代符号科学错综复杂问题的地方。Eco，1976，16 定义"标志"为"一切事物都以之前建立的社会习惯为基础，可以用某些事来代替别的事物"，这须排除生物标志，因为其显然不是以社会习惯来运作的。在后结构主义时代，"标志"的这个概念被认为是过时的，参见 Eco 1984。

②参见 Sommer 1992。

把这些星座与意义之源——神话学连接起来。这是一种情感的投射，人类通过投射创造出一个虽非"真实"但却熟悉的世界。这种投射使得人们能与其仔细观察的外部世界密切相连。

一般说来，符号可以弥合世界与个体之间的鸿沟，虽然它只是充当中介，甚至有时可能还会阻碍人与世界的直接接触。符号源自空无但却在人类的心灵中获得意义；符号指向一个仅仅由于其接受者才得以展现的现实。某些生物对符号的反应是与生俱来的，但即使在最初级进化阶段，生物也需要符号意义的学习。苏联生理学家巴普洛夫实验中的犬为人熟知，它们学会了在特定概念与经验之间建立联系，并能做出反应。观察者只需注意"符号"，就能知道接下来会发生什么。

索绪尔（F. de Saussure）之后，人们了解到符号是任意的、可变化和可替代的。在电子时代，符号更可以被转换为无限的变体。现代心理学研究了心理投射现象。比如，在标准的罗夏墨迹测验（Rorschach test）中，随机展示的斑点、标记或污迹，在受试者看来具有特定的形式，这些被测试者会把自己的预设和问题投射到随机的图形中去。在这里，观察者创造出了符号的意义。

观察者创造符号的意义，这与唯我论不同。我们可以把意义看作是生成于外界而逐渐转向内心的观念流。外在世界是通过多种媒介自我展现的。通过理解符号意义来寻找方向的能力仍是人类情感和智能的重要成就。这就需要人们试着把以往的和当前的经验结合起来，做出解释，以便预测未来的后果。人类尤其善于创造出心理上的意义来。这并非自我反射或武断拼凑，因为它要求与外在现实保持联系并清醒地意识到这种联系。

耶稣曾批评门徒道："你们知道解读天象，难道却看不懂时间的符号?"[1] 对符号的习惯性解释随时会发生，但在特别庄重严肃的时刻，要理

158

---

[1]Matth. 16，3——最初的抄本中佚失的一章节，因此通常被认为是后人的篡改；福音正典指的是无花果树，它用来表示即将到来的夏天，Mark. 13，28，Matth. 24，32，Luke 21，29。

解符号的意义，就应该更加注意。耶稣教导说，基督真神宣示真理或临在时，都是通过符号实现的，这一点与异教无异。事实上，对符号做出阐释是古代所有宗教的基础。在拉丁语中，对符号的阐释就被理解为是"神圣的活动"；在希腊语中指称神的词（*theos*）和对神的理解，都与预言家相关。[1] 在美索不达米亚，有神谕出现时会有人向国王报告，现存典藏有大量这方面的记载。在《圣经》中，耶和华也是通过神迹向以色列传达神谕的。[2] 地中海西部的埃特鲁里斯坎因为把对神谕的诠释发展成为一门真正的学问（卜筮）而闻名，这门学问在族内代代相传，传承者需要神赐的超凡能力。[3] 后来的基督教与伊斯兰教断然贬低卜筮，至少其正统教义是这么做的，但仍有很多其他卜筮形式留存至今，尤其是在危机时刻又会重现。卜筮预测的观念很难从人类社会根除，因为它有久远的根基。

罗马人将所遇到的"自然"符号与源自特殊活动的人为符号区别开来，前者可以飞鸟掠过为例，后者则有屠宰山羊的现象。[4] 但自然与人为的边界是流动的，因为观察鸟可能需要精密的仪器，因而可能会需要人为的符号，而在平常的屠宰中也会发现自然的符号。从另外的角度来看，《约翰福音》

---

①Burkert 1985，111-114.

②在阿卡德语中含义为迹象的词语是 *ittu*，在希伯来语中是 *'ot*。在希腊语中，除了 *sema/semeion* 之外，*teirea* 一词也用来表达迹象之意，尤指神迹。因此，神话中的先知得名为忒瑞西阿斯（Teiresias）。

③最具广度的研究依然是 A. Bouché-Leclerq，*Histoire de la divination dans l'Antiquité* I-IV（Paris，1879-82）；亦可见 W. R. Halliday，*Greek Divination*（London，1913）；A. Caquot，M. Leibovici，*La Divination*（Paris，1968）；J. P. Vernant，ed.，*Divination et rationalité*（Paris，1974）；R. Bloch，*La Divination dans l'antiquité*（Paris，1984）；"Actes du IIe Colloque international du C. E. R. G. A. sur' Oracles et mantique en Grèce ancienne，'" *Kernos* 3（1990）；R. Bloch，*La Divination*（Paris，1991）；M. Sordi，ed.，*La profezia nel mondo antico*（Milan，1993）。阿卡德语的文本见 Borger 1967-75 Ⅲ 95-99；赫梯语的文本见 A. Kammenhuber，*Orakelpraxis，Träume und Vorzeichenschau bei den Hethitern*（Heidelberg，1977）；伊特鲁里亚语的文本见 C. O. Thulin，*Die etruskische Disziplin*（Göteborg，1905-9）；总之，U. Ritz，*Das Bedeutsame in den Erscheinungen. Divinationspraktiken in traditionalen Gesellschaften*（Frankfurt，1988）。

④参见 Cicero，*De divinatione* 2，26（*genus artificiosum*——*naturale*），cf. 1，11 f；1，34，以及注释 A. S. Pease，*M. Tulli Ciceronis De Divinatione Libri Duo*（1920-23，repr. Darmstadt，1963）. Servius *Aen.* 6，190 区分了 *auguria oblativa*（神迹自显）与 *impetrativa*（有目的的引发）。

反复提到"神迹"是由基督"示现"的。① 有关神迹的记载及对它的赞叹，指向神圣的现实。神迹应该是非同寻常的，而且无论如何也不应该是可预知的。即使在最简单的卜筮中，不管它具有怎样的人为性，最重要的都是其结果的不可预测性和不可操控性，以及卜筮中的紧张、不定性和惊奇时刻——就像掷骰子一样。

159　　一个人若能在合适的时机得到预示，将其融入特定的环境中，借以创造或再造一个意义世界，就算是在与世界的交往中取得了成功。就像希罗多德讲述的马其顿王国（Macedonia）的皇家神话。② 来自阿尔戈斯家族（Argeadai）的国王佩尔迪卡斯（Perdikkas），自称是伟大英雄赫拉克勒斯的后裔。他是一位牧牛人，效力于一位不怀好意的国王；当他索要酬劳时，国王挖苦说会以太阳作为对他的回报，此时阳光正透过屋顶射向壁炉。佩尔迪卡斯立即说"我接受"，然后做个象征性的手势将那缕阳光收进兜里。佩尔迪卡斯用这种接受方式把国王什么都不想给他时说的傲慢言语改造成了权力的符号。这就使他及其后人与普照天宇的太阳之光永远相连。通过接受万物等级的符号，佩尔迪卡斯获得了该符号所代表的忠诚。

　　如果愿意"接受"，偶然事件也可以转换成神迹。突然叫出的一个人名，或者在某个重要时刻遇上的人，或者无意间听到的话语，都可能被赋予某种意义，并被认为是决定未来的迹象。普拉泰伊之战（Plataiai）过后，萨摩斯岛（Samos）的一位使者想敦促斯巴达国王在小亚细亚地区攻击波斯人，当他说自己名字叫海杰西斯托特斯（Hegesistratos），意思是"带领军队"，国王当即回答"我同意"，这便开始了征战。③ 更微妙的是，树叶的沙沙作响或粼粼的水光也可能传递出某种信息。④ 另外，鸟类的作用最为特

---

①这种表达对作者而言很独特，参见 *ThWbNT* Ⅶ 241-257。

②Hdt. 8，137-139.

③Hdt. 9，91.

④多多纳的橡树的树叶，*Od.* 14，328；19，297；清水神谕：Paus. 7，21，13；关于阿卡德的河水神兆见 F. Nötscher in *Orientalia* 51/4（1930）121-146。

别。鸟的飞行不可预测，但却很容易被看到，也容易对其做出描述。观鸟习俗或许源自远古打猎，始自食尸人族。希腊语称为 *oionoi* 的狩猎之鸟，在美索不达米亚人和意大利人看来包含着特别的信息。罗马城建立时，天空出现十二只鹰，这被认为是最佳的征兆。荷马在《伊利亚特》中称卡尔卡斯是"迄今最好的鸟占师"，他通过占卜带领希腊军队杀到特洛伊城。远古的阿卡德语典籍区分了看到猎鹰向前、后、左、右不同方向飞翔所预示的军队行进的不同情况。[①] 后来，在希腊化时期，犹太人嘲笑这样的诠释，他们认为应该用箭将这些愚笨的鸟都射下来，向人们展示它们甚至连自己的命运都无法预知。[②] 然而，让信奉基督教的君王废除观鸟预测未来的习惯依然很难，因为罗马军队几个世纪以来就是以此为指引的。

在祭祀时，占卜有着特殊地位。在神圣行为中，任何一个细节都包含有意义：上升的火苗，动物肝胆的破裂之声，燃烧的骨头发出的噼啪声。祭祀屠杀最重要的是观察动物内脏，尤其是肝脏；祭祀中剖肝占卜的传统从美索不达米亚到伊特鲁里亚都有证可查，希腊与罗马也有这种做法。这里也许存在文化的传播，但也存在多样化的地方特色。[③] 屠宰动物获得某些信息，这在很多其他文明中也有表现。即便是现代的希腊和巴尔干地区，当一只羊被屠杀时，依然会有人"解读"其肩胛骨的意义。[④]

还有很多其他的迹象也被占卜师用来预测未来，常人也能观察到：比如摇晃不稳的腿，颤抖的身体，浮在水面或沉于水底的物体，在水面撒上

160

---

①Romulus：Ennius *Ann*. I 78 ff，cf. *RE* I A 1091；Kalchas：Hom. *Il*. 1，71 f；Akkadian：J. Hunger，"Babylonische Tieromina nebst griechisch-römischen Parallelen," *Mitteilungen der Vorderasiatischen Gesellschaft* 1909，3；on series has been edited and translated by F. Nötscher in *Orientalia* 51/54（1930）176-179.

②莫索拉摩斯（Mosollamos）的故事，Ps. -Hekataios *FGrHist* 264 F 21 = Iosephus C. *Ap*. 1，201-204。

③Burkert 1992a，46-53.

④Herzfeld 1985，247-258.

面粉或油脂后浮现的某种图案，甚至是雨滴、打雷和闪电，或者星体寂静的运动或相对位置等。① 这些迹象都有人观测，并被认为能向那些可"知晓"的人传达某种信息。

人类进行交流的基本方式是语言互动，因而，各种符号就都被编译成了语言经验。这样一来多种符号就转换成了大量的言语声音。一种普遍的移情观念便无所不在了，似乎无论在何处，任何一种生物都能传递信息给那些听得懂的人。这样一来，含糊而无法辨别的声响就成了能力超凡者的话语。有些神谕是通过信息"拥有者"的声音传达的，他们的话语被认为来自不可见的上级对话者。

话语设定了其发出者；在符号背后，人们会先天地认为存在一个制定 <u>161</u> 符号的伟大存在者②，这个无所不在的符号制定者建构起世界的意义，人类受其召唤，领受神意。借助于语言，人类把符号置于一个由意义发者和意义指向两者构成的意义结构中；如果这些符号的指向虽然由某些天赋异禀的解释者指出来，但是却不可证实，这些符号的指向就被划归到超越经验但却依然在普通世界中有其印迹的超越领域中去。③ 占卜活动确证了宗教的合法性：重要的符号被认为有着神圣的来源。但另一方面，符号又出现在人类的日常事务中。这些符号属于日常生活，在其干扰、禁绝、刺激或给人类指出方向等不寻常的情况下，它甚至更是日常生活的一部分。私己个体和家庭与公共机构一样④，都会成功参与到由符号引发的行为和反应中去，这就支撑起一个由多种文化传统所维护的神圣系统。

复杂的人类社会显示出的特征或许可以被看作是人类生物特性的回归。

---

①See H. Diels, *Beiträge zur Zuckungsliteratur des Okzidents und Orients* I/II; *Abh.* (Berlin, 1907-8, repr. Leipzig, 1970).

②这是帕拉塞尔苏斯的表述方式，他写下了 *de signatura rerum*，见 Theophrast von Hohenheim, gen。Paracelsus, *Sämtliche Werke* I 2 (Berlin, 1928), 397-400。

③参见本书第 27 页注释②。

④有关预言家的家庭参见 Burkert 1992a, 43-46。

在相对简单的生物体中，感官器官完美适应了物种的需求；因此，符号在经由简单大脑处理后，一定会具有简单却明确的"自然"意义。青蛙看不到日落时的多彩景象，却可能看到飞行苍蝇的黑点，并跳起来捕获。[1] 此过程可以用数学物理的方法进行描述和分析，因为感官很容易受骗，所以很容易对此做模拟测试。这类符号对动物的生存具有直接的意义。这类符号聚合成一个封闭的系统，低等动物生存于这一系统之中，对特定的符号做出本能的反应而忽略别的事物。这种状态已经被高等生物以及人类放弃了。借助于其智能所可以掌握的工具，人类的世界在广度和多样性方面极大地丰富了。但这也导致了实际意义直接性的丧失。人类目睹的自然景象，都是非实际的美丑；人类感受着极端复杂宇宙中不绝如溪流般的感觉印象。人类大脑对于什么样的知识能被认知或应该被认知并无固定的结构和选择程序。人类经验必然是由长期的生物性本能反应和文化因素塑造成型的。其中文化因素越来越重要，这主要是借语言之力而形成的；那些鲜活的经验实际上都是被文化塑造过的，是以不间断的影响或文化的习得等方式反复灌输给人的。对多样复杂符号做出本能反应是不可能的，面对多样化符号，人类需要去鉴别、分析、组合、解读并融汇这些细节，最终构建出自己的世界意义。

162

作为对此观念的反对，这里需要指出，认为每个信号都具有意义的观点是保守陈旧的——也可以说，这完全是个迷信。这种迷信的典型例子表现在，人们往往在警觉或慌乱的情况下对符号的意义深信不疑。当一个文化体系正常封闭的自足性被打破之后，便会对先前被否定的符号敞开大门，并重新定位它们。强烈的焦虑感会使人警觉地留意周围一切，连树叶的沙沙声都会让人颤抖。危难时刻常常会出现神谕或预言家。某些迷狂和狂喜甚至会被社会接受，被认为是包含着神的旨意。焦虑情绪的敏感导致对世界认识的夸大，这是基于万物都有意义的假说。这就相当于在人类的较高

---

[1] Cf. Lorenz 1973；Ditfurth 1976.

层面上重复了封闭世界中的低等动物对环境的认识。低等动物的经验无非是与其生存环境的直接接触，人类却在其世界中设定了整体的意义。视野的扩大与世界的封闭之间的辩证关系，可以在古代哲学中找到解释：柏拉图在其《蒂迈欧篇》中，为人类构建了一个神圣的宇宙，生活世界中的每个细节在那里都有其永恒的对应物、位置和功用；这样，生活中就没有什么东西是无意义的。斯多噶学派进一步描绘出一个由智能支配的自成一体的宇宙，在这样的宇宙中，每一件事都与别的任何一件事相联系；因此，基于鸟儿飞行轨迹的占卜活动也是被认可的。托勒密（Ptolemy）认为，整个宇宙的"调谐共感"在天文学上得到了完美的证明。[①] 宇宙就是符号的整体：这种观念成为一种哲思的前提，而其本身似乎是由更久远的生物学遗传决定的。

在认知构建过程中，直接引人注意的依然是自然界的事物。这里没有神或抽象观念的存在，只有树木、飞鸟、流水和星星等，彗星和流星等不寻常的自然现象被认为是某种预兆。人类通过解读外在信息，把自己融于环境中，建构起了意义世界。圣迹对这一建构过程予以暗示。

用符号做决断：神判

在面临灾难或冲突时，神通过自然向人言说的特殊方式，是在考验人。[②] 在面临社会危机、争斗或至少是法律程序问题时，社会上层的个体或集团的利益乃至于生命会受到威胁，这时的考验会对社会产生影响，考验的社会作用会超出占卜活动。危急时刻常伴有某种严肃性和紧迫感。这就要求那些可被识读的符号必须极具现实性。要防止对符号做出主观随意的解释，就须求助于亲身体验。

---

①Ptol. *Tetr*. 1，2.

②G. Glotz, *L'Ordalie dans la Grèce primitive*（Paris，1904）；*HDA* Ⅲ 1016-1021；H. Nottarp，*Gottesurteilsstudien*（Munich，1956）.

表达极端严肃性的方式之一，就是进行一场战斗，不论是单人独斗还是集团战争。[①] 更为突出的考验往往源于自然。考验导致人们在相矛盾的诉求之间做出决断。这种考验的最终结果是不可预知又不可操纵的，这一点与占卜相同。在文化环境中，由于预设了神圣监督者的存在，自然界也能发出人类的语言。多种不同的文明往往有类似的过程。

　　作为生命之源和科技之本的两种自然力量——水与火，通常会出现在这样的考验中，这两者都含有潜在的危险。关于水的考验，比如，在美索不达米亚文明文献中提到"到河里去"，细节是什么样的，我们不得而知，但应该和中世纪与欧洲前现代的巫师测验相似。那时候，一个人如果被指控使用了巫术，就会被扔进河里，如果他不下沉，便会被认为有罪。[②] 触摸熔化了的金属是另外一种古老的考验，被测试者似乎有可能不被灼伤，但在什么情况下不会被灼伤，并无规律可循。[③] 在伊朗，铁水考验盛行于末日想象中：末日来临时，熔化的金属会像河流一样漫流大地，摧毁邪恶而使正义毫发无伤。[④] 在希腊，火上行走也被认为是令人畏惧的测试；[⑤] 十字军东征时，依然遗存这样的考验方式。[⑥]

　　另一种虽不引人注目但却更加常见的考验，仍影响着人们的基本生活，那就是让受试者食用或饮用一些特殊的或是被认为有毒的物质。疾病很快就会击倒有罪的人，如果食用者出现身体肿胀、感到疼痛或晕厥等症状，就是有罪，清白者则会平安无事。现代人会用心理暗示来解释这种测谎试

164

　　①有关古代近东"战争是一个历经考验的过程"见 Liverani 1990，150-159；罗马神话中最有名的例子是罗马三兄弟 Horatii 和阿尔巴三兄弟 Curiatii 之间的争斗，Livy 1，24，cf. RE VIII 2322-2327。

　　②Hammurapi's Laws §2；132，ANET 166；171；Middle Assyrian Laws A §25，ANET 182。

　　③See A. Bürge，"Realität und Rationalität der Feuerprobe，" Zeitschrift der Savigny-Stiftung für Rechtsgeschichte 100（1983）257-259. 正如希腊北部宗教仪式所做，在灼热的煤炭上行走（W. D. Furley，Studies in the Use of Fire in Ancient Greek Religion，New York，1981）并且在极限测试人群中被效仿。这种行为确实令人恐惧，但通常不会造成烧伤。

　　④Yasna 43，4；G. Widengren，Die Religionen Irans（Stuttgart，1965），87 f；cf. Lact. Inst. 7，21，3-7.

　　⑤Soph. Ant. 264 f. cf. Aristoph. Lys. 133-135.

　　⑥见本书第 186 页注释⑥。

验。摩西五书详尽描述了此方法。赫西俄德也描述了撒谎的神被迫饮"冥河"之水的考验。① 这样的考验在近东及伊朗也有文献记载。② 另外一种更加简单仁慈的方式就是让嫌疑人吃下面包或奶酪，被认为有罪的人会表现出吞咽困难，这多见于古代教堂中，甚至曾被一位主教采纳。③ 在其他地方也有类似做法的报告："东非的马赛人会嚼食几片草叶，然后宣布'若我欺骗上帝，就让这草变为毒药！'"④

　　与在占卜中一样，在考验中也会运用一些诡计来让事实真相能够"被表达出来"。中世纪文学中，这方面的最著名的例子就是在戈特弗里德的《特里斯坦传奇》中伊索尔德所经历的考验。特里斯坦和伊索尔德这对恋人策划了一个对策，使得伊索尔德的声明听起来天衣无缝，但事实却并非如此；如此一来，上帝这位神圣的督领者，就成了被蒙蔽的"墙头草"。⑤ 但历史上的真实事件远没有这么轻松诙谐。在第一次十字军东征时，传言在安提俄克地区发掘到了"圣矛"。热情过后很快就引起人们的怀疑，教士便让快乐的发现者拿着矛走过烈火，致使他被活活烧死。⑥ 看来，火刑考验是有效的。死亡是不可逆转的，这使得传说中的圣矛从此便隐匿于历史之中了。

165

---

①*Num.* 5，11；21 ff. cf. W. McKane *Vetus Testamentum* 30（1980）474—492；Hes. *Theog.* 782-806.

②See P. Hoskisson，"The *Nishum* 'Oath' in Mari，" in G. D. Young, ed.，*Mari in Retrospect*（Winona Lake，1992），203-210，esp. 206 f，有关食用禁忌食物作为一种誓言仪式；J. Bottéro *ASNSPisa* III 11（1981）1005-1068。对于赫梯人而言，爱沙拉"hydropsy"是誓言女神。参见 Meissner 1920／25，II 290。On the Avestan *Videvdat* 4，54-55，see M. Boyce in *Monumentum H. S. Nyberg* I（Teheran／Liège，1975），69-76.

③见 E. Peterson，*Frühkirche，Judentum und Gnosis*（Freiburg，1959），334 f。

④*ER* XV 302；see also G. Lorenz，in F. Hampl and I. Weiler，*Kritische und vergleichende Studien zur alten Geschichte und Universalgeschichte*，Innsbtucher Beiträge zur Kulturwissenschaft 18（Innsbruck，1974），235.

⑤Gottfried von Strassburg，*Tristan*，ed. K. Marold，rev. W. Schröder（Berlin，1977），line 15518-15764，here line 15739 f，transl. with an introd. by A. T. Hatter（Harmondsworth，1972）248.

⑥Fulcher of Chartres，*PL* 155，843 f；Raymond d'Aguilers，*PL* 155，641-643；646 = *Le < Liber > de Raymond d'Aguilers*，ed. J. H. and L. L. Hill（1969）120-124；128 f；cf. Chr. Auffarth "'Ritter' und 'Arme' auf dem Ersten Kreuzzug，" *Saeculum* 40（1989）39-55 esp. 51.

符号创造：领域与身体

在符号的使用中，既有主动行为，也有被动接受。尽管人类习惯于在外部环境中发现符号，然后赋予其隐含的意义，但是反过来，人类同样善于改变环境，使之适应内心设定的心理世界。这就意味着，人类创造可辨识的符号，使其能够进一步稳定通过语言和文化建立起来的世界。人的感知能力是随着其生物进化而形成的，在此过程中，人类对一系列模糊多义的符号进行筛选，使其适应生存条件。依照同样的方式，人造记号也被有意识地加以运用，这就通过使世界简化而构建出一个便于认知的世界。[①] 这些记号有助于消除含混性，使现实与本能需求相对应，与有意识的概念相对应。[②] 在环境中和在个体身上都可以运用记号，前者指的是标明领域的记号，后者则是身体标记。在起解释作用的标记活动中存在着欺骗的可能性，在上述两个领域中，既有公开的标记，也有隐蔽的记号。

标记自己的领地，这在哺乳动物中非常普遍，它们往往用气味做记号。类似地，人类也沿用这种方式，通过油脂祭神标记石头。[③] 可以有很多方式来标记一块区域，尤其是通过改造其中最坚固的物质——石头。纵观世界，石堆或是大石群构成不寻常的图形，最能显示人类在此地的存在。石头的组成可以帮助人们找到方向，这样的石群一般来说会让人觉得熟悉。让人吃惊的是，这样的地域标记大量而方便地被引入宗教领域。有油膏祭祀标记的石头被认为是神圣的，而单独树立的石碑被认为是神的住所（ba-itylos），伯特利（Beth–El）。[④] 房产周围的石头也被认为是神圣的。巴比伦人建造起名为库德拉斯（kudurrus）的阴茎状石碑，上面刻有题词和浮雕的

166

---

①见本书第 28 页注释④。

②M. Douglas, *Natural Symbols*（New York，1973，3rd ed. 1978），坚持认为宇宙论象征主义通常反映了社会条件。

③见 Burkert 1979，41 f.。

④Gen. 28，10-22；Burkert 1979，41 f.

神圣符号，用以标记财产。① 罗马的界石由一位特殊的"疆域之神"（Terminus）看管。当然，任何可见的标记，即使是大石头，也会被有意挪动或损毁。这就需要隐性的标记了，比如代表疆域界限的秘密标记、祭祀遗址以及覆盖地面的炭灰等。② 在一些地方的神话中常常会提到隐秘的坟墓，每隔一段时间，就会被某个拥有神秘知识的人在确定其领地时发现。③ 神的住所在特定地域中往往是明显的，会有石头或树木做标记，这就使得圣所本身也成了标记。从海上回归雅典时，首先会看到苏尼翁海岬（Sunion）的神庙，随后会看到，在卫城，雅典娜神雕像长矛的顶端闪着亮光。④

雕像以及图画的创造始于旧石器时代晚期，它们催生了新的符号形式。这些新的符号清楚直接地指向对象。实际上，这些新符号创造了第二层的现实，这个图像的世界比现实本身更易处理，更可随意再造⑤，与之相应地，随时会有隐秘的意义产生。⑥ 留待以后观察者的，就是或者依照现实的原则，或者依照想象的逻辑，在艺术、巫术或者宗教的范围内，试着解释先前的表现符号。神在多大程度上能够用符号形式来代表的问题，在书写记录的高级文明兴起之前，很难得到解答。在此阶段，神毫无疑问只能以图像来表现，他是人们借图像加以膜拜的对象。很久以后，犹太教徒和基督教徒强烈谴责对人造图像的膜拜，伊斯兰教徒至今仍谴责偶像崇拜。⑦ 起初并非塑像引起人的敬畏，而是宗教礼仪在给人们指明生活方向时创造出了偶像。敬神礼仪借助于艺术家所创造的可见"符号"而成为公开明显的符号。需要注意的是，在拉丁语中，神像就被称作符号。

连接精神世界与外部世界的媒介就是身体。礼仪就是调控身体行为的

---

①见 U. Seidl, *Die babylonischen Kudurru-Reliefs*（Fribourg, 1989）。

②Cf. Piccaluga 1974；Gladigow 1992 esp. 177-183.

③Boeotian hipparchs and the tomb of Dirke, Plut. *Gen. Socr.* 578b, cf. Burkert 1983, 188.

④Paus. 1, 28, 2.

⑤关于艺术的"奇异化"功能，见 Dissanayake 1988, esp. 92-101。

⑥见本书第 28 页注释②③。

⑦参见 *RAC* s. v. Götterbild。

策略。因此，精神世界通过作用于身体表达其严肃性。

毫不奇怪，我们发现每个族群会有其特定的符号、象征物、旗帜、吉祥物或歌曲。处理这些符号有严格的程序，尤其是在危机时刻：如纳粹歌谣宣扬的那样，"旗帜代表的不止死亡"。即使在我们没有意识到自己的不情愿的拒绝态度时，我们也会通过服装样式做出回应。如果这些符号不是与身体密切相关，就可以丢弃或改变。精神世界，这个多变而又脆弱的、易受个人隐私与自由观念影响的世界，会借助于身体以得到确证。身体标记似乎与表现性艺术一样产生于史前时期，这绝非巧合。[1] 人类一直在通过自己创造的符号重塑世界。

人类身体的差异往往表现为性别和年龄的区分，也可成为凝聚某一族群的显性标志。"通过仪式"在保持文化意义与价值世代传承的同时，也为社会集体吸纳新的成员。由于代际过渡的危机在这种仪式中成为可控的，新的社会成员获得的地位和身份就是不可逆的，社会身份的获得不会因服饰、语言和想象力而异。

有一些身体标记是可以改变的，尤其是发型。我们都知道，发型可以用来有效地标记人的"改变"，无论是对于僧侣还是叛逆的青少年都一样。头发是身体的一部分，与人的脸型相呼应，发型的改变显示着身份的改变。虽然发型的改变经过数周以后又能恢复，但有些身体标记却没那么容易消除。例如烙印、伤疤和文身等身体记号既古老又普遍，另外还有通过手术改变身体外在特征的情况。[2] 许多部落中都有严格的改变身体的习俗，规定如果一个人要正式成为某一族的成员，就要在成人礼上接受身体上的改变，其中包括牙齿的断裂、在嘴唇或是鼻子上穿孔，还有其他形式精微的身体

---

①见本书第 20 页注释②。

②见 C. P. Jones, "Stigma: Tattooing and Branding in Graeco-Roman Antiquity," *JRS* 77（1987）139-155。男人的入会标记见如 C. Calame, *Le Processus symbolique*（Centro Internazionale di Semiotica e di Linguistica: Documents de travail et pré-publications 128/9）（Urbino, 1983）4 f；女人的入会标记，Lincoln 1981, 34-49。

划痕，比如割礼等。

168 对于身体标记的起源，有很多种解读。符号学家以"制造差异"来解释，功能主义者提出了集体凝聚说，心理分析学家则注目于俄狄浦斯情结和阉割恐惧。但不论如何，仅仅通过制造差异的观念、增强凝聚力的宣告或对阉割的恐惧性想象来确定个体的身份是远远不够的。仅仅借助心理的恐惧给人留下不可磨灭的记忆也是不够的。① 隐秘的东西必须明朗起来，内在的必须展现为外在的。总之，必须有可见的差异存在。值得注意的是，其他形式的成人标志，比如地点或服饰的改变、饮食的规范、考验、虐待等都对身体有明确的影响；长大成人总是要付出代价的。

据希腊历史学家希罗多德记载，当吕底亚人和米底人结盟时，他们会"划破胳膊然后舔舐彼此的血液"。阿拉伯人立誓的方式是：一人立于盟誓的两人之间，切开两人大拇指内侧皮肤，用他们的血液涂抹七块石头，以求酒神狄俄尼索斯和天空女神乌拉尼亚（Uranie）之助。② 亲密行为与疼痛、恐惧相伴，伤痕会给人提醒以前的行为，洒上血的石头则会永远保存；人类用语言命名神圣的伴侣，并给规律性的崇拜仪式以固定的名称，这些更加深了对"过渡仪式"的记忆。身体本能的战栗和有意识的象征符号一起，形成"铭记"现象。这些都有助于在个体之间建构起确定而长期的合作关系，这种关系远远超越了想象与语言。

作为符号的标记，其主要作用是为了引起关注。划伤身体或敲碎牙齿的损伤是无法隐藏的，但隐性的标记或许会有更强的影响力。犹太人与穆斯林普遍接受割礼，这是耶和华和亚伯拉罕订约的标记，当然割礼并不限于犹太人和穆斯林。③ 割礼是不可逆转的标记，由于社会风尚的关系，这个标记是不易被发现的。但由于人人都知道，所以只要被提及就更加引人注

---

① 参见本书第 32 页注释⑥—⑦至第 33 页注释①—②。

② Hdt. 1，74，5；3，8.

③ Gen. 17，11（古版本采用"二等份祭祀"代替，参见本书第 199 页注释⑥）；cf. in general *ER* III 511-514；亦见本书第 33 页注释①、第 56 页注释⑤至第 57 页注释①。

意。这种把内在标记展示出来的过程，表面看来正好与通过伪装获得力量的标记相反。

在美索不达米亚、安纳托利亚和叙利亚地区，众女神都受到许多阉割者的祭拜。他们或者到圣所祭拜，或者游走祭拜。阉割属于极端的、不可逆转的标记，出于风化的考虑，这样的标记通常会被隐藏起来，但在特殊的场合也会被展示出来。阉割打破了正常的性别界限。唯一存世的阿卡德文献在提到这种习俗时说，这些男性"将自己的男性气质改变成女性气质以赢得伊什塔尔人对她的尊敬"，甚至"畏惧"她：因为敬畏感能强化信仰。① 标记越令人困惑不解，就越能代表高层级的、不可见的权威。

"不可磨灭的特征"这一用语来自从奥古斯丁到阿奎纳时期的基督教传统，用以形容圣礼尤其是洗礼的效果。② 奥古斯丁的隐喻来自给士兵做标记。基督教传统诉诸观念性"封印"，虽然对服饰和发型做了特殊的规定，但并不主张改变外在身体；另外，把水洒在身体上在基督教仪式中仍是不可或缺的。③ 由语言构建起的精神世界并非封闭而孤立，而是被那些不能完全用语言描述的多种符号打破又重建着。

言语生效：誓言

人类为什么一定要有宗教？古代世界对此问题给出的最清晰的答案就是，这是为了使誓言生效。④ 若无众神，就无须立誓，这样，信任与合作、

---

①*Erra* 4，56，Dalley 1989，305；参见本书第 54 页注释②、第 55 页①—③；Burkert 1979，105，120。

②作为不可损毁的完整性（*character indelebilis*）的圣餐的教义由托马斯·阿奎纳（Thomas Aquinas）发展起来，*Summa theologiae* III quaest. 63，following Augustine，cf. L. J. Pongratz，*Historisches Wörterbuch der Philosophie* I（1971）984-986。

③俄罗斯的一个基督教教派 *skopzii*，将阉割作为被选举人的真正"印章"；见 K. K. Grass，*Die russischen Sekten* II（Leipzig，1914）687 ff。

④古代的标准研究是 Hirzel 1902；亦见 E. Ziebarth *RE* V 2975-2083；*ThWbNT* V 458-467；*RlAss* II 305-315；*ER* XV 301-305；E. Benveniste，"L'Expression du serment dans la Grèce ancienne，"*RHR* 134（1947-48）81-94；J. Plescia，*The Oath and Perjury in Ancient Greece*（Tallahassee，1970）；Burkert 1985，250-254；N. Rollant，"Horkos et sa famille，"*LAMA* 5（1979）214-304；Faraone 1993。

律法与交易等便失去了基础。① "誓言存在于所有文化、所有人群中。它是宗教的主要象征。"② 在社会交流的任何层次中，无论是经济的还是司法的，是私人的抑或是公众的，是部族内还是在国家之间，誓言都是不可或缺的。没有誓言，就谈不上合同、条约以及司法进程。这正是宗教、道德及法律唯一相融之处。

誓言是一种语言现象，它的出现恰恰源自语言的欠缺。语言的弱点在

于，在所有社会活动中，它都有可能被用于撒谎、欺诈和愚弄。在适者生存法则下，人性的自私基因总会刺激人们去智胜他人。甚至前人类阶段的生物对于胜出他者都表现出越来越强烈的兴趣。③ 训练员教猩猩使用符号语言时发现，它们在掌握了这种技巧后会马上试着愚弄训练者。④ 所以我们有理由认为，在文明初始阶段，谎言与语言是并存的。欺骗性或愚弄性的故事在很多文明中都是人们最喜欢的。⑤ 儿童受诱惑而撒谎是自然的。但是社会中的协作与交流又要求必须有个体间的相互信任，这样才可以防止欺诈，使他人的行为易于预测，而且也只有这样才能保持共同价值世界的稳定。

负责任的誓言目的在于防范任何可能的谎言：诡计、歪曲事实以及繁琐的拖延。立誓是为了"只讲实情，此外无他"，或者是为了尽义务之责而杜绝变故或推脱。换句话说，立誓言是"降低复杂性"的一种极端的方法，是为了确定明确的意义，从而构建起真与假、对与错、友好与敌意、盟友与敌人等界限分明的可靠的世界。

诚然，实际情况中更常见的是，狡猾的人类很快就学会了用誓言进行欺骗。⑥ 荷马笔下的奥托吕科斯（Autolycus），即奥德修斯的祖父，就是

---

①誓约正好"符合合法性"，*ius iurandum* in Latin。

②*ER* XV 301.

③特别见 Sommer 1992。

④Ibib，66-91，esp. 85.

⑤见 Dundes 1954。

⑥Cyrus in Hdt. 1, 153：市场上的交易"通过誓约欺骗"。"人必须通过骰子来欺骗孩童，通过誓约来欺骗成年人"，Lysander 的话依据 Diod. 10，9，或还有 King Philip 的话依据 Ael. *Var. Hist.* 7，12。

"以盗窃和宣誓而闻名"；荷马多次描述了他是如何精于欺诈的。[①] 在欺诈方面，奥托吕科斯并非唯一的。在拉丁语中，"用语言表达"（*verba dare*），本义就是欺骗；希腊语中的"意义"（*sensus*）一词与"言语"（*verba*）的意思正相反。日常所说的"我这样觉得"，是为了增加言语的可信度。[②] 但如何能确认感觉的信度呢？

要降低复杂性并确定稳定而明确的意义，仅凭言语行为是不够的。要想说明一件事情是真的，而与它相反的可能性是错误的、应该被排除的，最好的方式是用华丽的辞藻让天真的人信服，但从逻辑上讲却是无用的。用这种方法说服有经验的人注定失败。用令人惊骇的表情强化语言的严正性，会使听者毛骨悚然；但即使这样，有历练的人仍会处变不惊。这样就 171 有必要超越封闭自足的语言了。

在这样的情况下，两种相伴的策略应运而生：一是求助于目击证人来确证共有的精神世界；一是在仪式中创造真实可感的标记，即用敬畏之情让事件铭刻在心，永不褪去。两者都是借超自然领域中的某种"附加物"来降低复杂性的。[③] 不可见的神圣存在者洞晓真理，而隐秘的因果关系具有强制力。在极其严肃的状态下，人们会承认神圣存在者和隐秘的因果关系。

由于人的精神世界受常识操控，独立的见证人也能保证真实性。印欧语系中共同的词根 *wid-* 意思是"看到"，也表示"知道"，这个词根既出现在英语词 *witness*（见证人）中，也出现在古希腊语 *histor* 中。但人类在生理上和精神上都是脆弱的，他们会忘记事情或撒谎。因此要想达到更高精神层级，首先需要求助于"国王的誓言"，这就需要君王了。[④] 但君王如何能

---

①*Od.* 19，395 f.

②*Quos me sentio dicere*，Macrob. *Sat.* 3，9，10 中的祈祷的套话。

③参见本书第 27 页注释②—④至第 28 页注释①—④。

④在埃及这是一个正式的规则，Bonnet 1952，164，在美索不达米亚也是如此，参见 *RlAss* II 307-315 有关"国王的誓约"和"城市的誓约"；Meissner 1902-1925，II 290 f.

"知晓一切"呢？常见的权宜之计就是以现实中最常见之物为观察对象，即使君王所知的，不过是有关无生命之物的知识。因此，奥德修斯乔装成乞丐，"在主人的桌台边，奥德修斯的壁炉边"发誓。① 自铜器时代以来，国际条约都会以永恒自然物为凭而立誓，其中包括太阳与天空，天堂与大地。"遍照万物"的太阳在此居于特殊等级：巴比伦人认为，太阳神沙玛什是誓言的担保者。赫梯人条约往往会提起"山峰、河流、泉水、大海、天空与大地、风与云——让它们做协约与誓言的见证者"。② 荷马称，特洛伊人在誓约仪式上向太阳与大地各献祭一只羊，唤起太阳、河流、大地以及阴间的惩罚之力。③ 通过独特的语言象征游戏，最明显的自然之物被赋予了极隐蔽的功能。

语言游戏的这一功能，进而发展到可以拟构出一个更高层级的见证者，

172 这样的见证者比亲自在场的人都要可靠，它能为不可动摇的事实提供担保。神就在这样的语境中出现了。但说神只是由于这个需要而产生却是不对的。应该说，受到各文化传统崇敬的诸神和威力保证了社会等级制的稳固，神被看作是礼物交换中的另外一方；人们对神充满敬畏，但神却对个体、家庭、部族和国家的福祉与疾患负有责任；在立誓守约时，神的威能得到确证。绝对真理的确证是依乎神灵的。④

如果现实中的可感之物能与超越的神灵在誓约中融合为一，当然就更好了。太阳是天空中光耀辉煌的自然存在，在许多文明中都被奉为神灵。对希腊人来讲，如果赫利俄斯是次级神，宙斯就是誓言的维护者，希腊语用 *horkios* 来指示他的这一身份，*horkios* 本来就指辉煌的天宇。希腊人并没

---

①*Od.* 14，158 f；17，155 f；20，230 f；cf. 19，304.

②*ANET* 205；Burkert 1992a，93 f.

③*Il.* 3，104；277-279，cf. Burkert，"Homer's Anthropomorphism：Narrative and Ritual，" in D. Buitron-Oliver，ed.，*New Perspectives in Early Greek Art*（Washington：National Gallery of Art，1991）81-91.

④一个令人困惑又合逻辑的结果是神自己宣誓，对于耶和华而言这是一个严肃的行为，Deut. 29，9 f.，有关 Callimachus 的玩笑，Fr，114，5。

有彻底遗忘。据荷马的说法，亚该亚人献祭的对象就是宙斯；同样，奥德修斯在立誓时，首先就提到宙斯，其次才是圆桌与壁炉。① 雅典青年在服兵役时会以一群城市之神的名义宣誓，最后以"疆域、小麦、大麦、葡萄、橄榄以及无花果树"这些自然之物的名义结束。② 这样的誓约会在参与者中唤醒一个熟悉而意义丰厚的世界，这正是市民生于其中并将为之战斗的世界。在这个神圣仪式中，土地及其抚育万民的物产作为誓约的亲证者被置于青年人面前，同时在场的还有圣所和庙宇中供奉的神灵。

神是强大的，如果被惹怒，便会还以无休止的报复。在美索不达米亚、埃及、希腊和罗马，誓言中都有唤醒神威的内容。一个埃及誓言讲道："他们（神）的力量可以夺命。"③ 雅典人习惯于认为"宙斯会雷劈违誓者"④。阿卡德人则认为，誓言若被违背，就会变成恶魔"逮住"违誓者。⑤ 另外还有，特别的恶魔会被召来以监督誓约，惩罚违誓者；希腊人眼中的厄里俄斯就是违背誓言者应遭诅咒的化身。赫西俄德警告说，她们"环绕立誓者"，对那些违背誓言者，她们甚至会追杀至坟墓。⑥

指出超越性神力还远远不够。那些不可见者——超越人类的见证者、诸神以及报复性的力量——还需要反过来与可见的现实相连。在言语之上还需要采取行动，而礼仪规范正是为了履行言语世界中的所指和所感，使得声明、祈盼和诅咒等得到证实，并展现誓约的不可逆性。在传统宗教礼仪中，借助语言进行的文化构建是为了调整人类生活并保证行为的可靠。⑦ 即使礼仪体现出非现实性的一面，我们也不能忘了其来源的现

173

①参见本书第 194 页注释①③。

②R. Merkelbach, *ZPE* 9（1972）277-285.

③Bonnet 1952，164；Stone of Nofer-Abu，Roeder 1915，58，参见本书第 138 页注释⑤。

④Aristoph. *Clouds* 397.

⑤AHw 600；RlAss II 314；Meissner 1920/25，II 290 f；cf. J. Pedersen, *Der Eid bei den Semiten*（Strassburg, 1914）.

⑥Hes. *Erga* 803 f.

⑦参见 Bell 1992，98（following Bourdieu）："通过将躯体和一个有结构的环境结合，仪式化产生这种仪式化的躯体。"

实性。

宣誓仪式主要表现为不可逆性。在叙利亚的阿拉拉赫（Alalakh）地区，财产交易时往往要屠杀一只绵羊，意思是说："如果我要回给你的东西，就让我像这只羊一样死去。"① 在《伊利亚特》所描述的誓约仪式中也有宰羊的记载，当阿伽门农切开羊脖子时，参与的另一方将高脚杯中的酒泼到地上并祈祷说："谁若违背此誓言，他的脑浆，以及他后代的脑浆就像这酒一般被洒到地上，他的妻子会给别人。"② 流动的血、酒以及脑浆融为一体，如果其中一个应验，其他也会随之而来。这样的行为以及祈祷十分常见。在公元前 8 世纪中期亚述人的一个条约中，我们发现这样一段话："如果马蒂琉斯（Mati'ilu）违背此约，正如这只羔羊头被拧下来，骨节被塞进嘴里，他也将受此刑罚。"③ 在青铜器时代的赫梯人中，士兵们祭酒誓约时会说："这不是酒，而是你的鲜血。"④ 罗马祭司在举行订约礼仪时会宣告："如果罗马人未能守约，主神朱庇特啊，你就报复他们吧！就像我今天在这里鞭笞这头猪一样；你有多大力量就给罗马人多大的惩罚吧。"然后这头猪会被发誓的人用石头砸死。⑤ "当摩罗西亚人盟誓时，他们会带上一头公牛和装满酒的饮具；他们会把公牛屠宰后切成很多碎片，并起誓背约者会同此下场；他们把酒泼出来，起誓违背誓言者的血液也将会像酒一样流淌。"⑥ 违背誓言者的毁灭性后果，还可借图像来表达，那就是烧毁用蜡或沥青做成的背约者画像，同时诅咒他：画像熔化时，毁灭性的后果会降临到违誓者身上。这种做法在古代近东及希腊同样存在。⑦

174

---

①D. Wiseman, "Abban and Alalakh," *JCS* 12（1958）129.

②*Il.* 3, 299-301, 见本书第 194 页注释③。亦参见 Karavites 1992。

③Treaty of Ashurnirari V and Mati' ilu, *ANET* 532.

④N. Oettinger, *Die militärischen Eide der Hethiter*（Wiesbaden, 1976）21.

⑤Livy 1, 24, 8.

⑥*Paroemiographi Graeci* I 225 f; Burkert 1985, 252 f.

⑦来自赛弗尔的条约和科里纳的基本誓约，见 Faraone 1993；F. Letoublon, "Le Serment fondateur," *Metis* 4（1989）101-115；Burkert 1992a, 67 f。

这些都是象征方法的清晰例证，但象征要尽可能逼近现实，比如酒与血，蜡与火以及奄奄一息的动物等。在仪式中接触实物至关重要。牺牲动物的内脏会拿在手中——这种做法从美索不达米亚到希腊都有①——同时要把武器浸到血液中②，或者一枚在血液中浸过的戒指在盟誓时会被一直拿着③。希腊誓约仪式中血腥的做法是，割下献祭者的生殖器让人用脚去踩。这就是说，如果违背誓言，生物延续性就被破坏了，违誓就意味着整个家族的灭绝。④ 在阿勒奥珀格斯山，雅典最高法庭对一起蓄意杀人案进行了审理——俄瑞忒斯是这一案件中的传奇式人物——牧师在庭审中杀死一头野猪、一只公羊和一头公牛，让俄瑞斯忒斯踩着割下来的动物生殖器发誓，如果他在庭审中说谎，他的整个家族就将灭绝。⑤

扔掉一个东西的仪式相比较就显得不那么引人注目了。阿喀琉斯手里拿着权杖，发誓如果他从战斗中退却，这根木杖就将永远不再长出叶子，说完后，他把权杖扔到了地上。⑥ 罗马誓言中的"在朱庇特石边"，明显遵循着极古老的传统，盟誓者在依照规定宣誓时会手握石头。他会说："如果我遵守誓言，好事便降临到我身上；如果我三心二意，其他人都该安全……而只有我独自像这石头一样落下"，说完他就将石头扔掉。这里以石头

---

①Shurpu 3，35，p. 20 Reiner："通过杀害一只羊或者触摸刚从它身上切的鲜肉而来宣誓"；cf. Weinfeld 1990，187。Hdt. 6，68：德马拉托斯（Demaratos）杀害了一只牛，把它的内脏递到他母亲的手上，恳求母亲说出真相。

②波斯人和希腊人，Xen. *Anab.* 2，2，4。

③德国人的风俗，*ER* XV 304。

④即使试图做假誓约也有这种结果，Hdt. 6，86。

⑤Dem，23，67 f. cf. Dinarch. 47；R. W. Wallace, *The Areopagos Council to 307 B. C.* (Baltimore，1985）123. 另一个可做比较的做法是，把动物"对半切分"，祭祀者从两半中间穿过，并制定一个盟约，这一形式因《旧约》而有名，Gen. 15，9；Jeremiah 34. 18，赫梯，参见 E. Bickerman, "Couper une alliance," *Studies in Jewish and Christian History* I （Leiden，1976）1-32；Burkert 1983，35 at n. 3。更加理性但却激烈的做法是，通过实施普通的罪行以确保忠诚。雅典的寡头政治执政者密谋"杀害了海波伯拉斯，因此确保了对每一个人的忠诚"（Thuc. 8，73，3）；参见本书第33页注释③。卡提利纳人被指控在试图发起一场革命之前参与了一场食人肉的宴会，这场革命后被西塞罗（Cicero）、萨卢斯特（Sallust）和卡提利纳（Catilina 22）镇压；参见本书第33页注释①。

⑥*Il.* 1，245.

197

的名义起誓，以奇特的方式把石头等同于神灵。① 在这里，不可见者与可感
的现实融为一体。亚述人就必须要撕毁神像才能盟誓。② 通过把铁棒沉入海底，誓约之绝对不可逆转性的特征得到了形象的表达。爱奥尼亚人与雅典人在公元前 478 年盟誓共同对抗波斯人的进攻时，用的就是这一方法；福西亚人在永远离开家园时也用了相同的仪式。③ 当誓言中的诅咒成真并被直接利用时，誓约仪式就会变为纯粹的巫术。耶利米（Jeremiah）在一张皮革上写了让所有的恶降临到巴比伦人身上的话语，叫他的仆人塞拉亚（Seraia）拿去给巴比伦人复述，最后将皮革绑在石头上沉入幼发拉底河，表示"巴比伦也将这样沉沦而永不再复兴"④。

誓言既原始又复杂。誓约仪式被认为是先于自然神崇拜的，用一个石头代表朱庇特的想法源自原始心理。但誓约仪式同时也是掌握了语言技巧的狡猾人类想出的计谋，人类是想借助于语言使其层出不穷的欺骗屡屡得逞。在复杂多样的文化中，神都是从无法追忆的远古时候起就参与到此过程中。从某种意义上来说，誓约仪式的正确运用远超出对它的滥用。

有一些宗教改革试图减少甚至禁止使用誓约，据说毕达哥拉斯就是这样做的。⑤ 耶稣明令禁止这样的做法，可是这种禁令并没有能够给以后的基督徒指出正道。⑥ 直到今天仍有人立誓约，有表忠心的誓言，有法庭誓言（手触《圣经》宣誓的做法依然保留着），这些誓言如有违背，就需要负法律责任。按说书写文件早就该让誓约成为多余，但事实并非如此。阿卡德人已经提到"指碑为誓"，但他们并没有置"誓约之神"于不顾。⑦ 罗马的誓言仪式，为了做到合乎规范，是指着"石板或蜡"为誓，但罗马人依然

---

① Polyb, 3, 25, 7-9.

② *RlAss* II 306（该术语为 *nasahu*）。

③ Hdt. 1, 165, 3; 亦见 Diod. 9, 10, 3 (Epidamnos); Callim. Fr. 388, 9。

④ Jer. 51, 59-64.

⑤ D. L. 8, 22, cf. Iambl, *V. Pyth*. 47; 144; 150; 遭 Diod. 10, 9, 1 的反驳。

⑥ Matth. 5, 34-37.

⑦ For *Tuppu mamiti* and *ilu mamiti* see *AHw* 599.

用石头而非卜筮刀来屠杀动物。在这种场合，书写时代依然沿用石器时代的工具。

　　誓言行为是人类通过构建共同的意义世界来实施教化的典型方式，这一过程中可能存在的程序失效让实施者时刻感到焦虑。仪式基于对不可见神明的信仰，并尝试用最具现实性的符号把这些力量与人们的实际生活联系起来，以便有效利用这些力量。誓约确保了宗教的必然性。"那些否定神明存在的人是完全不能被宽容的。许诺、约定以及誓言等，作为维系人类社会的纽带，对无神论者是没有约束力的。如果将神灵排除在外，哪怕只是思想上的排除，一切便会瓦解。"这是约翰·洛克（John Locke）在启蒙运动之初说的话。①

176

---

①John Locke，*Epistula de tolerantial/A Letter on Toleration*，ed. J. W. Gough（Oxford，1968），135.

结　语

177　　　本研究把宗教看作是人类与不可见之神力进行严肃交流的一种最基本的形式。如何证实"那一边的多个世界"，看来并没有唯一答案。基因遗传因素的自发表达、父辈观念的直接铭记或者信息的随机转移等，都不能对此做出完满解释。作为对此问题的新的解释，这里提出了以仪式实践和言语教化为背景的考察路径。在此背景中，人们的行动、反应和情感等具有其生物性的模式，其中焦虑感具有至关重要的作用。宗教提供了应对个体生活中反复出现的危机情境的方式。通过多种礼仪，宗教仍深深嵌入当代生活，并能容许多种文化解读。宗教的发展与生物演变相伴，尽管它具有摆脱生物性影响的明显特征，比如它与早期语言的发明紧密相连，因为正是语言使得非生物性的共同精神世界成为可能。在这个意义上说，起至关重要作用的不再是人类繁衍中"自私基因"的成功遗传，而是这个世界本身的连续性、稳定性和控制力。这也正是个人努力探索并最终欣然接受的隐秘的存在，虽然这只是一种观念性存在。通过这样的考察，各种琐碎的仪式细节就可得到明确的定位，现实本身也就可以"自我言说"了，希腊语 *logon echein* 指的正是这种情况。这就是意义创造的过程。

178　　　如果说语言对信息的分享、存储和加工产生了决定性影响，另外一项里程碑式的进步则出现于五千年前书写发明的时候。与书写发明一道的，是新型客观性的出现，这种客观性超越了在个体头脑中进行编码的口头语词。与书面文件相比，确证的仪式尤其是誓言可能会失效。借助于犹太教、基督教和伊斯兰教的发展，书写符号取得了伟大的成功。那些神圣的刻文一劳永逸地确保了神授予预言者和使徒的圣言的可靠性。书写极大地减少了解释符号的必要性，也使得后世的信众在坚信时可以不再求助于狂喜和神秘主义的体验，也提出了新的任务，即有必要对立信之证据间的不连贯性做出解释。但由于古老宗教中的大部分因素在正统文化和亚文化层面都有存留，其中就包括誓约和预言，因此对人类来说，在一个充满不安、丑闻与欺诈的世界中，要摆脱旧的意义建构方式是非常不容易的。

我们所身处的人类历史上的信息处理第三阶段，有可能带来最深彻的革新。在整个社会计算机化的电子网络中，人类共享的信息和相关的程序将会无所不在却又不归属于任何人。这正是文学界讨论的所谓"主体性的丧失"问题。孤立的个体发现，自己受身外之物的随意控制，传统的沟通形式捉襟见肘。个体被社会容纳还是排斥，在现代社会是基于比特或字节的，是以登录密码为前提的，轻击键盘便可实现与社会的沟通。

如果这成为现实，那么，纠缠于自然性与社会交往性之间的传统宗教将会失效，也就是说，宗教将不再像以前那样，是着眼于建构世界的意义而与不可见者进行的沟通。在未来大胆创新的虚拟现实中，集体仪式很可能被不断自我衍生着的电子世界的随机游戏而取代。但就目前形势而言，¹⁷⁹生命交往的生物学基础依然是很难被排除的，"真实的"现实还将一次次为人所感知并与虚拟的现实相抗衡。在未来更加令人不安的，或许是倒退保守的观念、基要主义和原始主义回归的可能性与危险。宗教的内容和前景至今依然完全是成问题的（problematic），但反过来也可以说，它仍然引人入胜。即使在一个由自我创造的技术所控制的世界中，人们也不会轻易相信：那种诉诸不可见之神威的世界意义建构过程只不过是自我投射的不断循环；不会轻易相信：自从宇宙大爆炸的一声轰鸣以来，整个宇宙空无一物。

缩　略　语

183 *Abh.*   *Abhandlungen der Akademie der Wissenschaften...*（《科学院论文集》）

AC   *L' Antiquité classique*（《古典古代》）

AHw   W. v. Soden, Akkadisches Handwörterbuch, Wiesbaden 1965—1981（W. v. 萨丁，《阿卡德语简明词典》，威斯巴登，1965—1981）

AJA   *American Journal of Archaeology*（《美国考古学刊》）

AK   *Antike Kunst*（《古典艺术》）

ANEP   J. B. Pritchard, ed., *The Ancient Near East in Pictures Relating to the Old Testament*, 2nd ed. with supplement, Princeton 1969（《古代近东与旧约有关的绘画》第 2 版及补编，普林斯顿，1969）

ANET   J. B. Pritchard, ed., *Ancient Near Eastern Texts Relating to the Old Testament*, 3rd ed. with supplement, Princeton 1969（《与旧约相关的古代近东文献》第 3 版及补编，普林斯顿，1969）

ANRW   H. Temporini and W. Haase, eds., *Aufstieg und Niedergang der römischen Welt*, Berlin 1972 ff.（H. 特姆伯里尼，W. 哈森编，《罗马世界的兴衰》，柏林，1972—　　）

ARW   Archiv für Religionswissenschaft（《宗教学研究档案》）

ASNSPisa   Annali della Scuola Normale Superiore di Pisa（《比萨高等师范学校年鉴》）

BABesch	*Bulletin Antieke Beschaving*（《古典文明会刊》）
BCH	*Bulletin de correspondence hellénique*（《古希腊研究通讯会刊》）
BICS	*Bulletin of the Institute of Classical Studies of the University of London*（《伦敦大学古典学学会会刊》）
BphW	*Berliner philologische Wochenschrift*（《柏林语言学周刊》）
CAD	I. J. Gelb et al., eds., *The Assyrian Dictionary of the Oriental Institute of the University of Chicago*, Chicago 1956 ff.（I. J. 盖尔布等编，《芝加哥大学东方学会亚述语词典》，芝加哥，1956—　）
CCCA	M. J. Vermaseren, *Corpus Cultus Cybelae Attidisque* I-Ⅶ, Leiden 1977-1989（M. J. 维姆斯兰，《希伯来古典艺术集成》，1—8卷，莱顿，1977—1989）
CEG	P. A. Hansen, ed., *Carmina Epigraphica Graeca saec.* Ⅷ-Ⅴ *a. Chr. n.*, Berlin 1983（P. A. 汉森编，《希腊诗歌碑铭》，Ⅷ—Ⅴ *a. Chr. n.*，柏林，1983）
CEG Ⅱ	P. A. Hansen, ed., *Carmina Epigraphica Graeca saec.* Ⅳ *a. Chr. n.*, Berlin 1989（P. A. 汉森编，《希腊诗歌碑铭》，Ⅳ *a. Chr. n.*，柏林，1989）
CIL	*Corpus Inscriptionum Latinarum*, Berlin 1869 ff.（《拉丁铭文集成》，柏林，1869—　）
CIMRM	J. Vermaseren, ed., *Corpus Inscriptionum et Monumentorum Religionis Mithriacae* I-Ⅱ, The Hague 1956/60（J. 维姆斯兰编，《密特拉教铭文和遗迹》，1—2卷，海牙，1956/1960）
CRAI	Comptes Rendues de l'Académie des Inscriptions et Belles Lettres（《法兰西文学院通讯》）
EdM	K. Ranke et al., ed., *Enzyklopädie des Märchens*, Berlin 1977

184

203

ff. （K. 兰克等编，《童话百科全书》，柏林，1977— ）

ER   M. Eliade et al. , ed. , *The Encyclopedia of Religion* Ⅰ -ⅩⅥ , New York 1987 （M. 伊利亚德等编，《宗教百科全书》，1—16 卷，纽约，1987）

FGrHist   F. Jacoby, *Die Fragmente der griechischen Historiker*, Leipzig 1922 ff. Leiden 1950-1958 （F. 雅各比，《希腊史家残篇》，莱比锡，1922— ，莱顿，1950—1958）

GB   J. G. Frazer, *The Golden Bough* Ⅰ -ⅩⅢ , London 1911-1936 （J. G. 弗雷泽，《金枝》，1—13 卷，伦敦，1911—1936）

GRBS   *Greek*, *Roman and Byzantine Studies* （《希腊、罗马和拜占廷研究》）

HAL   L. Koehler and W. Baumgartener, *Hebräisches und Aramäisches Lexikon zum Alten Testament*, 3rd ed. , enlarged by W. Baumgartner, Leiden 1967-1990 （L. 科勒，W. 鲍姆加特纳，《希伯来语与阿拉姆语旧约词典》第 3 版，W. 鲍姆加特纳增扩版，莱顿，1967—1990）

HDA   H. Bächtold-Stäubli, ed. , *Handwörterbuch des deutschen Aberglaubens* Ⅰ -Ⅹ , Berlin 1927-1942 （H. 巴赫陶德 – 史陶比尔编，《德国迷信手册》，1—10 卷，柏林，1927—1942）

HRR   H. Peter, ed. , *Historicorum Romanorum Reliquiae*, Leipzig Ⅰ ² 1914, Ⅱ 1906 （H. 彼得编，《古罗马历史遗迹》，莱比锡，第一部第 2 版，1914，第二部，1906）

HrwG   H. Cancik, B. Gladigow, and M. Laubscher, eds. , *Handbuch religionswissenchaftlicher Grundbegriffe*, Stuttgart 1988 ff. （H. 坎契克，B. 格兰迪格夫，M. 劳伯斯彻编，《宗教科学基本概念手册》，斯图加特，1988— ）

HSCP	Harvard Studies in Classical Philology（《哈佛古典哲学研究》）
IG	*Inscriptiones Graecae*，Berlin 1903 ff. （《希腊铭文》，柏林，1930— ）
JCS	*Journal of Cuneiform Studies* （《楔形文字研究学刊》）
JDAI	Jahrbuch des Deutschen Archäologischen Instituts（《德国考古研究所年鉴》）
JHS	*Journal of Hellenic Studies* （《希腊研究学刊》）
JNES	*Journal of Near Eastern Studies* （《近东研究学刊》）
JRS	*Journal of Roman Studies* （《罗马研究学刊》）
KAI	H. Donner and W. Röllig, *Kanaanäische und aramäische In-schriften* I-III, Wiesbaden 1966-1969 （H. 多纳，W. 罗林，《迦南和阿姆铭文》，1—3 卷，威斯巴登，1966—1969）
KHM	J. and W. Grimm, *Kinder- und Hausmärchen*, original text （1857）ed. by H. Rölleke, Stuttgart 1980〔J. 格林，W. 格林，《儿童和家庭童话集》，原版（1857）由 H. 罗里克编，斯图加特，1980〕
LAMA	Centre de Recherches Comparatives sur les Langues de la Méditerranée Ancienne，Nice（古地中海语言比较研究中心，尼斯）
LIMC	L. Kahil, ed., *Lexicon Iconographicum Mythologiae Classicae*, Zürich 1981 ff.（L. 卡西尔编，《古典神话图像辞典》，苏黎世，1981— ）
LSAM	F. Sokolowski, *Lois sacrées de l'Asie mineure*, Paris 1955（F. 舍科洛夫斯基，《小亚细亚的神圣律法》，巴黎，1955）
LSCG	F. Sokolowski, *Lois sacrées des cités grecques*, Paris 1969（F. 舍科洛夫斯基，《希腊城市的神圣律法》，巴黎，1969）

185

LSJ	H. G. Liddell, R. Scott, H. S. Jones, *A Greek-English Lexicon*, Oxford 1925-40（H. G. 莱德尔，R. 司各特，H. S. 琼斯，《希英词典》，牛津，1925—1940）
LSS	F. Sokolowski, *Lois sacrées des cités grecques*, Supplément, Paris 1962（F. 舍科洛夫斯基，《希腊城市的神圣律法》，附录，巴黎，1962）
MDAI（*Athen*）	Mitteilungen des Deutschen Archäologischen Institutes, Athenische Abteilung（德国考古学院公报，无神论部分）
OF	O. Kern, *Orphicorum Fragmenta*, Berlin 1922（O. 科尔尼，《希腊悲剧断片》，柏林，1922）
OGI	W. Dittenberger, ed., *Orientis Graeci Inscriptiones Selectae* I-II, Leipzig 1903-1905（W. 狄腾博格编，《近东希腊文献选》，第一至第二部，莱锡比，1903—1905）
PGM	*Papyri Graecae Magicae*, ed. K. Preisendanz, 2nd enlarged ed. by A. Henrichs, Stuttgart 1973-74（K. 博列森丹编，《希腊巫术纸草文献》第 2 版由 A. 亨利希扩充，斯图加特，1973—1974）
RAC	*Reallexikon für Antike und Christentum*, Stuttgart 1941 ff.（《古代与基督教词汇》，斯图加特，1941— ）
RE	*Paulys Realencyclopädie der classischen Altertumswissenschaft*, Stuttgart 1894-1980（《保利古典古代学专业百科书》，斯图加特，1894—1980）
RhM	Rheinisches Museum（莱茵州立博物馆）
RlAss	*Reallexikon der Assyriologie*, Berlin 1932 ff.（《亚述学词汇》，柏林，1932— ）
RML	W. H. Roscher, ed., *Ausführliches Lexikon der griechischen und*

römischen Mythologie，Leipzig 1884-1937（W. H. 罗舍尔编，《希腊罗马神话学词典》，莱比锡，1884—1937）

SAHG   A. Falkenstein，W. v. Soden，*Sumerische und Akkadische Hymnen und Gebete*，Zürich 1953（A. 法尔肯斯特，W. v. 萨丁，《苏美尔和阿卡德赞美诗祷词》，苏黎世，1953）

Sitzungsber. *Sitzungsberichte der Akademie der Wissenschaften*…（《科学院论文集》）

ThWbNT *Theologisches Wörterbuch zum Neuen Testament*，Stuttgart 1933-1979（《神学新约圣经词典》，斯图加特，1933—1979）

TAPA   Transactions and Proceedings of the American Philological Association（美国文献协会报告会及其会议记录）

TrGF   B. Snell et al.，eds.，*Tragicorun Graecorun Fragmenta*，Göttingen 1971 ff.（B. 施奈尔等编，《希腊悲剧残篇》，哥廷根，1971—　　）

ZPE   Zeitschrift für Papyrologie und Epigraphik（纸莎草文卷与铭刻杂志）

参 考 文 献

<u>237</u> Aarne, A. , and S. Thompson. 1961. *The Types of the Folktale* , 2nd ed. Helsinki. Rev. ed. 1964.

D'Aquili. E. G. 1979. *The Spectrum of Ritual* , New York.

D'Aquili, E. G. , and H. Mol. 1990. *The Regulation of Physical and Mental Systems: Systems Theory of the Philosophy of Science.* Lewiston.

Assmann, J. 1992. *Das kulturelle Gedächtnis: Schrift, Erinnerung und politische Identität in frühen Hochkulturen.* Munich.

Atran, S. 1987. "Ordinary Constraints on the Semantics of Living Kinds: A Commonsense Alternative to Recent Treatment of Natural Object Terms. " *Mind and Language* 2: 27-68.

Axelrod, R. 1984. *The Evolution of Cooperation.* New York.

van Baal, J. 1971. *Symbols for Communication: An Introduction to the Anthropological, Study of Religion.* Assen.

Baldwin, J. D. , and J. I. Baldwin. 1981. *Beyond Sociobiology.* New York.

Bammer, A. 1985. "Gibt es eine Autonomie der Kultur?" in Ehalt 1985, pp. 17-26.

——, 1981. *Das Flüstern in uns. Ursprung und Entwicklung menschlichen Verhaltens.* Frankfurt.

Bar-Yosef, O. , and B. Vandermeersch. 1993. "Modern Humans in the Levant. " *Scientific American* 168/4: 64-70.

Barash, D. *Sociobiology and Behavior* , 2nd ed. New York.

Baudy, G. J. 1980. *Exkommunikation und Reintegration. Zur Genese und Kulturfunktion frühgriechischer Einstellungen zum Tod.* Frankfurt.

<u>238</u> ——, 1983. "Hierarchie, oder die Verteilung des Fleisches," in B. Gladigow

and H. G. Kippenberg, eds. , *Neue Ansätze in der Religionswissenschaft.* Munich. (pp. 131-174.)

Becker, E. 1973. *The Denial of Death.* New York.

Bell, C. 1992. *Ritual Theory, Ritual Practice.* New York.

Bickerton, D. 1990. *Language and Species.* Chicago.

Binder, G. 1964. *Die Aussetzung des Königskindes: Kyros und Romulus.* Meisenheim.

Binder, G. , and R. Merkelbach, eds. 1968. *Amor und Psyche.* Darmstadt.

Bischof, N. 1985. *Das Rätsel Ödipus: Die biologischen Wurzeln des Urkonfliktes von Intimität und Autonomie.* Munich.

Bloch, M. 1986. *From Blessing to Violence: History and Ideology of the Circumcision Ritual of the Merina of Madagascar.* Cambridge.

——, 1992. *Prey into Hunter: The Politics of Religious Experience.* Cambridge.

Bonnet, H. 1952. *Reallexikon der ägyptischen Religionsgeschichte.* Berlin.

Boon , J. A. 1982. *Other Tribes, Other Scribes: Symbolic Anthropology in the Comparative Study of Cultures, Histories, Religions and Texts.* Cambridge.

Borger, R. 1967-1975. *Handbuch der Keilschriftliteratur* Ⅰ-Ⅲ. Berlin.

Bottéro, J. , and S. N. Kramer. 1989. *Lorsque les dieux faisaient l'homme: Mythologie mésopotamienne.* Paris.

Bourdieu, P. 1977. *Outline of a Theory of Practice.* Cambridge.

Boyd , R. , and J. P Lorberbaum. 1987. "No Pure Strategy Is Evolutionarily Stable in the Repeated Prisoner's Dilemma Game." *Nature* 327: 58-59.

Brulé, P. 1987. *La Fille d'Athènes.* Paris.

Burkert. W. 1979. *Structure and History in Greek Mythology and Ritual.* Berkeley.

——, 1980. "Griechische Mythologie und die Geistesgeschichte der Moderne," in *Les Etudes classiques au XIXe et XXe siècles*: *Entretiens sur l'antiquité classique* 26. Vandoeuvres-Geneva (pp. 159-199.)

——, 1981. "Glaube und Verhalten: Zeichengehalt und Wirkungsmacht von Opferritualen," in *Le Sacrifice dans l'antiquité*: *Entretiens sur l'antiquité classique* 27. Vandoeuvres-Geneva. (pp. 91-125.)

——, 1983. *Homo Necans*: *The Anthropology of Ancient Greek Sacrificial Ritual and Myth*. Berkeley. 1983.

——, 1985. *Greek Religion Archaic and Classical*. Oxford.

239 ——, 1987a. "The Problem of Ritual Killing," in R. G. Hamerton-Kelly, ed. , *Violent Origins*. Stanford. (pp. 149-176.)

——, 1987b. *Ancient Mystery Cults*. Cambridge, Mass.

——, 1991. "Typen griechischer Mythen auf dem Hintergrund mykenischer und orientalischer Tradition," in D. Musti et al. , eds. , *La transizione dal Miceneo all'alto arcaismo*: *Dal palazzo alla città*. Rome. (pp. 527-536.)

——, 1992a. *The Orientalizing Revolution*. Cambridge, Mass.

——, 1992b. "Opfer als Tötungsritual: Eine Konstante der menschlichen Kulturgeschichte?" in F. Graf, ed. , *Klassische Antike und neue Wege der Kulturwissenschaften*. Basel. (pp. 169-189.)

——, 1993. "Mythos—Begriff, Struktur, Funktionen," in F. Graf, ed. , *Mythen in mythenloser Gesellschaft*. Stuttgart. (pp. 9-24.)

——, 1994. "*Vergeltung*" *zwischen Ethologie und Ethik*. Munich. (Carl Friedrich von Siemens Stiftung: Themen XL)

Bygott, J. D. 1979. "Agonistic Behavior, Dominance, and Social Structure in Wild Chimpanzees of the Gombe National Park," in Hamburg and McCown 1979. (pp. 405-427.)

Cairns, D. L. 1993. *Aidos*: *The Psychology and Ethics of Honour and Shame in Ancient Greek Literature.* Oxford.

Caldwell, R. 1989. *The Origin of the Gods: A Psychoanalytic Study of Greek Theogonic Myth.* Oxford.

Campbell, J. 1949. *The Hero with a Thousand Faces.* New York.

Caplan, A, L. 1978. *The Sociobiology Debate.* New York.

Castellino, G. R. 1977. *Testi Sumerici e Accadici.* Torino.

Chagnon, N. A. 1988. "Life Histories, Blood Revenge, and Warfare in a Tribal Population." *Science* 239: 985-992.

Chagnon, N. A., and W Irons, eds. *Evolutionary Biology and Human Social Behavior: An Anthropological Perspective.* North Scituate.

Cheal, D. J. 1988. *The Gift Economy.* London.

Childs, B. S. 1974. *Exodus: A Commentary.* London.

Cook, A. B. 1913-1940. *Zeus. A Study in Ancient Religion* Ⅰ-Ⅲ. Cambridge.

Cumont, F. 1931. *Die orientalischen Religionen im römischen Heidentum.* 3rd ed. Stuttgart.

Dalley, S. 1989. *Myths from Mesopotamia.* Oxford.

Dan, J. 1977. "The Innocent Persecuted Heroine: An Attempt at the Surface Level of the Narrative Structure of the Female Fairy Tale," in H. Jason and D. Segal, eds., *Patterns in Oral Literature.* The Hague. (pp. 13-30.)

Dawkins, R. 1976. *The Selfish Gene.* Oxford.

——, 1982. *The Extended Phenotype: The Gene as the Unit of Selection.* Oxford.

Delbos, G., and P. Jorion. 1981. *Le Délit religieux dans la cité antique.* Paris.

Derrida, J. 1967. *L'Écriture et la différence.* Paris.

Dissanayake, E. 1988. *What Is Art For?* Seattle.

240

211

v. Ditfurth, H. 1976. *Der Geist fiel nicht vom Himmel: Die Evolution unseres Bewußtseins.* Hamburg.

Dodds, E. R. 1951. *The Greeks and the Irrational.* Berkeley.

Dowden, K. 1989. *Death and the Maiden: Girls' Initiation Rites in Greek Mythology.* London.

Dunbar, R. I. 1988. *Primate Social Systems.* London.

Dumont, L. 1970. *Homo hierarchicus: Religion, Politics and History in India.* The Hague.

Dundes, A. G. 1964. *The Morphology of North American Indian Folktales.* Helsinki.

Durkheim, E. 1965. *The Elementary Forms of Religious Life.* New York.

Ebeling, E. 1931. *Tod und Leben nach den Vorstellungen der Babylonier* I. Berlin.

Eco, U. 1976. *A Theory of Semiotics.* Bloomington.

——, 1984. *Semiotics and the Philosophy of Language.* Bloomington.

Ehalt, H., ed. 1985. *Zwischen Natur und Kultur: Zur Kritik biologistischer Ansätze.* Vienna.

Eibl-Eibesfeldt, I. 1970. *Liebe und Haß: Zur Naturgeschichte elementarer Verhaltensweisen.* Munich.

——, 1976. *Menschenforschung auf neuen Wegen: Die naturwissen-schaftliche Betrachtung kultureller Verhaltensweisen.* Vienna.

——, 1986. *Die Biologie des menscblichen Verhaltens.* 2rid ed. Munich.

——, 1987. *Grundriß der vergleichenden Verhaltensforschung.* 7th ed. Munich.

Eigen, M. 1987. *Stufen zum Leben.* Munich.

Éléments orientaux dans la religion grecque ancienne. 1960. Strasbourg Colloquium, May 22-24, 1958. Paris.

Faraone, C. A. 1992. *Talismans and Trojan Horses.* Oxford.

——, 1993. "Molten Wax, Spilt Wine and Mutilated Animals: Sympathetic Magic in Near Eastern and Early Greek Oath Ceremonies." *JHS* 113: 60-80.

Farnell, L. R. 1896-1909. *The Cults of the Greek States* I - V. Oxford.

Fehling, D. 1974. *Ethologische Überlegungen auf dem Gebiet der, Altertumskunde.* Munich.

Festugière, A. J. 1976. "Anth'hōn. La Formule ' en exchange de quoi' dans 241 la prière grecque hellénistique." *Revue des Sciences Philosophiques et Théologiques.* 60: 389-418.

Fischer, E. P. 1988. *Gene sind anders.* Heidelberg.

Fleming, Th, 1988. *The Politics of Human Nature.* New Brunswick.

Fogelson, R. D. , and R. N. Adams, eds. 1977. *The Anthropology of Power.* New York.

Fouts, R. S. and R. L. Budd. 1979. "Artificial and Human Language Acquisition in the Chimpanzee," in Hamburg and McCown, pp. 375-392.

Fox, R. , ed. 1975. *Biosocial Anthropology.* London.

Frankfort, H. 1948. *Kingship and the Gods.* Chicago.

Frazer, J. G. 1898. *Pausanias' Description of Greece* I - VI. London.

Freedman, D. G. 1974. *Human Infancy: An Evolutionary Perspective.* Hillsdale.

——, 1979. *Human Sociobiology: A Holistic Approach.* New York.

Freud, S. 1912/13. *Totem und Tabu.* Vienna. (in *Gesammelte Werke* 9, 1940)

Frye, R. N. 1984. *The History of Ancient Iran.* Munich.

Furlani, G. 1940. *Riti babilonesi e assiri.* Udine.

Gans , E. 1981. *The Origin of Language: A Formal Theory of Representation.* Berkeley.

213

Geertz, C. 1973. *The Interpretation of Cultures*. New York.

Gernet, L. 1968. *Anthropologie de la Grèce ancienne*. Paris.

Girard, R. 1977. *Violence and the Sacred*. Baltimore.

——, 1986. *The Scapegoat*. Baltimore.

Gladigow, B. 1981. "Kraft, Macht, Herrschaft. Zur Religionsgeschichte politischer Begriffe," in B. Gladigow, ed., *Staat und Religion*. Düsseldorf. (pp. 7-22.)

——, 1984. "Die Teilung des Opfers." *Frühmittelalterliche Studien* 18/1 10-43.

——, 1992. "Audi Juppiter, Audite Fines: Religionsgeschichtliche Einordnung von Grenzen, Grenzziehungen und Grenzbestätigungen," in O. Behrends and L. Capogrossi Colognesi, eds., *Die Römische Feldmeßkunst*. Göttingen. (pp. 172-189.)

Goodall, J. 1971. *In the Shadow of Man*. Boston. Rev. ed. 1988.

——, 1986. *The Chimpanzees of Gombe: Patterns of Behavior*. Cambridge, Mass.

——, 1990. *Through a Window: My Thirty Years with the Chimpanzees of Gombe*. Boston.

Gouldner, A. W. 1960. "The Norm of Reciprocity." *American Sociological Review* 25: 161-178.

242 Gray, P. J., ed. 1984. *A Guide to Primate Sociobiological Theory and Research*. New Haven.

Gregory, C. A. 1980. "Gifts to Men and Gifts to God: Gift Exchange and Capital Accumulation in Contemporary Papua." *Man* 15: 626-652.

Gregory, M. S. et al., eds. 1978. *Sociobiology and Human Nature*. San Francisco.

Grottanelli, C. 1989-1990. "Do ut des?" in *Atti del Convegno Internazionale A-*

nathema: *Scienze dell' Antichità*: *Storia/Archeologia/Antropologia*. 3-4: 45-54.

Grünbaum, A. 1984. *The Foundations of Psychoanalysis*. Berkeley.

Gruppe, O. 1921. *Geschichte der klassischen Mythologie und Religionsgeschichte*. Leipzig.

Hamburg, D. A., and E. R. McCown, eds. 1979. *The Great Apes*. Meno Park.

Hamilton, W. D. 1964. "The Genetic Evolution of Social Behavior." *Journal of Theoretical Biology* 7: 1-52.

——, 1975, "Innate Social Aptitude of Man: An Approach from Evolutionary Genetics," in Fox 1975, pp. 133-155.

Hardy, W. G. 1978. *Language, Thought, and Experience*. Baltimore.

Harrison, J. E. 1922. *Prolegomena to the Study of Greek Religion*. 3rd ed. Cambridge.

——, 1927. *Themis: A Study of the Social Origins of Greek Religion*. 2nd ed. Cambridge.

Hawkes, T. 1977. *Structuralism and Semiotics*. Berkeley.

Head, B. V. 1911. *Historia Numorum*. 2nd ed. Oxford.

Health, A. 1976. *Rational Choice and Social Exchange: A Critique of Exchange Theory*. Cambridge.

Heesterman, J. C. 1985. *The Inner Conflict of Tradition: Essays in Indian Ritual, Kingship, and Society*. Chicago.

Herman, G. 1987. *Ritualized Friendship and the Greek City*. Cambridge.

Herrmann, W. 1960. "Götterspeise und Göttertrank in Ugarit und Israel." *Zeitschrift für Altestamentliche Wissenschaft* 72: 205-216.

Herzfeld, M. 1985. *The Poetics of Manhood*. Princeton.

Hewlett, B. S. , ed. 1992. *Father-Child-Relation; Cultural and Biosocial Contexts*. Berlin.

Hinde, R. 1982. *Ethology: Its Nature and Relation with Other Sciences*. New York.

Hirzel, R. 1902. *Der Eid; Ein Beitrag zu seiner Geschichte*. Leipzig.

Hitzig, H. , and H. Blümner. 1896-1910. *Des Pausanias Beschreibung von Griechenland* I -Ⅲ. Leipzig.

243 Homans, G. C. 1941. "Anxiety and Ritual; The Theories of Malinowski and Radcliffe-Brown." *American Anthropologist* 43: 164-172.

Hughes, D. D. 1991. *Human Sacrifice in Ancient Greece*. London.

Hutter, M. 1988. *Behexung, Entsühnung und Heilung*. Freiburg.

Jameson, M. , D. R. Jordan, and R. D. Kotansky. 1993. *A Lex Sacra from Selinus*. Durham.

Janowski, B. , and G. Wilhelm. 1993. "Der Bock, der die Sünden hinausträgt," in B. Janowski et al. , eds. , *Religionsgeschichtliche Beziehungen zwischen Kleinasien, Nordsyrien und dem Alten Testament*. Freiburg. (pp. 109-169.)

Jason, H. 1984. "The Fairy Tale of the Active Heroine," in G. Calame-Griaule, ed. , *Le contte; Pourquoi? Comment?* Paris. (pp. 79-97.)

Jeffery, L. H. 1961. *The Local Scripts of Archaic Greece*. Oxford. Rev. ed. 1990 with supplement by A. W. Johnston. Oxford.

Johnson, M. 1987. *The Body in the Mind*. Chicago.

Karavites, P. 1992. *Promise-Giving and Treaty-Making; Homer and the Near East*. Leiden.

Kautzsch, E. 1922/3. *Die Heilige Schrift des Alten Testaments* I / Ⅱ. 4th ed. Tübingen.

Kelsen, H. 1982. *Vergeltung und Kausalität*. Vienna.

Kirk , G. S. 1970. *Myth: Its Meaning and Functions in Ancient and Other Cultures.* Berkeley.

Kirk , G. S. , J. E. Raven, and M. Schofield. 1983. *The Presocratic Philosophers.* 2nd ed. Cambridge.

Krummen, E. 1990. *Pyrsos Hymnon: Festliche Gegenwart und mythisch-rituelle Tradition als Voraussetzung einer Pindarinterpretation.* Berlin.

Kummer, H. 1971. *Primate Societies.* Chicago.

Lambert, W. G. 1960. *Babylonian Wisdom Literature.* Oxford.

Lambert, W. G. and A. R. Millard. 1969. *Atra-basis: The Babylonian Story of the Flood.* Oxford.

Lanternari, V. 1976. *La grande festa: Vita rituale e sistemi di produzione nelle società tradizionali.* 2nd ed. Bari.

——, 1989. "La logica dei rapporti tra medicina e valori nelle socieà tribali," in A. Marazzi, ed., *Antropologia: Tendenze contemporanee.* Milano. (pp. 75-84.)

——, 1988. *Dèi, Profeti, Contadini: Incontri nel Ghana.* Naples.

——, 1994. *Medicina, magia, religione, valori* I. Naples.

Latte, K. 1920/1. "Schuld und Sühne in der griechischen Religion. " *Archiv für Religionswissenschaft* 20: 254-298.

——, 1960. *Römische Religionsgeschichte.* Munich.

Lazzarini, M. L. 1976. "Le formule delle dediche votive nella Grecia arcaica." *Mem. Acc. Linc.* Ser, Ⅷ/19: 45-354.

——, 1989-90. "Iscrizioni votive greche," in Atti del Convegno Internazionale Anathema: Scienze dell'Antichità: Storia Archeologia Antropologia 3-4: 845-859.

Leach, E. R. 1976. *Culture and Communication.* Cambridge.

Lebrun, R. 1980. *Hymnes et Prières Hittites*. Louvain-la-Neuve.

Lee, R. B., and I. DeVore, eds. 1968. *Man the Hunter*. Chicago.

Levy, R. 1948. *The Gate of Horn*. London.

Lincoln, B. 1981. *Emerging from the Chrysalis: Studies in Rituals of Women's Initiation*. Cambridge. Mass.

——, 1986. *Myth, Cosmos, and Society: Indo-European Themes of Creation and Destruction*. Cambridge, Mass.

Linders, T. and G. Nordquist, eds. 1987. *Gifts for the Gods*. Upsala.

Liverani, M. 1990. *Prestige and Interest: International Relations in the Near East ca. 1600-1100 B. C.* Padua.

Lorenz, K. 1963. *On Aggression*. New York.

——, 1973. *Die Rückseite des Spiegels: Versuch einer Naturgeschichte des menschlichen Erkennens*. Munich.

——, 1978. *Vergleichende Verhaltensforschung: Grundlagen der Ethologie*. Vienna.

Lovin, R. W. and F. E. Reynolds. 1985. *Cosmogony and Ethical Order: New Studies in Comparative Ethics*. Chicago.

Luckenbill, D. D. 1926-27. *Ancient Records of Assyria and Babylonia* I - II. Chicago.

Luhmann, N. 1968. *Vertrauen: Ein Mechanismus der Reduktion sozialer Komplexität*. Stuttgart.

——, 1977. *Funktion der Religion*. Frankfurt.

——, 1980. *Gesellschaftsstruktur und Semantik*. Frankfurt.

Lumsden, C. J. and E. O. Wilson. 1981. *Genes, Mind, and Culture: The Coevolutionary Process*. Cambridge, Mass.

——, 1983. *Promethean Fire: Reflections on the Origin of Mind*. Cambridge,

Mass.

Manetti, G. 1987. *Le teorie del segno nell'antichità classica.* Milan.

Marinatos, N. 1993. *Minoan Religion: Ritual, Image, and Symbol.* Columbus, South Carolina.

Marshack, A. 1972. *The Roots of Civilization: The Cognitive Beginnings of Man's First Art, Symbol and Notation.* London.

Mauss, M. 1967. *The Gift: Forms and Functions of Exchange in Archaic Societies.* New York.

Meier, H., ed. 1988. *Die Herausforderung der Evolutionsbiologie.* Munich.

Meissner, B. 1920-25. *Babylonien und Assyrien* Ι - ΙΙ. Heidelberg.

Meuli, K. 1946. "Griechische Opferbräuche," in *Phyllobolia: Festschrift Peter Von der Mühll.* Basel. (pp. 185-288.)

——, 1975. *Gesammelte Schriften.* Basel.

Meyer, E. 1962. "Das Gebet des Nabonid." *Sitzungsberichte der Sächsischen Akademie der Wissenschaften zu Leipzig.* phil. -hist. Klasse 107/3.

Milne, P. J. 1988. *Vladimir Propp and the Study of Structure in Hebrew Biblical Narrative.* Decatur, Georgia.

Mol, H. J. 1976. *Identity and the Sacred: A Sketch for a New Social-Scientific Theory of Religion.* New York.

Moore, R. L. and F. E. Reynolds, eds. 1984. *Anthropology and the Study of Religion.* Chicago.

Montagu, A., ed. 1980. *Sociobiology Examined.* Oxford.

Morris, D. 1967. *The Naked Ape: A Zoologist's Study of the Human Animal.* New York.

Nadig, M. 1986. *Die verborgene Kultur der Frau: Ethnopsychoanalytische Gespräche mit mexikanischen Bäuerinnen.* Frankfurt.

245

Nock , A. D. 1972. *Essays on Religion and the Ancient World.* ed. Z. Stewart Ⅰ - Ⅱ . Oxford.

Noth, M. 1962. *Exodus: A Commentary.* London.

Numbers, R. L. and D. W. Amundsen, eds. 1986. *Caring and Curing: Health and Medicine in the Western Religious Traditions.* New York.

Oppenheim, A. L. 1964. *Ancient Mesopotamia.* Chicago.

Parker, R. 1983. *Miasma: Pollution and Purification in Early Greek Religion.* Oxford.

Petzl, G. 1994. "Die Beichtinschriften Westkleinasiens," *Epigraphica Anatolica*, vol. 22.

Piccaluga, G. 1974. *Terminus: I segni di confine nella religione romana.* Rome.

Pleket, H. W. 1981. "Religious History as the History of Mentality: The ' Believer' as Servant of the Deity in the Greek World," in Versnel 1981, pp. 153-192.

Popp , J. L. and I. De Vore. 1979. "Aggressive Competition and Social Dominance Theory," in Hamburg and McCown 1979. pp. 318-338.

Propp, V. 1968. *Morphology of the Folktale.* 2nd ed. Austin.

Rapoport, A. and N. M. Chamnah. 1965. *Prisoner's Dilemma.* Ann Arbor.

Rappaport, R. A. 1971. "The Sacred in Human Evolution." *Annual Review of Ecology and Systematics.* 2: 23-44.

246 ——, 1968. *Pigs for the Ancestors: Ritual in the Ecology of a New Guinea People.* New Haven.

——, 1967. "Ritual Regulation of Environmental Relations Among a New Guinea People." *Ethnology* 6: 17-30.

Reiner, E. 1958. *Aurpu: A Collection of Sumerian and Accadian Incantations.*

Berlin.

Reynolds, P. C. 1981. *On the Evolution of Human Behavior: The Argument from Animals to Man.* Berkeley.

Richardson, N. J. 1974. *The Homeric Hymn to Demeter.* Oxford.

Riedl, R. 1985. *Evolution und Erkenntnis.* Munich.

Ringgren, H. 1973. *Religions of the Ancient Near East.* London.

Roeder, G. 1915. *Urkunden zur Religion des alten Ägypten.* Jena.

Rubel, P. G. and A. Rosman, 1978. *Your Own Pigs You May Not Eat.* Chicago.

Ruf, H. , ed. 1989. *Religion, Ontotheology, and Deconstruction.* New York.

Sahlins, M. 1970. "The Spirit of the Gift," in J. Pouillon and P. Maranda, eds. , *Échanges et communications.* The Hague.

——, 1976. *The Use and Abuse of Biology: An Anthropological Critique of Socio-biology.* Ann Arbor.

Saler, B. 1993. *Conceptualizing Religion: Immanent Anthr opologists, Transcendent Natives, and Unbounded Categories.* Leiden.

Schapp, W. 1953. *In Geschichten verstrickt.* Hamburg.

——, 1959. *Philosophie der Geschichten.*

——, 1965. *Wissen in Geschichten.* Wiesbaden.

Schefold, K. 1993. *Götter-und Heldensagen der Griechen in der Frühund Hocharchaischen Kunst.* Munich.

Schieffelin, E. L. 1980. "Reciprocity and the Construction of Reality." *Man* 15: 502-517.

Schrank, W. 1908. *Babylonische Sühneriten besonders mit Rücksicht auf Priester und Büßer.* Leipzig.

Seaford, R. 1994. *Reciprocity and Ritual: Homer and Tragedy in the Developing City State.* Oxford.

Siegmund, W., ed. 1984. *Antiker Mythos in unseren Märchen.* Kassel.

Sissa, G. 1986. *Le Corps virginal: La Virginité féminine en Grèce ancienne.* Paris.

Slobodkin, L. B. 1992. *Simplicity and Complexity in the Games of the Intellect.* Cambridge, Mass.

Sommer, V. 1992. *Lob der Lüge: Täuschung und Selbstbetrug bei Tier und Mensch.* Munich.

247   Streck, M. 1916. *Assurbanipal und die letzten assyrischen Könige bis zum Untergang Niniveh's* I -Ⅲ. Leipzig.

Strommenger, E. 1962. *Fünf Jahrtausende Mesopotamien: Die Kunst von den Anfängen um 5000 v. Chr. bis zu Alexander dem Grossen.* Munich.

Sullivan, C. O., R. S. Fouts, M. E. Hannum, and K. Schneider. 1982. "Chimpanzee Conversations: Language, Cognition, and Theory," in *Language Development* Ⅱ : *Language, Thought, and Culture.* London. (pp. 397-428.)

Sullivan, L. E. 1988. *Healing and Restoring: Health and Medicine in the World's Religious Traditions.* New York.

Taub, D. M., ed. 1984. *Primate Paternalism.* New York.

Thureau-Dangin, F. 1921. *Rituels accadiens.* Paris.

van der Toorn, K. 1985. *Sin and Sanction in Israel and Mesopotamia.* Assen.

Trivers, R. L. 1971. "The Evolution of Reciprocal Altruism." *Quarterly Review of Biology* 46: 35-57.

Ulf, C. 1990. *Die homerische Gesellschaft.* Munich.

Vernant, J. -P. 1974. *Mythe et société en Grèce ancienne.* Paris.

——, 1991. *Mortals and Im mortals: Collected Essays.* ed. F. I. Zeitlin. Princeton.

Vernant, J. -P. and P. Vidal-Naquet. 1972-86. *Mythe et tragédie en Grèce ancienne* I / II. Paris.

Versnel, H. S. 1990-92. *Inconsistencies in Greek and Roman Religion I : Ter unus. Isis, Dionysos, Hermes. Three Studies in Henotheism. II : Transition and Reversal in Myth and Ritual.* Leiden.

Vogel, C. 1989. *Vom Töten zum Mord: Das wirkliche Böse in der Evolutionsgeschichte.* Munich.

Vollmer, G. 1994. *Evolutionäre Erkenntnistheorie.* 6th ed. Stuttgart.

Waardenburg, J. 1979. "The Language of Religion and the Study of Religions as Sign Systems," in L. Honko, ed., *Science of Religion: Studies in Methodology.* Leiden. (pp. 441-457.)

de Waal, F. 1982. *Chimpanzee Politics: Power and Sex among Apes.* London.

———, 1989. *Peacemaking among Primates.* Cambridge, Mass.

Weinfeld, M. 1990. "The Common Heritage of Covenantal Tradition in the Ancient World," in L. Canfora et al., eds., *I trattati nel mondo antico.* Rome. (pp. 175-191.)

Weißbach, F. H. 1911. *Die Keilinschriften der Achämeniden.* Leipzig.

West, M. L. 1971. *Early Greek Philosophy and the Orient.* Oxford.

Widengren, G. 1969. *Religionsphänomenologie.* Berlin.

Williams, R. 1981. *Culture.* London.

Wilson, E. O. 1975. *Sociobiology: The New Synthesis.* Cambridge, Mass.

———, 1978. *On Human Nature.* Cambridge, Mass.

Wissowa, G. 1912. *Religion und Kultus der Römer.* 2nd ed. Munich.

248

索　引

224

C

E

F

gods，上帝，6，26 页以下，31，33，166，172；at sacrifice，祭祀中的～，151

gold plate，金制的餐具，119

group selection，群体选择，10

Gruppe，O.，奥托·格鲁贝，12

guilt，内疚，103，109，113，125，128

H

Hadad，哈达，136

hail-watchers，冰雹预测人，34

hair，头发，76，136，167；hair-raising shock，骇人的，18，86

Hammurapi，汉谟拉比，94

Harrison，J.，简·哈里森，44，74，152

heaven，abode of gods，天堂，上帝住所，83

Hebrew：vocabulary，希伯来语：词汇，89，135；*see also* Jahweh，Judaism，参见耶和华，犹太主义

Hecate，赫卡特，148

Hecatomb，百牲祭，137

Hector，赫克托耳，87

Helike，赫里克城，110

Helios，赫利俄斯，133，172

hell，as a devouring monster，地狱，吞食的魔鬼，42

Hepatoscopy，祭牲剖肝占卜术，160

Heracles，赫拉克勒斯，59，68，78，90，106，143，148

Heraclitus，赫拉克利特，155

Hermes，赫耳墨斯，66

immersion sacrifice，沉浸献祭，145，175

imprinting，铭记，28

Inanna，伊南娜，55，61，88

incense，焚香，146 页以下

incest taboo，乱伦的禁忌，20

India，sacrifice in，印度，～的献祭，43，136，152；see also Agni，So-
ma cult，参见阿耆尼，躯体祭仪

Indoeuropean language，印欧语言，67，129，135

initiation，开始，29，30，69，74，78，167，168

innate release mechanisms，先天释放机制，29

Io，伊娥，71

Iphigeneia，伊菲革涅亚，76，108

Iranian religion，伊朗宗教，33，146

Isaac，以撒，153

Ishtar，伊什塔尔，48，50，99，169

Isis，伊希斯，74，122

Islam，伊斯兰教，14，17，82，88，138，166

J

Jahweh，ordinances，耶和华，圣餐礼，136，148；in psalms，在《圣经·
旧约》中的《诗篇》，93，96，119，135 页以下；in tales，在故事里，87 页以
下，100，104，122

Jephtha，耶弗他，76

Jeremiah，耶利米，175

Jesus，sayings of，耶稣，～的语录，33，99，137，138，147，157 页
以下，175

Q

254

R

S

U

V

W

Z

译 后 记

本书是德国古典学家、瑞士苏黎世大学古典学专业荣誉退休教授瓦尔特·伯克特（1931—2015）的代表作之一。伯克特的主要研究方向为欧洲古典文学、西方古典文论。已经出版的汉译著作有《希腊文化的东方语境：巴比伦·孟斐斯·波斯波利斯》（社会科学文献出版社 2015 年版）和《东方化革命：古风时代前期近东对古希腊文化的影响》（上海三联书店 2010 年版）两种。

本著源自作者 1989 年 2 月至 3 月在英国圣安德鲁斯大学所做的系列讲座。其主要内容涉及早期神话和宗教信仰的形成、表现形式（献祭、神圣叙事、等级制等）、本源意义探索以及观念的符号化表达（礼物、献祭、预言和誓言）等方面。对于早期神话和宗教的发生学研究，本著提供了别具一格的还原论研究模式。系列讲座的形式，充分展示了作者知识的宏博、视野的开阔和对信仰观念所涉不同要素融贯而透彻的理解与把握，堪称作者的集大成之作。

本书的翻译历经近五年的漫长过程。2015 年 10 月，译者受叶舒宪老师委托，开始修改西安外国语大学研究生的翻译作业，这份作业是由八名比较文学专业研究生合作翻译的。由于学生之间并没有就基本概念术语进行沟通协调，加之译文中的病句、漏译和错译较多，导致整体译稿没法通读。在审读一遍之后，本人决定与翻译较好的田园同学合作，重新翻译全书。确定分工之后，翻译工作从 2016 年初重新开始，2017 年底完成初译。2018 年初，叶老师告诉我，这本书将收入由他主编的"十三五"国家重点图书出版规划项目"神话学文库"中，由陕西师范大学出版总社出版。于是我与田园重新开始了译稿的检查、修改和订正工作。由于原著中的神话宗教知识关涉广泛，文献资料来源多样，对人名、地名、文献来源等信息的查检和订正，花费了大量的时间。期间曾就希腊、德文、法文等资料向同行朋友多方请益。在翻译过程中，译者收获颇多，更感到译事之艰辛繁难。

由于我们都并非宗教学相关专业出身，对神话与宗教理论和观念的理解和掌握，多是在文学人类学同行感染浸润下的点滴收获，很难说对某一种神话、宗教信仰有专精的研究，遑论对神话学、宗教学整体图谱的把握。因而，译著即将付梓，内心仍有惴惴不安存焉。

伯克特在本书中以多宗教融通的气象和视野，深入宗教与神话发生形成的历史源点，征引不同宗教和神话材料并进行跨文化、跨历史、跨学科的融会、对勘、并置和互证，有力阐明了宗教观念的生物学根基。其纵横开阖的论述风格，与本书原初的演讲性质相关，给译者的理解带来了极大困难。然虽有翻译与理解的困难，但阅读中兴味最浓处也正在于此。

本书的翻译，是译者学习的机会，期间也得到许多同行的帮助。上海交通大学的纪盛博士仔细通读译稿，并坦诚提出批评和修改意见，这更让译者对翻译工作增加了临事而惧的敬畏感。衷心感谢纪博士及时、专业的帮助。此书翻译过程中也得到西安外国语大学德语学院刘小勇老师、皇甫宜君老师和扬州大学王倩老师的帮助，在此深表谢意。

本书的翻译出版事宜，都是在叶老师的悉心指导下完成的，感谢叶老师的关爱、提携和指点。感谢陕西师范大学出版总社邓微老师和王文翠老师在译稿审校中付出的辛劳。

本书的翻译工作分工如下：致谢，前言，正文第一、四、六、七章由赵周宽翻译；正文第二、三、五章由田园翻译；结语、缩略语、注释、索引由赵周宽翻译。